JN434004

Coding and Storytelling

[개정판]

코딩과 스토리텔링

백성욱 · 오범수 지음

파이썬 기반 기초 코딩

생능출판

저자 소개

백성욱

서울대학교 계산통계학 학사
George Mason University 박사
세종대학교 교육대학원 (전)원장
세종대학교 전자정보공학대학 (전)학장
세종대학교 소프트웨어융합대학 (전)학장
세종대학교 소프트웨어학과 교수

오범수

고려대학교 전산학과 학사
고려대학교 전산학과 박사
비쥬텍쓰리디㈜ (전)대표이사
㈜오비에스테크 (전)대표이사
세종대학교 소프트웨어학과 (전)산학협력중점교수

"본 저서는 과학기술정보통신부 및 정보통신기술진흥센터의 SW중심대학지원사업의 연구 결과로 수행되었음"

코딩과 스토리텔링 – 파이썬 기반 기초 코딩

초판발행 2019년 8월 30일
제2판3쇄 2023년 1월 31일

지은이 백성욱, 오범수
펴낸이 김승기
펴낸곳 (주)생능출판사 / **주소** 경기도 파주시 광인사길 143
출판사 등록일 2005년 1월 21일 / **신고번호** 제406-2005-000002호
대표전화 (031)955-0761 / **팩스** (031)955-0768
홈페이지 www.booksr.co.kr

책임편집 김민보 / **편집** 신성민, 이종무, 유제훈 / **디자인** 유준범, 표혜린
마케팅 최복락, 김민수, 심수경, 차종필, 백수정, 송성환, 최태웅, 명하나, 김민정
인쇄 새한문화사 / **제본** 일진제책사

ISBN 978-89-7050-438-4 93000
정가 25,000원

- 이 도서의 국립중앙도서관 출판예정도서목록(CIP)은 서지정보유통지원시스템 홈페이지(**http://seoji.nl.go.kr**)와 국가자료공동목록시스템(**http://www.nl.go.kr/kolisnet**)에서 이용하실 수 있습니다.(**CIP**제어번호: **2020021874**)
- 이 책의 저작권은 (주)생능출판사와 지은이에게 있습니다. 무단 복제 및 전재를 금합니다.
- 잘못된 책은 구입한 서점에서 교환해 드립니다.

머리말

찰스 셸던 (Charles M. Sheldon)이 쓴 소설 '예수님이라면 어떻게 하실까'(In his step: What Would Jesus Do?)라는 작품은 전 세계 수많은 사람들이 즐겨 읽던 베스트셀러 중 하나이다. 그 소설의 내용은 19세기 후반에 기계발달(산업혁명)로 인해 직업을 잃은 인쇄공의 죽음으로 시작한다. 그 사건으로 말미암아 그런 사회적인 문제들을 외면했던 많은 기독교인들이 실천적인 모습으로 변화하는 극적인 상황을 묘사한 내용이다. 그 시대에 종교적인 소설의 주제로 다루어질 정도로 산업혁명 후 기술의 급속적인 발달이 얼마나 많은 사람들의 삶에 영향을 끼쳤는지를 짐작할 수 있는 대목이다.

2016년 1월 스위스 다보스포럼에서 4차 산업혁명 시대가 선포되었고 최근에는 새로운 산업혁명에 적응하기 위한 전 세계적인 노력이 이어지고 있다. 이러한 시대에 인공지능과 빅데이터는 가장 중요한 기술이 되었고, 이런 기술의 역량이 일부 전문가들에게만 국한된 것이 아니라, 인공지능을 이용해 모든 다양한 데이터를 활용한다는 측면에서 모든 분야의 사람들에게 요구될 거라 예상된다. 이런 시대에 적응하기 위해서는 인공지능의 기초가 되는 SW코딩을 먼저 경험하는 것이 지혜롭다고 볼 수 있다. 국내의 소프트웨어 비전공자들이 본인의 전공 지식과 데이터를 활용할 수 있는 SW코딩에 대한 실력을 겸비할 수 있도록 본 교재가 도움이 되었으면 하는 바람이다.

기초적인 SW코딩을 위해 파이썬을 선택한 이유는 배우기 쉽고, 활용도가 매우 높기 때문이다. 데이터 분석 등의 인공지능 기술들(딥러닝, 기계학습 등)을 활용하는데도 파이썬은 가장 적합한 컴퓨터 언어이다. 많은 컴퓨터 언어가 탄생하고 사라지기도 했다. C와 JAVA 같은 언어는 오랫동안 사용되며 지금도 활용가치가 높은 반면, 대부분 컴퓨터 언어들은 어떤 특정한 용도에 맞게 개발되었기 때문에 그 용도가 사라지게 되면 더 이상 활용되지 않게 되었다. 파이썬은 인공지능 데이터 분석 등의 용도로 활용되고 있으며, 오픈소스 형태의 라이브러리들의 확장을 통해 더욱더 유용한 컴퓨터 언어로 발전할 가능성이 높아, 한번 배워 놓으면 투자 가치가 매우 높다고 생각된다.

본 교재의 특징은 수학의 기초가 약하고 인문학적인 사고를 가진 학생들도 이해하기 쉽게 생활 속 스토리텔링에 기반한 내용을 통해 코딩 예제들을 제시했다. 오랫동안 비전공자들의 기초 SW 코딩 교육을 경험하면서, 컴퓨터 언어의 기본적인 개념을 이해하지 못해 초반 진도 내용에서 머무는 학생들을 많이 만났다. 컴퓨터 언어의 특징적인 개념을 이해시킨 후에는 무리 없이 진도가 나가는 모습을 여러 번 경험한 결과, 서적을 통해서도 개념을 이해할 수 있도록 했으며, 다양한 문제 해결 능력을 높이기 위해 스토리텔링 중심으로 내용을 설명하려고 노력했다. 본 교재를 파이썬 온라인 강의(예를 들면 KMOOC의 "코딩과 스토리텔링")와 함께 공부한다면 많은 도움이 되리라 생각된다.

2020년 6월 16일 (코로나19 시대에 온라인 강의의 중요성이 강조되는 시대에서)

감사의 글

본 교재가 만들어지기까지는 나름 긴 히스토리와 사연 그리고 도움을 주신 많은 분들이 있다. 먼저 2017년 여름부터 시작된 "컴퓨팅사고기반기초코딩"이라는 온라인 강의 동영상 콘텐츠를 제작하면서 집필 작업이 시작되었다. 2015년부터 세종대에서 기초코딩 과목에 대해 전교생 의무화를 하면서, 많은 학생들이 SW코딩에 대한 관심과 흥미를 느끼지 못하고 마지못해 수업에 임하는 상황까지 경험하였다. 학생들을 위해 준비한 SW코딩 교육이었으나, 학생들이 혜택을 받는다는 느낌보다는 피해를 본다는 상황에 몹시 가슴이 아팠던 기억이 난다. 대부분 SW코딩에 대한 강의나 교재는 컴퓨터 공학 전공을 희망하는 학생들을 대상으로 제작되어 있어, 비전공자 학생들은 초반에 코딩에 대한 개념과 코딩 실습에 대한 문턱을 넘지 못하고 포기하는 경우가 많았다.

그래서 어떻게 하면 학생들에게 관심을 갖는 수업이 될 수 있을까 고민하는 가운데, 컴퓨터 내부에서 소프트웨어가 작동하는 이벤트들을 가능한 컴퓨터 외부로 표출하여 프로세스들이 가시적으로 보여질 수 있도록 도구나 소품들을 활용해서 일상생활에서 벌어지는 시나리오들을 도입하여, 코딩의 이해를 높일 뿐만 아니라 필요성을 느낄 수 있도록 노력하였다. 그때 여러 가지 소품들을 준비하고, 직접 일상생활에서 벌어지는 상황을 연출하기 위해 연기도 마다하지 않은 그 당시 세종대 디지털콘텐츠학과 대학원생이던 이동일 군과 세종대 디지털콘텐츠학과 학부생 정세영, 최한별, 이승진, 박은영, 차봉호, 진예진 등의 학생들과 함께하며, 비전공자 학생들에게 코딩 설명을 쉽게 전달할 수 있는 아이디어들을 도출하게 되었다. 교육콘텐츠를 촬영하는데 전문가도 아닌 우리 연구실의 박성호 군은 하나의 교육콘텐츠를 완성하는데 동반자의 역할을 했다. 온라인 교육콘텐츠 제작 가운데, 코딩을 처음 배우면서 특별 출연한 고려대 보건정책학부의 백유빈, 연세대 행정학과 백채빈과 황원준 등에게도 감사의 뜻을 전한다. 백유빈 양은 그런 출연의 계기로 컴퓨터공학 복수전공자로 학부 졸업 후 현재 서울대 데이터사이언스학과 대학원에 재학 중이다. 우리 연구실의 박준렬 군은 이들 문과 출신의 비전공자들과 함께 출연하면서 이들이 충분히 소화할 수 있는 코딩 예제들을 만들어서 실행하는 장면을 연출해 주었고, 이런 코딩 문제들은 본 교재의 일부가 되었다.

또한, 이러닝 강의를 촬영하면서 많은 조언을 준 송민우 PD와 SW코딩의 개념을 스토리텔링 내용으로 설명하기 위해 영화와 SW코딩과의 관계에 대한 설명을 준비해 주셨던 염귀덕 박사님, 교재의 디자인 등의 검토를 해주셨던 이미영 교수님, 백란 교수님, 안용학 교수님, 장문영 교수님, 코딩의 내용과 일부를 수정해 주신 송종수 교수님, 마지막으로 본 교재가 탈고되기까지 인내를 가지고 끝까지 도와준 우리 연구실의 김민제, 박주찬, 권찬민, 이수민, 이혜원에게 감사의 뜻을 전한다.

참고 문헌: 컴퓨팅사고기반기초코딩 교재

차례

CHAPTER 1

변수, 연산 및 입출력

학습 목표

코드 내에서 값을 저장하기 위해서 변수를 사용합니다. 변수는 특정 값을 저장하는 메모리 공간으로, 저장된 값을 연산을 통해 변경할 수 있으며 반드시 고유의 이름을 가져야 합니다.
이번 장에서는 데이터와 변수의 개념, 연산 기초, 데이터 입출력, 표준 입출력 함수 input()와 print()의 사용법을 학습합니다.

학습 목차

CHAPTER

1 변수, 연산 및 입출력

"코딩은 스토리텔링이다."라고 비유를 한다면 "코딩은 스토리텔링에 기반을 둔다."라고 표현할 수 있습니다. 소프트웨어는 일상생활과 매우 밀접한 관련이 있습니다. 일상생활에서 사람들이 필요한 부분들(스토리텔링)을 잘 파악(논리화)해서 코딩을 통하여 소프트웨어로 만들어집니다. 코드를 작성하는 것(코딩)과 스토리텔링은 매우 흡사하다고 생각할 수 있습니다.

일반적으로 스토리텔링 각각은 아주 귀중한 콘텐츠인 여러 가지 이야깃거리들이 담겨져 있습니다. 소프트웨어도 똑같습니다. 논리가 아주 정연하게 흘러가며 그 안에 중요한 기능과 요소들이 내포되어 있고 사람들과 인터페이스를 통해서 대화를 합니다. 사람의 피드백도 받고 사람들에게 어떤 결과도 보여주며 사람과 컴퓨터가 자유자재로 대화하면서 진행되는 전체 프로세스를 스토리텔링이라고 표현할 수 있습니다.

우리는 게임, 엑셀, 한글, 워드 등 수많은 소프트웨어를 사용하고 있습니다. 대표적인 것이 구글 번역기로 해외여행을 갈 때 유용하게 사용될 수 있습니다. 특히, 동남아시아나 동유럽과 같은 비영어권 나라에서는 영어로 대화하기가 어렵기 때문에 구글 번역기 소프트웨어를 통해서 한국어와 그들의 언어 간 서로 통역을 할 수 있으므로 매우 편리합니다.

소프트웨어는 컴퓨터 프로그램의 총칭이라고 표현할 수 있습니다. 소프트웨어는 크게 데이터와 코딩으로 나눌 수 있습니다.

예를 들어, 구글 번역기 같은 경우 데이터는 음성입니다. 음성 데이터가 들어오면 코딩은 음성 데이터를 텍스트 데이터로 바꾸고 외국어를 한국어로 변환해서 우리에게 전달해 줍니다. 즉, 코딩은 컴퓨터에 데이터를 입력하고, 입력된 데이터를 저장 및 처리하여 유용한 정보를 출력해줍니다.

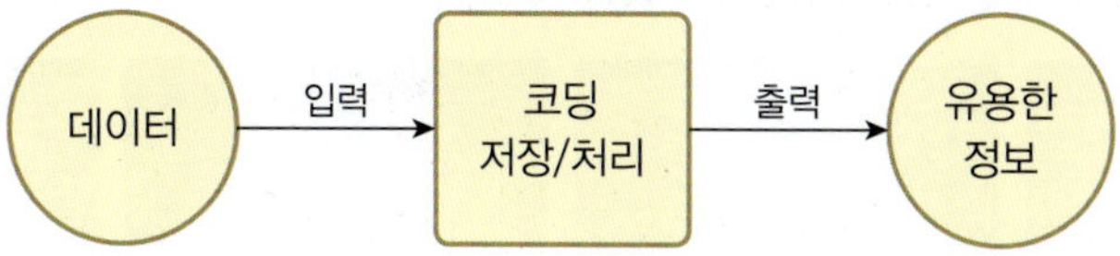

다른 소프트웨어를 예로 들면, 정형화된 데이터를 사용하는 가장 대표적인 소프트웨어가 마이크로소프트(사)에서 개발한 엑셀입니다. 엑셀은 데이터를 셀의 형태로 저장한 후, 수식을 사용하여 합, 평균, 그래프 등을 구할 수 있습니다.

다시 말해, 소프트웨어의 논리는 데이터를 다양한 연산을 통해 처리하는 데 있습니다. 그중 가장 대표적인 것이 필요에 따라 데이터를 교환하는 것입니다. 데이터를 교환하는 방법은 최솟값 및 최댓값 구하기, 데이터 정렬하기 등에 가장 중요한 요소로 활용되기도 합니다.

일상에서의 사례를 가지고 두 개의 데이터를 서로 교환하는 코딩 방법을 설명해 보겠습니다. 여러분 앞에 2개의 컵이 있고 하나에는 우유, 다른 하나에는 오렌지 주스가 담겨져 있습니다(첫 번째 그림). 우유와 주스는 데이터 값을 의미하고, 컵은 데이터를 저장하는 저장소라고 볼 수 있습니다. 이 상황에서 여러분은 각각의 컵에 있는 내용물을 어떻게 서로 교환하겠습니까? 생각보다 교환이 쉽지 않을 것입니다. 우유를 주스가 든 컵에 부으면 주스에 우유가 섞여 이상한 맛의 혼합된 음료가 생기겠죠(두 번째 그림). 여러 가지 시행착오 후에 결국 여러분들은 또 하나의 빈 컵이 필요하다는 것을 깨닫게 됩니다. 그래서 여분의 빈 컵을 가져다가(세 번째 그림) 우유를 그 빈 컵에 붓고(네 번째 그림) 주스는 기존에 우유를 담았던 컵에 붓습니다(다섯 번째 그림).

이제야 우유를 주스가 담가져 있던 컵에 붓을 수가 있게 됩니다(일곱번째 그림). 최종적으로 두 종류의 음료를 교환하는 데 성공합니다(여덟번째 그림). (참조: 유튜브 동영상, CS50 2018 - Lecture3 - Memory)

출처 : 유튜브 동영상, CS50 2018 - Lecture3 - Memory, https://www.youtube.com/watch?v=cC9l3XxkZXw&t=5776s

코딩에서 두 개의 데이터를 서로 교환하는 경우가 빈번하게 있는데, 이런 사례가 컴퓨터 내부에서 어떻게 교환되는지를 보여주는 경우라 볼 수 있습니다. 코딩에서도 두 변수의 값을 서로 바꾸고 싶을 때는 임시변수 하나를 추가로 선언하여 이를 활용함으로써 두 변수의 값을 바꿀 수 있음을 쉽게 알 수 있습니다. 본 교재에서는 이와 같은 스토리텔링 방식을 도입하여 코딩을 어렵지 않게 학습할 수 있도록 하고자 합니다.

1) 코딩

데이터를 입력받아 유용한 정보로 출력해주는 것이 코딩입니다. 코딩은 프로그래밍 언어를 사용하여 소프트웨어를 개발하는 과정입니다. 코딩 과정은 프로그래밍 언어의 문법을 잘 지키면서 데이터를 입력, 처리 및 관리하여 유용한 정보를 사람들에게 제공해주는 일련의 과정이라 할 수 있습니다.

코딩은 소스코드와 주석으로 나눌 수 있습니다. 소스코드는 컴퓨터에게 특정 작업을 실행하도록 지시하는 명령어의 집합입니다. 주석은 다른 개발자들이 프로그램을 이해할 수 있도록 소스코드에 설명을 적어놓은 설명글입니다. 주석을 달아 두면 나중에 프로그램을 이해하기 쉽습니다.

본 교재에서 배우게 될 데이터에는 크게 숫자형 데이터, 문자열 데이터, 리스트 데이터, 자료구조형 데이터 등이 있습니다. 기본 예제 및 활용 시나리오 등을 통하여 왜 다양한 데이터 타입이 필요한가를 공부하도록 하겠습니다. 본 장에서는 숫자형 데이터와 문자열 데이터만 다룹니다. 5장에서 리스트 데이터를 배우며 6장에서 자료구조형 데이터를 다룹니다.

본 장에서는 데이터를 입력 및 출력할 때 표준 입출력 함수를 사용합니다. 표준 입력 함수 input()을 사용하여 키보드로부터 직접 데이터를 입력받으며 표준 출력 함수 print()를 사용하여 모니터 화면에 결과를 출력합니다.

1.1 데이터와 변수의 개념

일상생활에서 활용되는 숫자, 문자, 그림, 음성, 영상 등의 정보를 컴퓨터가 처리할 수 있는 형태로 나타낸 것을 데이터라 합니다. 파이썬에서는 정수(integer), 실수(floating point), 문자열(string) 등의 형태로 데이터를 표현합니다.

컴퓨터가 코딩을 통해 그런 다양한 데이터를 처리하기 위해서는, 먼저 데이터를 저장할 수 있는 공간이 필요합니다. 또한 이러한 각각의 공간에 고유한 이름을 부여함으로써 데이터를 관리할 수 있습니다.

파이썬에서는 데이터를 저장하고 관리할 수 있는 공간을 변수라 합니다. 서랍이나 수납장 같은 공간에 물건들을 정리 정돈하는 것과 유사한 개념이며, 수학에서의 변수와 유사한 개념입니다. "방정식 x + 2 = z에, x=3을 대입시킨 결과는 z=5입니다."에서 x=3은 대입의 행위이고, z=5는 그 행위에 대한 결괏값이 됩니다. 파이썬과 같은 코딩에서는 [x = 3]은 "x=3을 대입시킨 후 그 값을 갖게 한다."라는 의미이며 아래 그림과 같습니다. 또한 결괏값을 확인하고 싶으면 그 변수를 출력하면 됩니다.

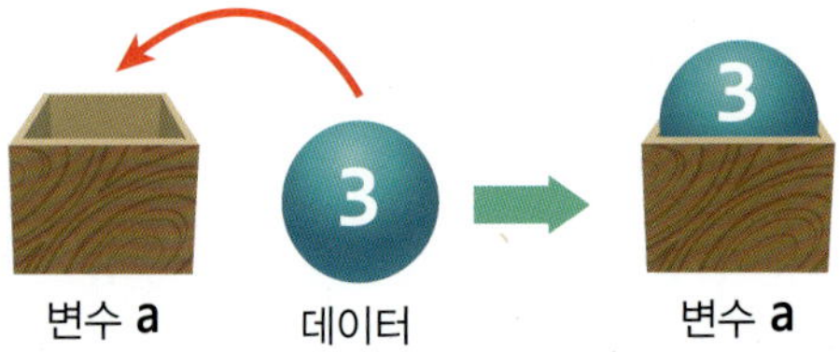

코딩 예시

```
>>> x = 2                      # 변수 x에 값 2 대입
>>>
>>> z = x + 3                  # z의 값 결정
>>> z                          # z의 값은?
5                              # z의 값 출력
```

1) 대입문

코딩은 여러 종류의 문장으로 구성되어 있습니다. 그중 대입문을 통해 변수에 값을 지정하거나 다른 값으로 대치하기도 합니다. 아래 표는 대표적인 대입문의 형태와 올바른 예시 혹은 잘못된 예시를 나타냅니다. 아래 표에서 '값 = 변수명'은 수학적인 표기로는 적절하지만 파이썬 언어 규칙에 위배됩니다.

대입문 형태	코딩 예시	결과
변수명 = 값	num = 10	정상
변수명 = 변수명	total = num	정상
값 = 변수명	10 = num	오류

코딩 예시

```
>>> num = 10                   # 변수 num에 값 10 대입
>>> num                        # 변수 num값 출력
10
>>> total = num                # 변수 total에 변수 num값 대입
>>> total                      # 변수 total값 출력
10
>>> 10 = num                   # 값 10에 변수 대입
SyntaxError: can't assign to literal   # 문법오류 발생
>>>
```

2) 변수 명명 규칙

변수 이름을 지정할 때에 지켜야 할 몇 가지 규칙들이 있는데, 규칙을 지키지 않으면 프로그램 오류가 발생합니다. 변수 명명 규칙에 대한 설명은 다음과 같습니다.

① 문자, 특수문자 중 언더바(_), 숫자 세 가지들의 조합으로 변수 이름 지정 가능하며, 문자는 대소 구분함

② 언어에서 문법적으로 사용하는 키워드인 예약어는 사용 불가 (예 : for, break, as, True, False 등)

③ 숫자는 변수명의 첫 문자로 사용 불가하며, 변수명 내의 공백은 허용 안 함

코딩 예시

```
>>> sw_python2 = 5                          # 변수 sw_python2에 값 대입
>>> sw_python2                              # 변수 sw_python2값 출력
5
>>> 파이썬 = 1                               # 변수 파이썬에 값 대입
>>> 파이썬                                   # 변수 파이썬값 출력
1
>>> _python = 10                            # 변수 _python에 값 대입
>>> _python                                 # 변수 _python값 출력
10
>>> False = 34                              # 변수명을 예약어로 명명
SyntaxError: can't assign to keyword        # 문법오류 발생
>>> 3python = 15                            # 숫자를 첫 문자로 변수 명명
SyntaxError: invalid syntax                 # 문법오류 발생
>>> sw python = 20                          # 변수명에 공백 포함
SyntaxError: invalid syntax                 # 문법오류 발생
```

3) 실수형 데이터

초등학교 저학년 때에는 정수로 산수를 배우므로 쉽지만, 고학년 때에는 나누기, 분수, 소수점이 나오면서 복잡하고 어렵게 느껴져서 흥미를 잃게 되는 학생들이 많이 있습니다.

코딩도 마찬가지로 정수형 데이터로 처리할 때는 단순하지만, 실수형 데이터를 처리할 때는 조금 복잡한 것을 느낄 수가 있습니다. 실수형 데이터는 일상생활에서 많이 쓰이기 때문에 어렵지만, 반드시 다루어야 합니다.

예를 들면 원의 넓이를 구할 때 우리는 원주율(π=3.14)을 이용하는데 그 값은 실수형입니다. 또한, 야구 선수의 타율은 정수로 나타낼 수 없고 3할 3푼 3리(0.3333...)와 같이 실수형으로 나타냅니다. 이처럼 실수는 정수와 함께 대표적으로 많이 사용되는 숫자형 데이터 타입입니다. 따라서 숫자형 데이터를 다룰 때 정수형 데이터와 실수형 데이터를 구분하여 다루어야 합니다.

코딩 예시

```
>>> r = 5                      # 원의 반지름을 나타내는 변수 r에 값 대입
>>> pi = 3.14                  # 원주율을 나타내는 변수 pi에 값 대입
>>> pi                         # 원주율 출력
3.14
>>> length = 2 * pi * r        # 원의 둘레 길이 계산
>>> length                     # 원의 둘레 길이 출력
31.400000000000002
>>>
>>> 4 / 2                      # 정수 4를 정수 2로 나눈 결괏값 출력
2.0
```

앞서 숫자형 데이터 즉, 정수형 데이터와 실수형 데이터를 배웠습니다. 정수형 데이터와 실수형 데이터는 변수의 역할에 따라서 달라집니다.

실수형 데이터는 정수형 데이터로 변환할 수 있습니다. 실수형 데이터는 int()함수를 이용하여 정수로 변환하면 실수 부분 중 소수점 부분이 없어지게 됩니다. 마찬가지로 정수형 데이터는 실수형 데이터로 변환할 수 있습니다. 정수형 데이터는 float()함수를 이용하여 변환하면 소수점 부분이 되살아난 실수형 데이터가 됩니다.

함수는 4장에서 자세히 배우게 될 것이고 지금은 "함수는 고유 미션을 수행하는 블랙박스" 정도로 이해하고 넘어가도록 하겠습니다. 즉, 자판기처럼 함수에 어떤 값을 넣고 버튼을 누르면 새로운 값이 나온다고 생각하시기 바랍니다.

실수형 데이터가 정수형 데이터에 비하여 변수를 저장하는 용량이 크므로 모든 수를 실수형으로 사용하면 컴퓨터의 자원을 많이 차지하기 때문에 되도록 정수형을 사용해야 하며 불가피한 경우에만 실수형으로 사용하는 것이 좋습니다.

코딩 예시

```
>>> pi = 3.14                # 변수 pi에 실수형 값 대입
>>> pi = int(pi)             # 변수 pi를 정수형으로 변환
>>> pi                       # 변수 pi 출력 (정수형 변수)
3
>>> pi = float(pi)           # 변수 pi를 실수형으로 변환
>>> pi                       # 변수 pi 출력 (실수형 변수)
3.0
```

4) 문자열 데이터

문자열 데이터은 순서가 있는 연속된 문자(알파벳, 숫자, 특수 기호)들의 집합으로 변경 불가능한 자료형입니다. 문자열 데이터을 생성하는 방법은 ① "큰따옴표를 이용하는 방법" 과 ② '작은따옴표를 이용하는 방법'이 있습니다.

일반적으로 매우 긴 문자열 데이터의 경우 ① """큰따옴표를 3개를 이용하는 방법""" 과 ② '''작은따옴표 3개를 이용하는 방법''' 이 있습니다. 주로 긴 주석이나 함수를 설명할 때 많이 사용되는 방법입니다.

① 큰따옴표 이용 : """

The best and most beautiful things in the world cannot be seen of even touched.

They must be felt with the heart.

– Hellen Keller

"""

② 작은따옴표 이용 : '''

The best and most beautiful things in the world cannot be seen of even touched.

They must be felt with the heart.

 – Hellen Keller

'''

문자열 안에서 작은따옴표를 표현하고 싶을 경우 큰따옴표 안에서 표현해야 하며 작은따옴표 안에서 작은따옴표를 표현할 경우 에러가 발생합니다. 마찬가지로 큰따옴표를 표현하고 싶은 경우 작은따옴표 안에서 표현해야 하며 큰따옴표 안에서 큰따옴표를 표현할 경우 에러가 발생합니다.

실수형 데이터는 int()함수를 이용하여 정수형 데이터로 변환할 수 있고, 정수형 데이터는 float()함수를 이용하여 실수로 변환 가능합니다. 이와 마찬가지로 숫자형 데이터는 str()함수를 이용하여 문자열로 변환 가능합니다. 또한 문자열 데이터는 int() 함수를 이용하여 정수형 데이터로 변환 가능하며, float()함수를 이용하여 실수형 데이터로 변환 가능합니다.

코딩 예시

```
>>> s = """                                          # 변수 s에 긴 문자열 대입
The best and most beautiful things in the
world cannot be seen of even touched.
They must be felt with the heart.
 - Hellen Keller
"""
>>> s                                                # 변수 s값 출력
'\nThe best and most beautiful things in the
world cannot be seen of even touched. \nThey
must be felt with the heart.\n - Hellen Keller'
>>> a = '1'                                          # 변수 a에 문자열 '1' 대입
>>> a                                                # 변수 a값 출력
'1'
>>> b = int(a)                                       # 문자열을 정수로 변환
>>> b                                                # 변수 b값 출력
1
>>> c = str(b)                                       # 정수를 문자열로 변환
>>> c                                                # 변수 c값 출력
'1'
```

화물열차 시나리오 소개

소프트웨어 내부에서 코드의 논리가 흐르는 것처럼 기차와 기찻길을 통해서 여러분들이 직관적으로 코드의 흐름을 쉽게 이해할 수 있도록 시나리오를 준비하였습니다.

시나리오는 가장 기본적인 논리부터 시작을 해서 갈수록 조금씩 복잡해집니다. 화물열차가 광산을 출발하여 각 정거장마다 도착하면 트럼프는 각 역에서 필요에 따른 임무를 수행하고 다음 역으로 이동하게 됩니다. 맨 처음 기본적인 시나리오는 트럼프가 광산에서 광부들이 캔 광물을 구매하여 화물열차에 싣습니다. 그다음 트럼프는 기찻길을 따라 화물열차에 싣고 온 광물을 도시역에서 판매합니다. 마지막으로, 화물열차가 은행에 도착하면 트럼프는 광물 판매금액을 은행에 저축합니다.

기차가 파리에서 출발을 해서 브뤼셀에서 암스테르담과 함부르크로 분리되어서 가는 것처럼 조건문을 설명하기 위해서 기찻길이 분리되는 모습에 대응하는 시나리오를 제시하고 코드로 구현할 것입니다.

또한, while 문이나 for 문을 설명하기 위하여 기차가 반복하여 원을 도는 모습에 대응하는 시나리오와 코드를 제시할 것입니다.

하나의 화물열차에는 여러 개의 화물칸이 존재합니다. 기차의 화물칸 하나하나에 데이터들이 들어가고 그러한 화물칸을 연결한 화물열차는 리스트로 표현할 수 있습니다. 리스트는 변경 가능한 연속된 데이터의 집합으로 교환, 탐색, 정렬 등에 많이 사용됩니다.

실습 문제

실습 문제 1

한 변수에 임의의 정숫값을 대입한 후, 실수와 문자열로 각각 변환하여 출력하시오.

```
>>> a = 0
>>>
>>> b = float(a)
>>
>>> c = str(a)
>>
```

```
>>> a
0
>>> b
0.0
>>> c
'0'
```

실습 문제 2

한 변수에 임의의 실숫값을 대입한 후, 정수와 문자열로 각각 변환하여 출력하시오.

```
>>> a = 1.0
>>>
>>> b = int(a)
>>
>>> c = str(a)
>>
```

```
>>> a
1.0
>>> b
1
>>> c
'1.0'
```

실습 문제 3

한 변수에 임의의 문자열을 대입한 후, 실수와 정수로 각각 변환하여 출력하시오.

```
>>> a = '1.0'
>>>
>>> b = float(a)
>>
>>> c = int(b)
>>
```

```
>>> a
'1.0'
>>> b
1.0
>>> c
1
```

실습 문제 4

한 변수에 임의의 실숫값을 대입한 후, 버림하여 정수로 출력하시오.
(예를 들면, 실숫값이 1.6인 경우 출력값은 1입니다)

```
>>> a = 0.6
>>>
>>> b = int(a)
>>
```

```
>>> a
0.6
>>> b
0
```

실습 문제 5

한 변수에 임의의 실숫값을 대입한 후, 반올림하여 정수로 출력하시오.
(예를 들면, 실숫값이 1.6인 경우 출력값은 2입니다)

```
>>> a = 0.4
>>>
>>> b = int(a+0.5)
>>
```

```
>>> a
0.4
>>> b
0
```

1.2 연산 기초

1) 산술 연산

수식은 연산의 대상이 되는 피연산자와 연산을 위해 사용되는 기호인 연산자(+, −, *, /)의 조합으로 이루어져 있습니다. 수식 total = num1 + 10이 있을 때, num1, 10은 피연산자이며 +는 연산자입니다. 이처럼 변수 혹은 값을 이용하여 수치를 계산하는 것을 산술 연산이라 합니다.

파이썬에서 사용되는 연산자는 수학적 기호와는 차이가 있으며, 연산자의 사용 예시는 아래 표와 같습니다. 나눗셈은 항상 결괏값이 실수로 나타나기 때문에 주의해야 합니다. 나눗셈의 몫을 구하고 싶은 경우는 // 연산자, 나머지를 구하고 싶을 때는 % 연산자를 사용합니다.

산술 연산자	수학적 기호	코딩 연산자	복합 대입 연산자
덧셈	x + y	x = x + y	x += y
뺄셈	x - y	x = x - y	x -= y
곱셈	x × y	x = x * y	x *= y
제곱	x^y	x = x ** y	x **= y
나눗셈	x ÷ y	x = x / y	x /= y
나눗셈(몫)	$\left[\frac{x}{y}\right]$	x = x // y	x //= y
나머지	x mod y	x = x % y	x %= y

산술 연산식을 작성할 때 복합 대입 연산자를 사용하면 식을 조금 더 간결하게 만들 수 있습니다. 복합 대입 연산자는 대입 연산자(=)와 산술 연산자들을 합친 형태로, +=, −=, *=, /= 등과 같이 표현할 수 있습니다. 예를 들어, x /= y는 x = x / y와 같은 의미입니다. 즉, 복합 대입 연산자는 산술연산과 연산 결괏값의 대입을 함께 수행합니다.

코딩 예시

```
>>> x = 10                # 변수 x에 값 10 대입
>>> x                     # 변수 x값 출력
10
>>> y = 4                 # 변수 y에 값 4 대입
>>> y                     # 변수 y값 출력
4
>>> x + y                 # x + y 값 확인
>>> 14
>>> x - y                 # x - y 값 확인
>>> 6
>>> x * y                 # x * y 값 확인
>>> 40
>>> x ** y                # x ** y 값 확인
>>> 10,000
>>> x / y                 # x / y 값 확인
>>> 2.5
>>> x // y                # x // y 값 확인
>>> 2
>>> x % y                 # x % y 값 확인
>>> 2
```

코딩 예시

```
>>> x = 5                 # 변수 x에 값 5를 대입
>>> x = x + 3             # 변수 x에 값 3을 더함
>>> x                     # 변수 x값 출력
8
>>> x += 8                # 변수 x에 값 8을 더함
>>> x                     # 변수 x값 출력
16
>>> x = x * 3             # 변수 x에 값 3을 곱함
>>> x                     # 변수 x값 출력
48
>>> x *= 10               # 변수 x에 값 10을 곱함
>>> x                     # 변수 x값 출력
480
```

2) 연산자 우선순위

파이썬에서 연산자를 이용하여 산술 연산을 수행할 때, 연산자 간의 우선순위를 고려하여 올바른 계산식을 작성해야 합니다. 연산자의 우선순위 규칙은 아래 표와 같습니다.

우선순위	연산자	예제	결과
1	( )	4**2+4/(5-3)-1	4**2+4/2-1
2	**	4**2+4/2-1	16+4/2-1
3	*, /, //, %	16+4/2-1	16+2-1
4	+, -	16+2-1	17

코딩 예시

```
>>> (5 + 2) * 10          # 괄호 (5 + 2)를 먼저 계산하고 10을 곱함
70
>>> 2 ** 3 + 5            # 제곱수 2 ** 3을 먼저 계산하고 5를 더함
13
>>> 4 + 15 / 2            # 나눗셈 15 / 2를 먼저 계산하고 4를 더함
11.5
```

3) 교환(Swap) 연산

서로 다른 변수에 저장된 값을 교환하는 것을 교환(swap)이라 합니다. 교환을 수행하고 난 뒤에는 아래 그림과 같이 두 변수의 값이 서로 바뀌어 있어야 합니다.

만약 단순히 a = b, b = a를 해준다면 a의 값은 b의 값으로 바뀌지만 a의 값이 이미 덮어쓰기 되었으므로 b의 값은 바뀌지 않습니다. 따라서 올바른 교환(swap)을 하기 위해서는 덮어쓰기 전 변수의 값을 보존해 둘 임시 변수(예시에서는 c로 명명)가 필요합니다.

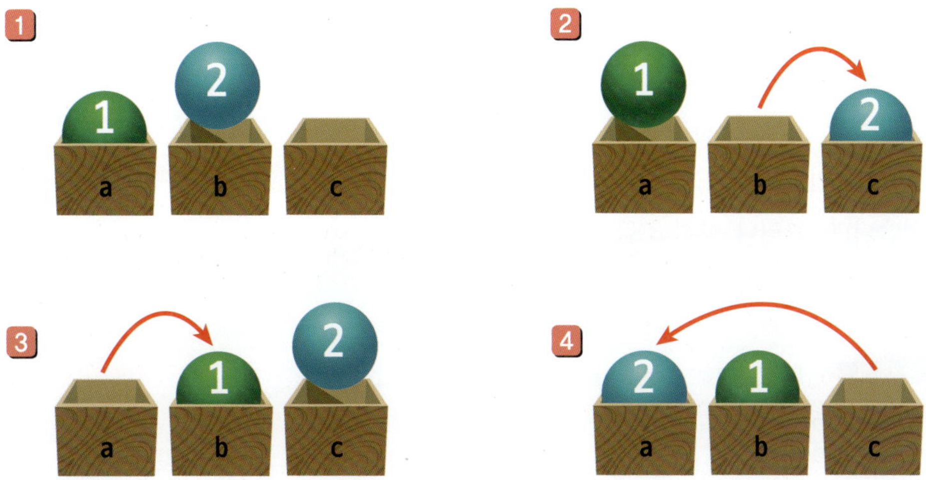

코딩 예시

```
>>> num1 = 617                          # 변수 num1에 값 617 대입
>>> num2 = 614                          # 변수 num2에 값 614 대입
>>> num1, num2                          # 변수 num1, num2값 출력
(617, 614)
>>>
>>> num1 = num2                         # 변수 num1에 num2값 대입
>>> num2 = num1                         # 변수 num2에 num1값 대입
>>> num1, num2                          # 변수 num1, num2값 출력
(614, 614)                              # 변수 값이 교환되지 않음
```

코딩 예시

```
>>> num1 = 617                          # 변수 num1에 값 617 대입
>>> num2 = 614                          # 변수 num2에 값 614 대입
>>> num1, num2                          # 변수 num1, num2 값 출력
(617, 614)
>>>
>>> tmp = num1     # Step 1             # 임시변수 tmp에 num1값 대입
>>> num1 = num2    # Step 2             # 변수 num1에 num2값 대입
>>> num2 = tmp     # Step 3             # 변수 num2에 임시변수 tmp값 대입
>>> num1, num2                          # 변수 num1, num2값 출력
(614, 617)
```

서로 다른 변수 사이의 값을 바꾸는 것을 교환(swap)이라 하였으며, 임시변수를 추가해 교환을 진행하는 알고리즘을 살펴보았습니다. 하지만 파이썬에서는 임시 변수를 사용하지 않고 한 줄의 코드로 교환을 가능하게 하는 독자적인 방법을 지원합니다. 예를 들어, 두 개의 변수를 교환하기 위해서는 [a,b = b,a]와 같은 방식을 사용할 수 있습니다. 그러나 향후 조금 더 복잡한 알고리즘을 해결하기 위해서는 swap에 대한 기초 원리를 파악하고 있는 것이 필요합니다.

코딩 예시

```
>>> num1 = 5                      # 변수 num1에 값 5 대입
>>> num2 = 10                     # 변수 num2에 값 10 대입
>>> num1, num2                    # 변수 num1, num2값 출력
(5, 10)
>>> num1, num2 = num2, num1       # 변수 num1, num2값 교환
>>> num1, num2                    # 변수 num1, num2값 출력
(10, 5)
```

4) 문자열 연산 (+, *)

두 문자열은 이어 붙이기 연산(+)이 가능합니다. 아래 예제와 같이 두 문자열 “apple”과 “mango”가 있을 때 ‘+’ 연산자를 이용하여 두 문자열을 연결할 수 있습니다.

```
>>> str1 = 'apple'
>>> str2 = 'mango'
>>>
>>> str1 + str2
'applemango'
```

코드는 간결하면서 이해하기 쉬워야 합니다. 코드의 가독성을 높이기 위하여 함수는 한 페이지를 넘지 않는 것이 좋으며 코드 한 줄은 80자를 초과하지 않는 것이 좋습니다. 코드를 구분하기 위하여 다음과 같은 “###############” 문자열을 입력해야 하는 경우, 곱셈 연산자(*)를 사용하여 “#”*15로 입력하면 됩니다. 이와 같이 “*” 연산자를 문자열에 적용하면 문자열을 반복할 수 있습니다. [자연수 * 문자열] 또는 [문자

열 * 자연수]를 이용하여 문자열을 반복할 수 있으나 [문자열 * 문자열]은 에러가 발생합니다.

```
>>> a = "#"
>>> a = a * 15
>>> a
'###############'
```

코딩 예시

```
>>> a = '1'                      # 변수 a에 문자열 '1' 대입
>>> b = '2'                      # 변수 b에 문자열 '2' 대입
>>> c = '3'                      # 변수 c에 문자열 '3' 대입
>>> d = a + b + c                # 문자열 이어 붙이기
>>> d                            # 변수 d값 출력
'123'
>>>
>>> e = d * 3                    # 변수 e에 문자열 d를 3번 반복하여 대입
>>> e                            # 변수 e값 출력
'123123123'
>>>
>>> f = 3 * e                    # 변수 f에 문자열 e를 3번 반복하여 대입
>>> f                            # 변수 f값 출력
'123123123123123123123123123'
>>>
>>> a * b                        # 두 문자열 곱을 출력
Type Error                       # 에러 발생
>>> a * -1                       # 문자열에 0 또는 음수 곱셈
''                               # 공백 문자열 출력
```

시나리오

시나리오 1 광물 도매업자는 광산 정거장에서 석탄(원가 10원)의 구매 개수를 입력받아 기차 a 화물칸에 싣고 출발합니다. 도시 정거장에 도착하여 a 화물칸에 적재된 석탄을 소매업자에게 2배로 판매합니다. 마지막으로, 은행 정거장에 도착하여 총 판매금액을 은행에 저축합니다. 도매업자가 석탄을 구매하여 판매한 후 판매금액을 은행에 저축하는 과정을 프로그램으로 작성하시오.

```
coal = 10                                # 석탄 원가 대입
rate = 2                                 # 판매가 : 원가 대비 배수

a = int(input("Number of coal = "))      # 석탄 구매 개수 입력

a = a * rate * coal                      # 판매액 산술 연산

savings = a                              # 입금
print("Savings =", savings)              # 저축액 출력
```

```
# 실행 예1
Number of coal = 4
Savings = 80
```

```
# 실행 예2
Number of coal = 7
Savings = 140
```

```
# 실행 예3
Number of coal = 10
Savings = 200
```

```
# 실행 예4
Number of coal = 5
Savings = 100
```

위 예시 중 실행 예1은 "광산에서 기차 화물칸 변수 a에 원가 10원인 석탄 4개를 싣고 도심으로 가서 원가의 2배로 판매한 후 화물칸 변수 a에 판매금액 80원을 저장한 후 은행으로 이동하여 판매금액 80원을 저축하였습니다."라는 내용으로 바꿀 수 있습니다. 처음 화물칸 변수 a는 석탄의 개수를 의미하였으나, 판매 후 판매금액을 의미하는 것으로 바뀌었습니다.

시나리오 2 광물 도매업자는 광산 정거장에서 석탄(원가 10원)의 구매 개수를 2번 입력받아 기차 a 화물칸과 b 화물칸에 싣고 출발합니다. 도시 정거장1에 도착하여 a 화물칸에 적재된 석탄을 소매업자에게 2배로 판매합니다. 도시 정거장2에 도착하여 b 화물칸에 적재된 석탄을 소매업자에게 3배로 판매합니다. 마지막으로, 은행 정거장에 도착하여 총 판매금액을 은행에 저축합니다. 도매업자가 석탄을 구매하여 판매한 후 판매금액을 은행에 저축하는 과정을 프로그램으로 작성하시오.

```
coal = 10                                  # 석탄 원가 대입
rate1 = 2                                  # 판매가 : 원가 대비 2 배수
rate2 = 3                                  # 판매가 : 원가 대비 3 배수

a = int(input("Number of coal = "))        # 석탄 구매 개수 입력 1
b = int(input("Number of coal = "))        # 석탄 구매 개수 입력 2

a = a * rate1 * coal                       # 판매액 산술 연산 1
b = b * rate2 * coal                       # 판매액 산술 연산 2

savings = a + b                            # 입금
print("Savings  =", savings)               # 저축액 출력
```

```
# 실행 예1
Number of coal = 4
Number of coal = 7
Savings = 290
```

```
# 실행 예2
Number of coal = 7
Number of coal = 4
Savings = 260
```

```
# 실행 예3
Number of coal = 5
Number of coal = 5
Savings = 250
```

```
# 실행 예4
Number of coal = 2
Number of coal = 3
Savings = 130
```

실습 문제

실습 문제 1

직사각형 토지의 가로길이 x가 10m, 세로길이 y가 24m일 때 해당 토지의 평수를 구하는 프로그램을 작성하시오. (단, 평수는 제곱미터(m^2)/3.3으로 계산합니다.)

```
>>> x = 10
>>> y = 24
>>> p = x * y / 3.3
```

```
>>> p
72.72727272727273
```

실습 문제 2

두 변수에 임의의 문자열을 각각 대입한 후 이어 붙이기(+) 연산 후 결괏값을 출력하시오. 또한, 임의의 문자열을 교환(Swap) 연산 후 이어 붙이기(+) 연산하여 출력하시오. (예를 들면, 문자열이 lemon과 tree이면 첫 번째 결괏값은 'lemontree'이며 두 번째 결괏값은 'treelemon'입니다.)

```
>>> a = 'apple'
>>> b = 'mango'
>>> c = a + b
>>>
>>> d = b
>>> b = a
>>> a = d
>>> e = a + b
```

```
>>> c
'applemango'
>>>
>>> e
'mangoapple'
```

실습 문제 3

마이클은 여행 간 친구 대신 편의점에서 단기 알바를 하였습니다. 마이클의 총 출근 일수는 3일이며, 하루 근무 시간은 6시간입니다. 마이클이 받아야 할 총 알바비를 계산하여 출력하는 프로그램을 작성하시오. (단, 마이클은 최저 인건비를 받는다고 가정하며, 2020년 최저 임금은 8,590원입니다.)

만약, 2021년도 최저 인건비가 2020년도보다 10% 인상된다면 같은 조건에서 2021년 마이클이 받을 총 알바비를 계산하여 출력하시오. (단, 100원 미만은 버림합니다.)

```
>>> day = 3
>>> hour = 6
>>> pay = day * hour * 8590
>>> pay
154620
```

```
>>> pay = int(pay * 110 / 100)
>>> pay = (pay // 100) * 100
>>>
>>> pay
170000
```

실습 문제 4

브로카법이란 BMI와 유사하지만 간편하게 널리 이용되는 방법으로 표준체중이라고 여겨집니다. 계산 방법은 [(신장(cm) – 100) * 0.9] 로 자신의 신장에 대한 표준 체중을 구할 수 있습니다.

마이클의 신장은 180cm입니다. 브로카법을 적용하여 마이클의 표준 체중을 계산하는 프로그램을 작성하시오. (단, 표준 체중은 버림합니다.)

잭슨의 체중은 80Kg입니다. 브로카법을 적용하여 잭슨의 표준 신장을 계산하는 프로그램을 작성하시오. (단, 표준 신장은 버림합니다.)

```
>>> height = 180
>>> weight = int((height - 100) * 0.9)
>>>
>>> weight
72
```

```
>>> weight = 80
>>> height = int(weight / 0.9 + 100)
>>>
>>> height
188
```

1.3 데이터 입출력

코드가 실행된 후에 사용자가 변수에 값을 지정하거나 연산이 완료된 값을 확인하기 위해서는 표준 입출력함수를 이용하여야 합니다. 표준 입력 함수 input()은 사용자가 값을 입력할 수 있도록 하고, 표준 출력 함수 print()는 사용자가 값을 확인할 수 있도록 모니터 화면에 출력해줍니다.

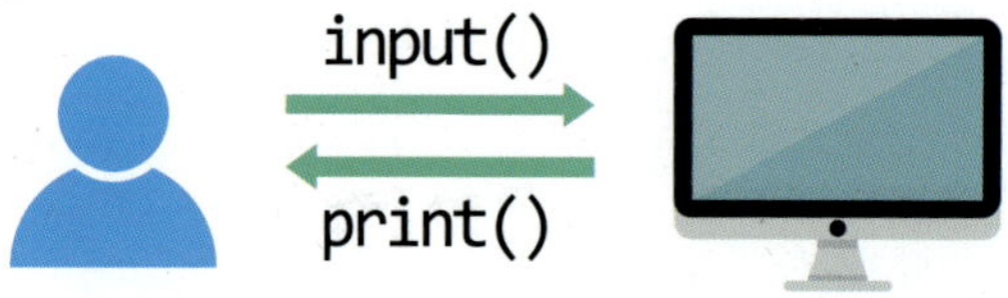

input()함수는 **[year = input("년도 = ")]** 와 같은 형태로 사용할 수 있습니다. input()함수 안에 들어가는 문자열은 사용자가 입력을 할 때 출력됩니다. 사용자가 어떠한 값을 확인하기 위해 print()함수를 사용할 때에는 **[print("이번 달은",month,"월입니다.")]** 와 같은 형태로 사용할 수 있습니다.

코딩 예시

```
year = input("년도 = ")
print("올해는",year,"년입니다.")

month = input("월 = ")
print("이번 달은",month,"월입니다.")
```

```
년도 = 2020
올해는 2020 년입니다.

월 = 3
이번 달은 3 월입니다.
```

1) 입력문

input()함수는 입력문이라 하며, 코드 외부에서 사용자가 입력한 값을 할당해 주기 위해 사용됩니다. 따라서 코드 내부적으로 미리 값을 할당하는 대입문과의 역할 및 의미적 차이점을 숙지하고 사용하는 것이 중요합니다.

또한 input()함수를 이용하여 입력한 모든 값은 문자열로 취급됩니다. 사용자가 숫자를 입력하더라도 문자열로 인식하기 때문에 산술 연산 시 아래의 코딩 예시와 같이 원하는 결괏값이 나오지 않거나 오류가 발생할 수 있습니다.

코딩 예시

```
num1 = input("number1 = ")
num2 = input("number2 = ")
print("곱하기 연산1 =", num1 * 3)
print("곱하기 연산2 =", num1 * num2)
```

```
number1 = 5
number2 = 4
곱하기 연산1 = 555
TypeError: must be str, not int
```

코딩 예시

```
num1 = input("number1 = ")
num2 = input("number2 = ")
print("더하기 연산1 =", num1 + num2)
print("더하기 연산2 =", num1 + 5)
```

```
number1 = 5
number2 = 4
더하기 연산1 = 54
TypeError: must be str, not int
```

input()함수로 입력받은 문자열을 int()함수를 사용하여 정수형으로 변환하면 산술 연산을 할 수 있습니다. float(input())와 같이 float()함수를 사용하여 입력받으면 문자열이 실수형으로 변환됩니다.

코딩 예시

```
num1 = int(input("숫자1 = "))
num2 = int(input("숫자2 = "))
print("두 숫자의 합 =", num1 + num2)
print("두 숫자의 곱 =", num1 * num2)
```

```
숫자1 = 5
숫자2 = 15
두 숫자의 합 = 20
두 숫자의 곱 = 75
```

2) 출력문

print()함수는 파이썬에서 지원하는 표준 출력을 위한 함수입니다. print()함수 안에는 숫자, 수식, 변수, 문자열 등 다양한 출력 형태를 사용할 수 있으며, 여러 개의 값을 나열하여 출력할 때는 콤마(,)를 이용합니다. 콤마를 통해 구분한 여러 개의 값들 사이에는 항상 공백이 생깁니다.

코딩 예시

sw = 617 python = 614		# 변수 sw에 값 617 대입 # 변수 python에 값 614 대입
print("sw") print("617")	sw 617	# 문자 "sw" 출력 # 문자 "617" 출력
print(sw) print(python)	617 614	# 변수 sw값 출력 # 변수 python값 출력
print("software =", sw)	software = 617	# 콤마를 이용하여 구분한 여러 개의 값들 사이에는 항상 공백 발생

3) print()함수의 다양한 출력 포맷

print()함수의 서식을 이용하면 다양한 형태로 출력을 할 수 있습니다. print()함수의 서식은 정수(%d), 실수(%f), 문자(%c), 문자열(%s) 등이 있습니다. "%d"는 정수(decimal)을 의미하며 서식은 앞에 %가 붙습니다. "%f"는 실수(float)를 의미하며 "%c"는 문자(character)를 의미합니다. 또한, "%s"는 문자열(string)을 의미합니다. 아래 표에서 중간의 %는 왼쪽 서식과 오른쪽 값을 구분해 주는 역할을 합니다.

코드	의미	코딩 예시	출력 결과
%d	정수	print("I eat %d apples." % 3)	I eat 3 apples.
%f	실수	print("I eat %f apples." % 3.5)	I eat 3.5 apples.
%c	문자	print("I eat 5 %cpples." % "a")	I eat 5 apples.
%s	문자열	print("I eat %s apples." % "five")	I eat five apples.

```
msg = "지금은 %d시 %d분입니다."
print(msg % (12, 30)) → 지금은 12시 30분입니다.
hour = 12
minute = 30
print("[%s] %d : %d" % ("Mon", hour, minute)) → [Mon] 12 : 30
```

코딩 예시

```
item = "Coke"
price = 1500
print(item)
print(price)
print(item, "is %d won." % price)
print("%s is %d won." % (item, price))
```

```
Coke
1500
Coke is 1500 won.
Coke is 1500 won.
```

4) 탈출(Escape) 문자

파이썬은 아래 표와 같이 문자열 내부에 탈출(이스케이프) 문자를 사용할 수 있습니다. 탈출(이스케이프) 문자의 특징은 앞에 \(백슬래시)를 먼저 붙여 줍니다.

탈출(이스케이프) 문자는 문자열 내부에 특수 문자(' 또는 ")을 삽입하거나 탭(tab) 크기 만큼 이동, 개행문자(\n) 등을 문자열 내부에 삽입하는 방법입니다. 탈출(이스케이프) 문자를 정리하면 다음과 같습니다.

탈출 문자	결과
\n	새로운 줄로 이동 (줄바꿈)
\t	다음 탭(tab)으로 이동
\\	문자(\) 출력
\'	문자(') 출력
\"	문자(") 출력

코딩 예시

```
print("Trump's favorite food is\nbread.")

print("Trump's favorite food is\t bread.")
print("Trump's favorite food is\\ bread.")
print("\'Trump's favorite food is bread.\'")
print("\"Trump's favorite food is bread.\"")
```

```
Trump's favorite food is
bread.
Trump's favorite food is 	bread.
Trump's favorite food is\ bread.
'Trump's favorite food is bread.'
"Trump's favorite food is bread."
```

시나리오

시나리오 1 광물 도매업자는 광산 정거장에서 다이아몬드(원가 100원)와 석탄(원가 10원)의 구매 개수를 입력받아, 다이아몬드는 기차 a 화물칸에 석탄은 b 화물칸에 싣고 출발합니다. 도시 정거장에 도착하여 a 화물칸과 b 화물칸에 적재된 다이아몬드와 석탄을 소매업자에게 2배로 판매합니다. 마지막으로, 은행 정거장에 도착하여 총 판매금액을 은행에 저축합니다. 도매업자가 다이아몬드와 석탄을 구매하여 판매한 후 판매금액을 은행에 저축하는 과정을 프로그램으로 작성하시오.

```
diamond = 100                                   # 다이아몬드 원가 대입
coal = 10                                       # 석탄 원가 대입
rate = 2                                        # 판매가 : 원가 대비 배수

a = int(input("Number of diamond = "))          # 다이아몬드 구매 개수 입력
b = int(input("Number of coal = "))             # 석탄 구매 개수 입력

a = a * rate * diamond                          # 다이아몬드 판매액 계산
b = b * rate * coal                             # 석탄 판매액 계산

savings = a + b                                 # 입금
print("Savings  =", savings)                    # 저축액 출력
```

```
# 실행 예1
Number of diamond = 3
Number of coal = 6
Savings = 720
```

```
# 실행 예2
Number of diamond = 2
Number of coal = 7
Savings = 540
```

시나리오 2 광물 도매업자는 광산 정거장에서 다이아몬드(원가 100원)의 구매 개수를 입력받고 석탄(원가 10원)의 구매 개수를 2번 입력받아, 다이아몬드는 a 화물칸에, 석탄은 b 화물칸과 c 화물칸에 각각 싣고 출발합니다. 도시 정거장1에 도착하여 화물칸 a에 적재된 다이아몬드와 화물칸 b에 적재된 석탄을 소매업자에게 2배로 판매합니다. 도시 정거장2에 도착하여 화물칸 c에 적재된 석탄을 도심 쪽으로 더 가게 되므로 운임을 고려하여 소매업자에게 3배로 판매합니다. 마지막으로, 은행 정거장에 도착하여 총 판매금액을 은행에 저축합니다. 도매업자가 다이아몬드와 석탄을 구매하여 판매한 후 판매금액을 은행에 저축하는 과정을 프로그램으로 작성하시오.

```
diamond = 100                                # 다이아몬드 원가 대입
coal = 10                                    # 석탄 원가 대입
rate1 = 2                                    # 판매가 : 원가 대비 2 배수
rate2 = 3                                    # 판매가 : 원가 대비 3 배수

a = int(input("Number of diamond = "))       # 다이아몬드 구매 개수 입력
b = int(input("Number of coal = "))          # 석탄 구매 개수 입력 1
c = int(input("Number of coal = "))          # 석탄 구매 개수 입력 2

a = a * rate1 * diamond                      # 다이아몬드 판매액 계산
b = b * rate1 * coal                         # 석탄 판매액 계산 1
c = c * rate2 * coal                         # 석탄 판매액 계산 2

savings = a + b + c                          # 판매액 합산 후 입금
print("Savings =", savings)                  # 저축액 출력
```

```
# 실행 예1
Number of diamond = 3
Number of coal = 6
Number of coal = 5
Savings = 870
```

```
# 실행 예2
Number of diamond = 7
Number of coal = 2
Number of coal = 4
Savings = 1560
```

시나리오 3 마이클(잭슨)은 회전초밥집에서 알바를 하고 있습니다. 마이클의 주된 업무는 손님이 먹은 색상별 접시 수를 센 후 식사금액을 계산하는 것입니다. 색상별 접시 개수를 입력받아 손님이 먹은 총 접시 개수와 총 식사금액을 출력하는 프로그램을 작성하시오. (단, 각 접시 색상별 금액은 하얀색(1,000), 노란색(2,000), 파란색(3,000)입니다.)

입력 예시	출력 예시
white = 3 yellow = 1 blue = 1	Total dishes = 5 Total price = 8000

```
white = int(input("white = "))        # 하얀색 접시 개수 입력
yellow = int(input("yellow = "))      # 노란색 접시 개수 입력
blue = int(input("blue = "))          # 파란색 접시 개수 입력

dishes = white + yellow + blue        # 접시 수 총합 계산

price = white * 1000 + yellow * 2000  # 식사 대금 계산 1
price += blue * 3000                  # 식사 대금 계산 2

print("Total dishes =", dishes)       # 총 접시 개수 출력
print("Total price =", price)         # 총 식사금액 출력
```

```
# 실행 예1
white = 3
yellow = 1
blue = 1
Total dishes = 5
Total price = 8000
```

```
# 실행 예2
white = 2
yellow = 4
blue = 3
Total dishes = 9
Total price = 19000
```

시나리오 4 "SW" 과목 성적은 출석(10%), 과제(30%), 시험(60%)으로 구성됩니다.
한 학기 동안 학생 한 명이 획득한 출석, 과제, 시험점수를 각각 100점 만점 기준으로 입력받은 후, 입력받은 각 항목 점수를 구성된 비율로 환산하여 총합을 출력하는 프로그램을 작성하시오. (단, 소수점 이하는 버림합니다.)

```
attendance = int(input("attendance = "))     # 출석 점수 입력
assignment = int(input("assignment = "))     # 과제 점수 입력
exam = int(input("exam = "))                 # 시험 점수 입력

sum = attendance * 10 / 100                  # 출석 점수 환산
sum += assignment * 30 / 100                 # 과제 점수 환산
sum += exam * 60 / 100                       # 시험 점수 환산

sum = int(sum)                               # 소수점 이하 버림
print("Sum =", sum                           # 총합 점수 출력
```

```
# 실행 예1
attendance = 90
assignment = 60
exam = 80
Sum = 75
```

```
# 실행 예2
attendance = 80
assignment = 60
exam = 90
Sum = 80
```

```
# 실행 예3
attendance = 65
assignment = 100
exam = 84
Sum = 86
```

```
# 실행 예4
attendance = 98
assignment = 90
exam = 76
Sum = 82
```

실습 문제

실습 문제 1

단군기원(檀君紀元) 또는 단기(檀紀)는 단군의 고조선 건국 연대를 기준으로 하는 기년으로, 예수의 탄생년도를 기준으로 하는 서기의 기원전 2333년이 단기 1년입니다. 즉, 서기 2020년은 단기 4353년이 됩니다. 사용자로부터 서기를 입력받아 단기로 바꾸어 출력하는 프로그램을 작성하시오.
(입력 예시 : 서기를 입력하세요 : 2020, 출력 예시 : 서기 2020년은 단기 4353년입니다.)

```
ad = int(input("서기를 입력하세요 : "))
year = ad + 2333
print("서기 %d년은 단기 %d년입니다." %
(ad, year))
```

```
서기를 입력하세요 : 2020
```

```
서기 2020년은 단기 4353년입니다.
```

실습 문제 2

사용자의 이름과 나이를 입력받고, 중학교 입학년도를 출력하는 프로그램을 작성하시오.

조건 1. 입력받는 나이는 20세 이상이며, 현재 2020년으로 가정합니다.
조건 2. 빠른년생이나 유급, 조기 졸업 등 특수한 조건은 고려하지 않습니다.
조건 3. 한국 나이와 한국 교육과정 기준으로 계산합니다.

입력 예시	출력 예시
당신의 이름은? 홍길동 당신의 나이는? 25	홍길동의 중학교 입학년도 : 2009년

```
name = input("당신의 이름은? ")
age = int(input("당신의 나이는? "))
year = 2020 - (age - 14)
print("%s의 중학교 입학년도 : %d년"
% (name, year))
```

```
당신의 이름은? 홍길동
당신의 나이는? 25
```

```
홍길동의 중학교 입학년도 :  2009년
```

실습 문제 3

사용자로부터 대한민국의 시(hour)를 입력받고, 뉴욕 시간으로 변환하여 출력하는 프로그램을 작성하시오.

조건 1. 뉴욕 시간은 한국보다 14시간 느리며, 24시간 기준으로 표시합니다.
조건 2. 날짜에 관계없이 시간만 표시합니다.
(입력 예시 : 한국 시간 = 3, 출력 예시 : 뉴욕 시간 : 13시)

```
hour = int(input("한국 시간 = "))
hour = (hour - 14) % 24
print("뉴욕 시간 = %d시" % h)
```

```
한국 시간 = 3
```

```
뉴욕 시간 = 13시
```

실습 문제 4

신생아의 몸무게를 재는 저울의 추는 4kg, 2kg, 1kg 각각 1개씩 총 3개가 있으며 0kg ~7 kg까지 잴 수 있습니다. 사용자로부터 신생아의 몸무게를 입력받고, 각 추의 무게별 사용된 추의 수를 출력하는 프로그램을 작성하시오.

입력 예시	출력 예시
아기의 몸무게 : 6	4 KG 추 : 1 개 사용 2 KG 추 : 1 개 사용 1 KG 추 : 0 개 사용

```
w = int(input("아기의 몸무게 : "))

w4 = w // 4
w -= w4 * 4
w2 = w // 2
w -= w2 * 2
w1 = w

print("4 KG 추 : %d 개 사용" % w4)
print("2 KG 추 : %d 개 사용" % w2)
print("1 KG 추 : %d 개 사용" % w1)
```

```
아기의 몸무게 : 4
```

```
4 KG 추 : 1 개 사용
2 KG 추 : 0 개 사용
1 KG 추 : 0 개 사용
```

실습 문제 5

엥겔계수는 경제학 용어로, 총지출에서 식료품비 지출이 차지하는 비율을 계산한 값이며, 이 값이 저소득 가계에서 높고 고소득 가계에서 낮다는 통계적 법칙을 엥겔의 법칙(-法則, 독일어: Engelsches Gesetz)이라 합니다. 이것은 법칙의 발견자인 에른스트 엥겔의 이름을 따서 명명되었습니다.
2017년 우리나라의 엥겔계수를 구해보면 약 13.8%입니다. 사용자로부터 지난달 임의의 총지출액과 식료품비 지출액을 입력받아 엥겔계수를 계산하는 프로그램을 작성하시오. (단, 엥겔계수는 소수점 둘째 자리까지만 표현합니다.)

입력 예시	출력 예시
총지출액을 입력하시오. : 200 식료품비를 입력하시오. : 50	당신의 지난달 엥겔계수는 25.00%입니다.

```
total = int(input("총지출액을 입력하시오. : "))
foods = int(input("식료품비 지출액을 입력하시오. : "))

engel_coeff = foods * 100 / total

print("당신의 지난달 엥겔계수는 %.2f%%입니다." % engel_coeff)
```

```
# 실행 예1
총지출액을 입력하시오. : 200
식료품비를 입력하시오. : 50
당신의 지난달 엥겔계수는 25.00%입니다.
```

```
# 실행 예2
총지출액을 입력하시오. : 220
식료품비를 입력하시오. : 45
당신의 지난달 엥겔계수는 20.45%입니다.
```

한 줄 요약

1 (코딩)은 프로그래밍 언어를 사용하여 소프트웨어를 개발하는 과정입니다.

2 학점, 주소, 이름과 같이 의미 있는 정보를 (데이터)라고 합니다.

3 데이터를 담을 그릇 또는 상자를 (변수)라고 합니다.

4 변수에 값을 저장하는 문장을 (대입문) 또는 할당문이라 합니다.

5 산술 연산과 대입을 함께 수행하는 연산자를 (복합 대입 연산자)라 합니다.

6 나머지 연산자는 두 수를 나눈 후의 나머지를 말하며 (%) 기호로 나타냅니다.

7 몫 연산자는 두 수를 나눈 몫을 말하며 (//) 기호로 나타냅니다.

8 두 수를 교환하는 과정을 (교환, Swap) 이라고 합니다.

9 문자열 이어 붙이기 연산자로 (+)를 사용합니다.

10 문자열 반복 연산자로 (*)를 사용합니다.

11 이번 장에서 배운 다양한 용어를 요약하면 다음 표와 같습니다.

용어	사용 예	설명
대입문/할당문	`a = 1`	변수에 값을 대입
산술 연산자	`a = a + 2`	사칙 연산자를 포함한 계산 사용되는 연산자
복합 대입 연산자	`a += 2`	연산과 대입을 한 번에 실행
Swap(교환)	`a, b = b, a`	변수 값을 서로 교환하는 작업
입출력 함수	`input(), print()`	표준 입력 함수와 표준 출력 함수

CHAPTER 2

조건문

학습 목표

조건문을 이용하여 코드의 흐름을 원하는 형태로 제어할 수 있습니다. 상황에 따라 서로 다른 결정을 내릴 수 있는 흐름 제어문을 통하여 어떻게 결정을 내려 동작할 수 있는지를 학습합니다.
이번 장에서는 관계 및 논리 연산자, 단일 조건문, 다중 조건문, 중첩 조건문을 학습합니다.

학습 목차

CHAPTER

2 조건문

앞장까지는 한 문장씩 순서대로 코드를 실행시켰습니다. 그러나 이러한 순차적인 실행만으로는 현실의 복잡하고 다양한 문제들을 해결하기 어렵습니다. 현실에서는 수많은 선택을 해야 하는 복잡하고 다양한 상황들에 직면하게 됩니다. 이러한 복잡하고 다양한 현실 세계의 문제들을 논리적인 코드로 해결하기 위해서는 다양한 선택에 따라서 다른 실행을 할 수 있는 즉, 조건에 따라서 코드의 흐름을 분기시킬 수 있어야 합니다. 조건에 따라서 코드의 흐름에 영향을 미치는 문장을 조건문이라고 합니다.

조건문은 영어로 표현하면 if이고 "만약~한다면"으로 해석할 수 있습니다. "코딩은 스토리텔링이다"라고 비유한 것처럼 스토리텔링에서는 이야기가 진행되면서 "만약 내가 이것을 선택한다면" 이런 식의 조건문이 많이 등장합니다. 코딩에서도 조건문이 매우 중요합니다. 어떤 상황에 따라서 어떤 행동을 할 수도 있고 다른 행동을 할 수도 있습니다.

아카데미 11개 부문을 수상한 화제작 〈타이타닉〉 (제임스 카메론 감독, 1997년) 영화에서 주인공 잭(배역:레오나르도 디카프리오)이 호화 크루즈를 타기 위하여 무모한 포커 게임을 하는데 운 좋게도 판돈을 모두 따서 본인과 친구들의 뱃삯을 마련하여 승선을 하게 되었고 비극적인 사랑이 시작됩니다. 만약에 잭이 포커 게임에서 이기지 못했다면 타이타닉호에 오르지 못했을 것이고 그렇다면 잭은 타이타닉호의 침몰로 인하여 사망하는 일은 없었을 겁니다. 또한, 만약 항해 중에 상류층 아가씨와 사랑에 빠지지 않았다면 사랑하는 사람의 목숨을 구하고 본인은 찬 바다에서 목숨을 잃지는 않았을 것입니다.

출처 : 네이버 영화, 타이타닉, https://movie.naver.com/movie/bi/mi/basic.nhn?code=18847

1) 의사결정 과정과 조건문

우리는 일상생활에서 많은 결정을 하게 됩니다. 자동차 운전을 할 때, 백화점에서 물건을 살 때, 주식과 같은 자산을 투자할 때에도 수많은 의사결정을 해야 합니다. 이러한 판단을 내려야 할 상황에서 우리는 무엇을 선택할지를 판단해야 의사결정을 내릴 수 있습니다.

예를 들어, 자동차를 운전할 때도 신호등 색이 빨간색이라면 신호가 바뀔 때까지 운전을 멈추고 기다릴 것이고, 파란색이면 다시 운전을 시작할 것입니다. 또한 수많은 도로교통법을 엄격하게 지켜야 합니다. 이러한 상황에서 우리는 무엇을 선택해야(참) 하고 무엇을 선택하지 말아야 할지(거짓)를 구분해야 의사결정을 내릴 수 있습니다.

만약 이러한 의사결정 과정을 소프트웨어로 구현해야 한다면, 컴퓨터 역시 어떤 조건에 따라 의사결정을 내려야 할 것입니다. 그리고 프로그래머는 이러한 과정을 소스코드로 표현해야 할 것입니다. 이러한 의사결정 과정을 코드화한 것이 조건문입니다. 조건문은 조건식의 참과 거짓에 따라 서로 다른 결정을 내리는 흐름 제어문입니다. 또한 조건에 따라 다르게 분기하여 작업을 수행하므로 조건문을 분기문이라고도 합니다.

조건을 따져서 서로 다른 동작을 하게 하는 것은 코딩의 필수적인 기능이므로 조건문은 다른 프로그래밍 언어에서도 필수적으로 사용됩니다. 조건문만 완전히 이해해도 다양한 코드를 작성할 수 있습니다.

파이썬에서 조건문의 종류는 다양합니다. 조건식의 개수 및 분기에 따라 조건식이 1개일 경우 단일 조건문(if 또는 if-else)이라 하고, 2개 이상일 경우 다중 조건문(if-elif-else)이라 하며, 조건문 안에 또 다른 조건문이 포함되어 있는 경우 중첩 조건문이라고 합니다. 이번 장에서 살펴볼 각 조건문의 특징은 다음 표와 같습니다.

구분	구조	특징
단일 조건문	if	조건을 만족하면 실행
	if-else	둘 중 하나로 분기하여 실행
다중 조건문	if-elif-else	조건식이 2개 이상으로 다중 분기하여 실행
중첩 조건문	중첩 if	조건문 안에 또 다른 조건문에 따라 분기하여 실행

이번 장에서는 다양한 종류의 조건문들을 예제와 실습을 통해 자세히 살펴봅니다.

2.1 관계 및 논리 연산자

1) 논리형 데이터

지금까지 살펴본 파이썬 데이터 타입은 크게 숫자형(정수형, 실수형) 타입과 문자열 타입이었습니다. 본 장에서는 참과 거짓을 표현할 수 있는 논리형 타입에 대해서 알아보겠습니다. 디지털 세상에서는 컴퓨터가 이해하는 언어는 결국 0과 1로 이루어진 이진수입니다. 여기서 0은 보통 거짓을 의미하고 1은 참을 의미합니다. 이렇게 참과 거짓으로 표현할 수 있는 데이터 타입을 논리형 데이터라 합니다. 파이썬에서 참은 "True", 거짓은 "False"로 표현합니다.

앞서 특정 데이터를 int()함수를 이용하여 정수로, float()함수를 이용하여 실수로, str()함수를 이용하여 문자열로 데이터 타입을 변환하는 것에 대하여 배웠습니다. 이처럼 True와 False 값을 int(), float(), str()함수들을 이용하여 그 함수들에 해당되는 데이터 타입으로 변환할 수 있습니다. True를 정수로 변환하면 1, 실수로 변환하면 1.0, 문자열로 변환하면 'True'입니다.

특정 데이터를 논리형 데이터로 변환하는 함수는 bool()함수입니다. bool()함수는 정수 0 또는 실수 0.0 또는 비어있는 문자열이면 False를 반환합니다. 이외에 값이 존재하는 경우는 True를 반환합니다.

코딩 예시

코드	출력	설명
a = int(False)		# False를 정수형 타입으로 변환
print(a)	0	# 0 출력
a = float(False)		# False를 실수형 타입으로 변환
print(a)	0.0	# 0.0 출력
a = str(False)		# False를 문자열 타입으로 변환
print(a)	False	# 'False' 출력
a = bool(1)		# 정수를 논리형 타입으로 변환
print(a)	True	# 0이 아니므로 True 출력
a = bool(0)		# 정수를 논리형 타입으로 변환
print(a)	False	# 0이므로 False 출력

```
a = bool('False')                    # 문자열을 논리형 타입으로 변환
print(a)              True           # 빈 문자열이 아니므로 True 출력
a = bool('')                         # 문자열을 논리형 타입으로 변환
print(a)              False          # 빈 문자열이므로 False 출력
```

2) 조건식

조건문에 대한 내용을 공부하기 전에 먼저, 명제와 조건식에 대한 개념을 이해해야 합니다. 중고교 시절 배웠듯이 명제는 "참 혹은 거짓인지를 판단할 수 있는 식이나 문장"입니다. 예를 들면, "1+1=1"은 수식을 통해 거짓이라고 판단할 수 있기 때문에 명제이며, "사람은 동물이다"라는 문장은 논리적으로 참이기 때문에 이 내용도 명제라고 할 수 있습니다.

조건식이란 변수가 포함되어 있기 때문에 그 자체로는 명제가 될 수 없어, 변수값이 결정된 이후에 참인지 거짓인지를 판별할 수 있는 수식을 의미합니다. 예를 들어, x 〈 0 이라는 식은 변수 x에 -1이 들어오면 참이고 10이 들어오면 거짓으로 판단되므로 조건식이라 할 수 있습니다.

3) 관계 연산자

위의 조건식에 대한 예로 x 〈 y의 수식을 들어 보겠습니다. 이 수식의 의미는 "x가 y보다 작은가" 인데, x에 -1, y에 0을 대입하면, 참으로 판별되는 조건식입니다. 이와 같이 x, y 두 개의 피연산자를 비교하는 관계 연산자들이 부등호 기호(〈, 〉), 등호 기호(=), 느낌표 기호(!)등을 이용해 조건식에 표현됩니다. 파이썬에서 제공되는 관계 연산자는 "x가 y보다 큰가"(x 〉 y), "x가 y보다 작은가"(x 〈 y), "x가 y보다 크거나 같은가"(x 〉= y), "x가 y보다 작거나 같은가"(x 〈= y), "x와 y가 같은가"(x == y), "x와 y가 다른가"(x != y) 들이 있습니다. 조건식의 결과는 참 혹은 거짓 중 하나로 나타나며, 파이썬에서 조건식을 출력할 때 True 혹은 False로 표시됩니다.

코딩 예시

x = int(input('x = ')) y = int(input('y = '))	x = -1 y = 0	# 변수 x값 입력 # 변수 y값 입력
print(x > y) print(x < y) print(x >= y) print(x <= y) print(x == y) print(x != y)	False True False True False True	# -1 > 0 (거짓) # -1 < 0 (참) # -1 >= 0 (거짓) # -1 <= 0 (참) # -1 == 0 (거짓) # -1 != 0 (참)

4) 대입 연산자(=)와 관계 연산자(==)

대입 연산자(=)와 관계 연산자(==)는 비슷해 보이지만, 의미상의 차이가 크니 유의해서 사용해야 합니다. x = y에서 '='은 대입 연산자로 변수 y의 값을 변수 x에 대입(치환)하라는 의미이며, x == y에서 '=='은 관계 연산자로 변수 x의 값과 변수 y의 값이 같은가에 대한 결과를 반환합니다. 코딩 작업 시 실수로 잘못 표기하는 경우가 가끔 있으나, 파이썬에서는 대부분 오류 메시지(Syntax Error)를 표시해주니 참고해서 사용하면 됩니다.

코딩 예시

a = 1 b = 2 a = b		# 변수 a에 값 1을 대입 # 변수 b에 값 2를 대입 # 변수 a에 변수 b값 대입
print(a == b) print(a = b)	True SyntaxError	# 변수 a, b 값이 같으므로 True 출력 # 문법 오류 발생

5) 논리 연산자

논리 연산자는 조건들을 조합하여 참과 거짓을 판단하는데 사용되는 연산자입니다. 조건이 복잡하여 관계 연산자 1개만으로는 표현이 불가능할 때, 2개 이상의 조건식을 결합하기 위해 사용합니다. 파이썬에서 제공하는 논리 연산자는 다음 표와 같습니다.

논리 연산자	수학적 기호	의미	코딩 연산자
AND 연산(논리곱)	x ∧ y	x와 y 모두 참일 때만 결괏값이 참	x and y
OR 연산(논리합)	x ∨ y	x나 y 중 하나라도 참이면 결괏값은 참	x or y
NOT 연산(논리부정)	~ x	결괏값은 입력값의 반대	not x

논리 연산자의 앞뒤에 관계 연산식을 배치하면 복잡한 조건식을 표현할 수 있습니다. 예를 들어 "x는 5보다 작거나 10보다 크다"와 같은 복합적인 조건은 논리 연산자를 통해 "x 〈 5 or x 〉 10"로 표현할 수 있습니다.

코딩 예시

코드	결과	설명
`x = 3`		# 변수 x에 값 3을 대입
`print(x != 3 and x == 3)`	False	# x != 3은 거짓이고 and 연산자이므로 x == 3을 판단하지 않고 False 출력
`print(x == 3 or x != 3)`	True	# x == 3은 참이고 or 연산자이므로 x != 3을 판단하지 않고 True 출력
`print(not x == 3)`	False	# x == 3은 참이므로 False 출력

성적관리 시나리오 소개

우리는 다양한 시나리오 예제를 통하여 코딩을 공부하고 있습니다. 본 장에서는 성적관리 시나리오를 예제로 하여 성적을 처리하는 과정을 살펴보도록 하겠습니다.

SW 과목을 가르치는 교수님이 성적관리를 한다고 가정해봅시다. 보통 엑셀 프로그램으로 성적처리를 많이 합니다. 엑셀 시트에 학생 번호(1, 2, 3), 이름(트럼프, 푸틴, 오바마), 그리고 성적 항목들의(출석, 과제, 시험) 점수를 입력하면 합계, 평균 및 표준편차 등을 자동으로 계산해 줍니다. 시험은 보통 중간고사와 기말고사 2번를 치르지만 편의상 기말고사 1번만 시험을 본다고 가정하겠습니다.

교수님이 학생들의 성적을 관리하는 시나리오를 살펴보겠습니다. 학생들이 한 학기 수강하는 SW 과목은 출석 10%, 과제 30%, 시험 60%의 비중이 있다고 가정합니다. 3명 학생들(트럼프, 푸틴, 오바마)의 출석점수가 각 90점, 80점, 100점, 과제점수는 각 60점, 30점, 90점, 시험점수는 각 85점, 60점, 99점이라고 가정합니다. 성적총합은 단순 더하는 것이 아니라 비중에 따라 출석점수*0.1+과제점수*0.3+시험점수*0.6을 계산한 값이 총점입니다. 총점 기준으로 성적을 절대평가 방식으로 90점 이상 A, 80점 이상 B, 70점 이상 C, 60점 이상 D, 60점 미만 F학점을 준다고 가정하면 트럼프는 C, 푸틴은 F, 오바마는 A학점을 받게 됩니다.

학번	이름	출석 (10%)	과제 (30%)	시험 (60%)	총점	학점
1	트럼프	90	60	85	78	C
2	푸틴	80	30	60	53	F
3	오바마	100	90	99	96	A

총점 기준으로 성적을 상대평가 방식으로 매긴다고 가정하면 먼저 총합 기준 내림차순으로 정렬한 후 비율에 따라 학점을 주는 방식으로 아래 표와 같습니다.

등수	학번	이름	출석 (10%)	과제 (30%)	시험 (60%)	총점	학점
1	3	오바마	100	90	99	96	A
2	2	트럼프	90	60	85	78	B
3	1	푸틴	80	30	60	53	C

앞에서는 교수님이 학생들의 성적을 관리하는 시나리오 개요를 살펴보았고, 이번에는 학적과에서 성적을 관리하는 시나리오 개요를 살펴보겠습니다.

여러 명의 학생들이 다양한 과목을 수강했다고 가정하면 학생 번호(1번, 2번, 3번, ...), 이름(트럼프, 푸틴, 오바마, ...), 수강한 과목들(SW, OS, DB, Math, History, ...)에 대하여 학생들의 학점이 부여됩니다. 편의상 A(4), B(3), C(2), D(1), F로 학점이 부여된다고 가정하면 트럼프는 각 과목에 대하여 학점이 C, B, A, C, D로 부여되고 평점을 환산하면 트럼프는 2.4, 푸틴은 1.4, 오바마는 3.6과 같이 성적처리가 이루어집니다.

번호	이름	SW	OS	DB	Math	History	Avg.
1	트럼프	C	B	A	C	D	2.4
2	푸틴	F	D	C	D	B	1.4
3	오바마	A	B	A	B	A	3.6
4	시진핑	A	A	B	C	D	2.8
5	메이	B	B	B	B	B	3.0
6	마크롱	B	B	C	D	F	1.8
7	메르켈	C	A	A	A	A	3.6
8	아베	D	A	A	C	F	2.2

위와 같이 각 학생별 학점과 평균평점이 나오면 학교에서는 장학금을 수여하기 위하여 평균평점을 기준으로 내림차순 정렬을 수행하며, 각 과목별로 학생들의 성적을 분석하여 차후 학생지도에 활용하기도 합니다. 예를 들어 평균평점 기준 30%이내 학생

에게 장학금을 준다고 가정하면 평균평점 기준으로 내림차순으로 정렬하여 1등과 2등에 해당하는 오바마와 메르켈에게 장학금을 수여할 수 있습니다.

등수	번호	이름	SW	OS	DB	Math	History	Avg.
1	3	오바마	A	B	A	B	A	3.6
2	7	메르켈	C	A	A	A	A	3.6
3	5	메이	B	B	B	B	B	3.0
4	4	시진핑	A	A	B	C	D	2.8
5	1	트럼프	C	B	A	C	D	2.4
6	8	아베	D	A	A	C	F	2.2
7	6	마크롱	B	B	C	D	F	1.8
8	2	푸틴	F	D	C	D	B	1.4

실습 문제

실습 문제 1

사용자로부터 임의의 정숫값을 입력받은 후, 논리형 데이터 값으로 변환하여 출력하는 프로그램을 작성하시오.

입력 예시	출력 예시
a = 1	a = 1 b = True

```
a = int(input("a = "))
b = bool(a)

print("a =", a)
print("b =", b)
```

```
a = 0
```

```
a = 0
b = False
```

실습 문제 2

사용자로부터 임의의 실숫값을 입력받은 후, 논리형 데이터값으로 변환하여 출력하는 프로그램을 작성하시오.

입력 예시	출력 예시
a = 1	a = 1.0 b = True

```
a = float(input("a = "))
b = bool(a)

print("a =", a)
print("b =", b)
```

```
a = 1
```

```
a = 1.0
b = True
```

실습 문제 3

사용자로부터 임의의 문자열을 입력받은 후, 논리형 데이터값으로 변환하여 출력하는 프로그램을 작성하시오.

입력 예시	출력 예시
a = 1	a = 1.0 b = True

```
a = input("a = ")
b = bool(a)

print("a =", a)
print("b =", b)
```

```
a = 0
```

```
a = 0
b = True
```

실습 문제 4

사용자로부터 임의의 두 문자열을 입력받은 후, 3가지 관계 연산자를 사용하여 문자열을 비교하는 프로그램을 작성하시오.

입력 예시	출력 예시
a = man b = woman	a > b : False a <= b : True a == b : False

```
a = input("a = ")
b = input("b = ")

print("a > b :", a > b)
print("a <= b :", a <= b)
print("a == b :", a == b)
```

```
a = man
b = woman
```

```
a > b : False
a <= b : True
a == b : False
```

실습 문제 5

사용자로부터 임의의 정숫값, 실숫값, 문자열을 각각 입력받은 후 논리형 데이터로 변환한 값을 출력하고 논리 연산자 and와 or를 적용시킨 결괏값을 출력하는 프로그램을 작성하시오.

입력 예시	출력 예시
a = 0 b = 0 c = 0	a = False b = False c = True a and b and c = False a or b or c = True

```
a = int(input("a = "))
b = float(input("b = "))
c = input("c = ")

a = bool(a)
b = bool(b)
c = bool(c)

print("a =", a)
print("b =", b)
print("c =", c)

result_and = a and b and c
print("a and b and c =", result_and)

result_or = a or b or c
print("a or b or c =", result_or)
```

```
a = 0
b = 0
c = 0
```

```
a = False
b = False
c = True
a and b and c = False
a or b or c = True
```

2.2 단일 조건문

1) if 문

가장 단순한 조건문인 if 문에 대하여 살펴보겠습니다. "if 조건식:"에서 조건식이 참일 때 순차적으로 실행되는 명령문들을 if 블록이라 하고 반드시 콜론(':') 후 들여쓰기를 해야 합니다. 이때 들여쓰기는 스페이스 바(space bar) 혹은 탭(tab)키를 사용합니다.

"if 조건식:"에서 조건식이 참인 경우 if 블록을 실행하고, 거짓인 경우 실행하지 않습니다. 따라서 if 문은 조건식의 결괏값에 따라 if 블록의 실행여부가 결정됩니다.

	if 조건식이 참인 경우	if 조건식이 거짓인 경우
정의	if 블록을 실행	if 블록을 실행하지 않음

코딩 예시	`n = 15`
	`count = 0`
	`if n > 10 :`
	    `n = n * 2`
	    `count = count + 1`
	`print('count =', count)`
	`print('n =', n)`
		`n = 8`
		`count = 0`
		`if n > 10 :`
		    `n = n * 2`
		    `count = count + 1`
		`print('count =', count)`
		`print('n =', n)`

결과	`count = 1` `n = 30`	`count = 0` `n = 8`
비교설명	조건식이 참이 되어 if 블록을 실행	조건식이 거짓이 되어 if 블록을 실행하지 않음

아래 그림의 코드는 변수 n의 값이 5 미만이냐 아니냐에 따라서 if 블록을 실행하거나 실행하지 않습니다. 변수 n에 7을 입력하면 if 블록을 실행하지 않고 n값을 출력하지만 변수 n에 2를 입력하면 if 블록을 실행하여 n값을 1 증가시키고 2번 출력합니다.

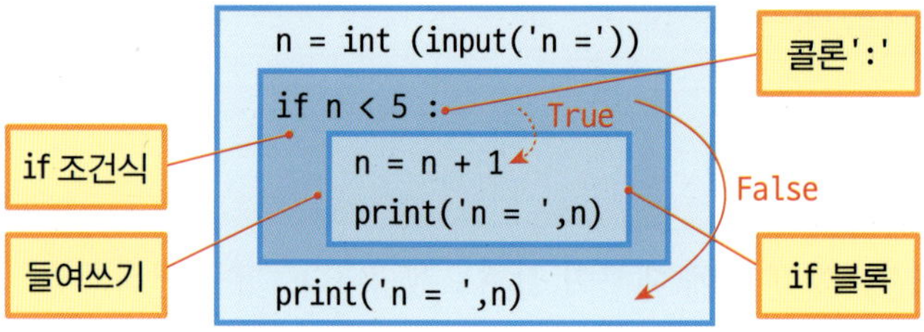

위 코드에 대한 상세 설명은 다음과 같습니다.

Step 1) 변수 n에 정숫값을 입력받습니다.
Step 2) if 조건식 (if n < 5 :)의 결과를 판별합니다.
  Step 2-1) n이 5 미만이면 if 조건식이 참이므로 if 블록을 실행합니다.
  Step 2-2) n이 5 이상이면 if 조건식이 거짓이므로 if 블록을 실행하지 않습니다.
Step 3) 변수 n값을 출력합니다.

코딩 예시

	# 실행 예1	# 실행 예2	
n = int(input('n = '))	n = 2	n = 7	# 변수 n값 입력
if n < 5 :			# n값이 5 미만이면
n = n + 1			# n값 1 증가
print('n =', n)	n = 3		# n값 출력
print('n =', n)	n = 3	n = 7	# n값 출력

2) 실습 사례 – 유럽여행 일정 계획

대학생들의 버킷리스트 중 하나는 유럽 배낭여행입니다. 그런데 막상 유럽여행의 기회가 생겨서 여행 계획을 세울 때 유럽 내의 어느 국가 혹은 어느 도시를 방문할 것인가에 대한 고민을 누구나 하게 됩니다. 그런 경우 특정 여행지를 정하지 않고, 주어진 기간에 열차를 자유롭게 이용할 수 있는 일종의 자유 이용권인 유레일패스를 미리 구매하여, 현장에 도착하였을 때 여러 상황에 따라 다양한 도시들을 이동하는 즉흥적인 여행을 즐기는 방법도 있습니다.

유레일패스를 미리 구매하였기 때문에 도시 간 이동에 대한 비용은 발생하지 않는다고 가정하고, 각 도시에 머물렀을 때 숙식 등에 대한 비용을 고려하여 여러 도시의 방문을 계획할 수 있습니다. 각 도시에서 단 하루만 머문다고 가정하고, 각 도시의 하루 경비를 그 도시를 여행할 때의 비용이라고 정의하여, 현재 주어진 예산에 따라 다음 방문 도시를 결정하는 시나리오를 생각할 수 있습니다. 아래 그림은 서부 유럽의 일부 도시들의 철도망 및 각 도시의 하루 최소경비를 나타냅니다.

위에서 언급한 여행 시나리오는 코딩에서의 조건문 실행과 유사합니다. 대학생 윤우는 스페인의 바르셀로나와 프랑스의 툴루즈 여행을 마친 후, 파리에 도착하였습니다. 파리에 머무는 동안에 31유로를 지출하고 남은 예산을 고려하여 다음 목적지를 결정해야 합니다.

3) if 문 실습

아래 그림은 파리 여행을 마친 후(31유로 지출 후), 예산에 여유가 있다면 브뤼셀을 경유하여 여행한 후 룩셈부르크로 가고, 그렇지 않으면 바로 룩셈부르크로 가는 시나리오입니다. 최종 목적지(룩셈부르크)에서 지출할 하루 비용(31유로)은 따로 보관해 놓고 남은 여행경비가 26유로 이상이면 추가로 브뤼셀을 추가로 방문할 수 있습니다. 이 시나리오에서의 주안점은 출발 도시와 최종 도시에서의 일일 경비는 고려하지 않고, 남은 예산과 경유 도시의 일일 기본경비와 비교하는 점입니다. 이 내용은 다음에 차례로 등장하는 단계적으로 복잡해지는 시나리오에서도 동일하다고 생각하면 됩니다.

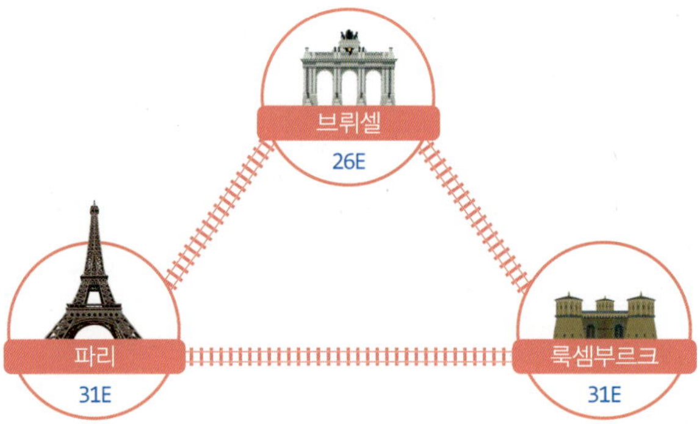

이 시나리오를 코딩 조건문에 적용해 보면 다음과 같습니다. 현재 남아 있는 여행경비가 아래의 코드와 같이 30일 경우, if 조건식 'money >= 26'은 참이 되므로 브뤼셀을 경유하여 26유로를 지출하고 4유로가 남는 if 블록이 실행됩니다. 그 후 룩셈부르크에 도착하여 남은 여행경비(4유로)를 출력하게 됩니다.

하지만 입력받은 여행경비가 20일 경우, if 조건식 'money >= 26'은 거짓이 되므로, if 블록은 실행되지 않고 아무 지출 없이 바로 룩셈부르크로 향하게 되며 도착해서 남은 여행경비(20유로)를 출력하게 됩니다. 이와 같이 if 조건식의 참/거짓 판단을 통해 if 블록의 실행 여부를 결정합니다.

코딩 예시

money = int(input("money = ")) print("Ready to leave Paris")	money = 30 Ready to leave Paris	# 여행경비 입력 # Ready to leave Paris

if money >= 26 :
    print("Visit Brussel")
    money -= 26
	
	Visit Brussel
		# 여행경비가 26유로 이상이면
		    # Visit Brussel
		    # 26유로 지출

print("Arrive at Luxembourg") print("Remaining Euro=", money)	Arrive at Luxembourg Remaining Euro=4	# Arrive at Luxembourg # 남은 여행경비 출력

4) if-else 문

if-else 문은 if 조건식의 결괏값에 따라 if 블록 또는 else 블록을 수행하는 조건문입니다. if 조건식이 참일 경우 if 블록을 실행하며 거짓일 경우 else 블록을 실행합니다. 즉, if-else 문은 둘 중 하나로 분기하여 실행하는 조건문으로 둘 중에 하나만 실행하고 다른 하나는 자동으로 폐기되는 경우에 적합한 흐름 제어문입니다.

아래 그림의 코드는 변수 n의 값이 5 미만이냐 아니냐에 따라서 if 블록을 실행하거나 else 블록을 실행합니다. 변수 n에 2를 입력하면 if 블록을 실행하여 n값을 1 증가시킨 뒤 2번 출력하며 변수 n에 7을 입력하면 else 블록을 실행하여 n값을 1 감소시키고 2번 출력합니다.

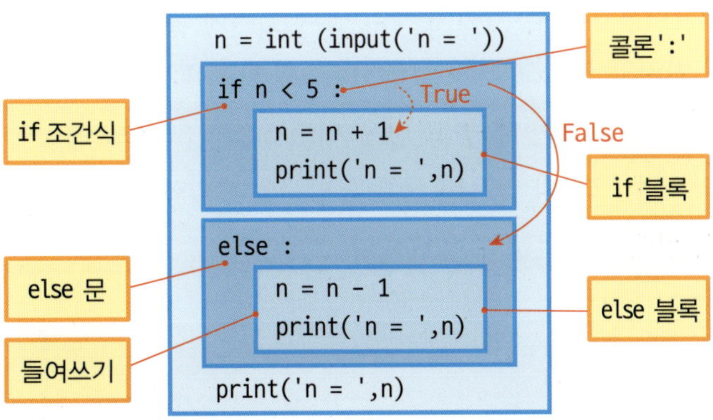

위 코드에 대한 상세 설명은 다음과 같습니다.

```
Step 1) 변수 n에 정숫값을 입력받습니다.
Step 2) if 조건식 ( if n < 5 : )의 결과를 판별합니다.
   Step 2-1) n이 5 미만이면 if 조건식이 참이므로 if 블록을 실행합니다.
   Step 2-2) n이 5 이상이면 if 조건식이 거짓이므로 else 블록을 실행합니다.
 Step 3) 변수 n값을 출력합니다.
```

코딩 예시

	# 실행 예1	# 실행 예2	
`n = int(input('n = '))`	n = 2	n = 7	# 변수 n값 입력
`if n < 5 :`			# n값이 5 미만이면
`    n = n + 1`			# n값 1 증가
`    print('n =', n)`	n = 3		# n값 출력
`else :`			# n값이 5 이상이면
`    n = n - 1`			# n값 1 감소
`    print('n =', n)`		n = 6	# n값 출력
`print('n =', n)`	n = 3	n = 6	# n값 출력

5) if-else 문 실습

아래 그림은 브뤼셀 여행을 마친 후(26유로) 예산에 여유가 있다면 암스테르담을 경유하여 여행한 후 함부르크로 가고, 그렇지 않으면 쾰른을 경유 하여 여행한 후 함부르크로 가는 시나리오입니다. 이때 문제의 편의를 위해 쾰른에서 지출할 하루 비용인 24유로 이상을 가지고 있다고 가정을 합시다. 최종 목적지(함부르크)에서 지출할 하루 비용(28유로)은 따로 보관해 놓고 남은 여행경비가 30유로 이상이면 암스테르담을 방문할 수 있으며, 그렇지 않으면 쾰른을 방문할 수밖에 없습니다. 이와 같은 상황을 if-else 문의 형태로 표현할 수 있습니다.

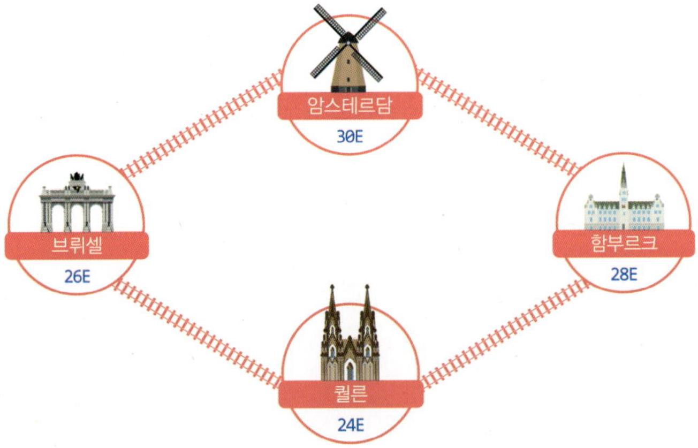

이 시나리오를 코딩 조건문에 적용해 보면 다음과 같습니다. 현재 남아 있는 여행경비가 35일 경우, if 조건식 'money >= 30'은 참이 되므로 암스테르담을 경유하여 30유로를 지출하여 5유로가 남는 if 블록이 실행됩니다. 이후 함부르크에 도착해서 남은 여행경비(5유로)를 출력하게 됩니다.

하지만 입력받은 여행경비가 27일 경우, if 조건식 'money >= 30'은 거짓이 되므로 if 블록은 실행되지 않고 쾰른을 경유하여 24유로를 지출하고 3유로가 남는 else 블록이 실행됩니다. 이후 함부르크에 도착해서 남은 여행경비(3유로)를 출력하게 됩니다.

코딩 예시

코드	실행 결과	설명
`money = int(input("money = "))`	money = 40	# 여행경비 입력
`print("Ready to leave Brussel")`	Ready to leave Brussel	# Ready to leave Brussel
`if money >= 30 :`		# 여행경비가 30유로 이상이면
`    print("Visit Amsterdam")`	Visit Amsterdam	# Visit Amsterdam
`    money -= 30`		# 30유로 지출
`else:`		# 여행경비가 30유로 미만이면
`    print("Visit Cologne")`		# Visit Cologne
`    money -= 24`		# 24유로 지출
`print("Arrive at Hamburg")`	Arrive at Hamburg	# Arrive at Hamburg
`print("Remaining Euro=", money)`	Remaining Euro= 10	# 남은 여행경비 출력

6) 반복 if 문과 if-else 문의 비교

단순 if 문을 두 번 사용하여 if-else 문과 동일한 효과를 얻을 수 있도록 코드를 작성할 수 있습니다. 아래 왼쪽 코드는 단순 if 문만을 사용하여 홀수와 짝수를 구분하는 내용이며, 오른쪽은 if-else 문을 사용하여 같은 결과를 얻을 수 있는 코드입니다.

	반복된 if 문	if-else 문
정의	여러 if 조건식들 중 조건이 참인 if 블록만 실행	조건식의 참/거짓 여부에 따라 if, else 블록 중 하나만 실행

코딩 예시	`num = 4`
	`if num % 2 == 0 :`
	`    print("Even")`
	`if num % 2 == 1 :`
	`    print("Odd")`
		`num = 4`
		`if num % 2 == 0 :`
		`    print("Even")`
		`else :`
		`    print("Odd")`

결과	Even	Even
비교설명	결괏값은 같으나 불필요한 if 문도 실행	if 블록과 else 블록 중 하나만 실행

왼쪽 코드처럼, 조건의 범위를 명확히 나누어 코딩을 할 경우 2번 반복된 if 문을 사용하여 if-else 문과 같은 결과를 얻을 수 있으나, 그러기 위해서는 두 개의 if 문의 조건 범위가 항상 상호 배제성을 충족하는가에 대한 신중함이 필요합니다. 반면에 if-else 문은 상호 배제성을 보장해주는 방식의 분기문이므로 코드를 쉽게 작성할 수 있는 좋은 코딩 방법입니다. 가능한 if-else 문을 사용하는 코딩 습관을 추천합니다.

코딩 예시

`n = int(input("n = "))`	`num = 9`	`# 변수 n값 입력`

`if n > 0 :`
`    n = n - 10`
`else :`
`    n = n + 10`
		`# n값이 0 초과이면`
		`    # n값 10 감소`
		`# n값이 0 이하이면`
		`    # n값 10 증가`

`print("n =", n)`	`num = -1`	`# n값 출력`

시나리오 1 광물 도매업자는 광산 정거장에서 다이아몬드(원가 100원)와 석탄(원가 10원)의 구매 개수를 입력받아 다이아몬드는 a 화물칸에, 석탄은 b 화물칸에 싣고 출발합니다. 도시 정거장에 도착하여 a 화물칸에 적재된 다이아몬드가 있으면 소매업자에게 2배로 판매하고, b 화물칸에 적재된 석탄을 소매업자에게 2배로 판매합니다. 마지막으로, 은행 정거장에 도착하여 총 판매금액을 은행에 저축합니다. 도매업자가 광물을 구매하여 판매한 후 판매금액을 은행에 저축하는 과정을 프로그램으로 작성하시오. 단, 다이아몬드는 귀해서 광산에서 채굴이 되지 않을 경우 구매 개수는 0개입니다.

```
# 초기화
diamond = 100                                  # diamond에 값 100 저장
coal = 10                                      # coal에 값 10 저장
rate = 2                                       # rate에 2(원가 대비 배수) 저장

# 구매
a = int(input("Number of diamond = "))         # 다이아몬드 구매 개수 입력
b = int(input("Number of coal = "))            # 석탄 구매 개수 입력

# 판매
if a > 0 :                                     # 다이아몬드가 있으면
    a = a * rate * diamond                       # 다이아몬드 판매액 저장
                                                   (다이아몬드 구매 개수 * 2 * 원가)
b = b * rate * coal                            # 석탄 판매액 저장
                                                 (석탄 구매 개수 * 2 * 석탄원가)

# 저축
savings = a + b                                # 석탄과 다이아몬드 판매액을 합함
print("Savings =", savings)                    # 저축금액 출력
```

```
# 실행 예1                                     # 실행 예2
Number of diamond = 3                          Number of diamond = 4
Number of coal = 8                             Number of coal = 7
Savings = 760                                  Savings = 940
```

시나리오 2 광물 도매업자는 광산 정거장에서 광물의 생산량에 따라 석탄(원가 10원) 또는 다이아몬드(원가 100원)의 구매 개수를 입력받아 기차 a 화물칸에 싣고 출발합니다. 도시 정거장에 도착하여 a 화물칸에 적재된 광물의 유형에 따라 석탄 또는 다이아몬드를 소매업자에게 2배로 판매합니다. 마지막으로, 은행 정거장에 도착하여 총 판매금액을 은행에 저축합니다. 도매업자가 광물을 구매하여 판매한 후 판매금액을 은행에 저축하는 과정을 프로그램으로 작성하시오.

```
diamond = 100                              # 다이아몬드 원가 100 저장
coal = 10                                  # 석탄원가 10 저장
rate = 2                                   # rate에 2(원가대비 배수) 저장

t = input("Type of Mineral = ")            # 광물 이름 입력
a = int(input("Number of Mineral = "))     # 광물 구매 개수 입력

if t == 'coal' :                           # 광물이 석탄이면
    a = a * rate * coal                      # 석탄판매금액(원가 * 2 * 개수) 저장
else :                                     # 광물이 석탄이 아니면
    a = a * rate *diamond                    # 다이아몬드 판매금액 저장
                                               (원가 * 2 * 구매 개수)

savings = a                                # 판매금액 저장
print("Savings =", savings)                # 저축금액 출력
```

```
# 실행 예1
Type of Mineral = coal
Number of Mineral = 3
Savings = 60
```

```
# 실행 예2
Type of Mineral = diamond
Number of Mineral = 7
Savings = 1400
```

시나리오 3 마이클은 회전초밥집에서 알바를 하고 있습니다. 손님이 식사를 마치고 현금으로 식사 금액을 지불하였습니다. 손님으로부터 지불 금액을 입력받고 손님이 먹은 색상별 접시 수를 입력받은 후, 총 식사 금액을 계산합니다. 만약, 지불 금액이 식사 금액보다 크면 총 식사 금액과 거스름 금액을 출력하고 지불 금액이 식사 금액보다 작으면 총 식사 금액과 미지불 금액을 출력하는 프로그램을 작성하시오. 단, 각 접시 색상별 금액은 하얀색(1,000), 노란색(2,000)입니다. 또한, 지불 금액과 식사 금액이 같은 경우는 고려하지 않습니다.

입력 예시	출력 예시
pay = 10000 white = 3 yellow = 1	식사 금액 = 5000 거스름 금액 = 5000

```
pay = int(input("pay = "))                  # 지불 금액 입력

white = int(input("white = "))              # 하얀색 접시 개수 입력
yellow = int(input("yellow = "))            # 노란색 접시 개수 입력

price = white * 1000 + yellow * 2000        # 총 식사 금액 계산
print("식사 금액 =", price)                  # 총 식사 금액 출력

if pay > price :                            # 지불 금액이 식사 금액 보다 크면
    print("거스름 금액 = ", pay - price)       # 거스름돈(지불 금액 - 식사 금액) 출력
else :                                      # 크지 않으면
    print("미지불 금액 = ", price - pay)       # 식사 금액 - 지불 금액 출력
```

```
# 실행 예1                # 실행 예2
pay = 10000              pay = 5000
white = 3                white = 4
yellow = 1               yellow = 2
식사 금액 = 5000          식사 금액 = 6000
거스름 금액 = 5000        미지불 금액 = 1000
```

시나리오 4 "SW" 과목 성적은 출석(10%), 과제(30%), 시험(60%)으로 구성됩니다. 한 학기 동안 학생 푸틴이 획득한 출석, 과제, 시험점수를 각각 100점 만점 기준으로 입력받습니다. 입력받은 각 항목 점수의 총합을 구성된 기본 점수로 환산하여 총합을 정수로 출력한 후, 만약 총합이 60점 이상이면 "PASS"를 출력하고, 60점 미만이면 "FAIL"을 출력하는 프로그램을 작성하시오.

```
attendance = int(input("attendance = "))    # 출석점수 입력
assignment = int(input("assignment = "))    # 과제점수 입력
exam = int(input("exam = "))                # 시험점수 입력

sum = attendance * 10 / 100                 # 출석점수 계산
sum += assignment * 30 / 100                # 과제점수 계산 및 출석점수와 합함
sum += exam * 60 / 100                      # 총합 계산
sum = int(sum)                              # 총합을 정수형으로 변환
print("Sum =", sum)                         # 총합 출력

if sum >= 60 :                              # 총합이 60점 이상이면
    print("PASS")                               # "PASS" 출력
else :                                      # 총합이 60점 미만이면
    print("FAIL")                               # "FAIL" 출력
```

```
# 실행 예1                                  # 실행 예2
attendance = 80                             attendance = 95
assignment = 30                             assignment = 70
exam = 60                                   exam = 100
Sum = 53                                    Sum = 90
FAIL                                        PASS
```

실습 문제 1

수민이는 놀이공원에서 자이로드롭을 타려고 합니다. 자이로드롭은 키 130cm 이상 190cm 이하의 사람만 탑승할 수 있습니다. 수민이의 키를 입력받고 자이로드롭을 탑승할 수 있는지 출력하는 프로그램을 작성하시오.
(입력 예시 : cm = 193, 출력 예시 : 자이로드롭 탑승 불가능)

```
cm = int(input("cm = "))

if 130 <= cm <= 190 :
   print("자이로드롭 탑승 가능")
else :
   print("자이로드롭 탑승 불가능")
```

```
cm = 158
```

```
자이로드롭 탑승 가능
```

실습 문제 2

혜원이는 친구들과 함께 국밥집에서 저녁을 먹으려고 합니다. 국밥집에서는 쿠폰 10장과 6000원짜리 메뉴를 교환해주는 이벤트를 열고 있으며 현재 혜원이는 7장, 친구들은 각 한 장씩 쿠폰을 가지고 있습니다. 혜원이를 포함한 인원 수를 입력받고 지불해야 하는 가격을 출력하는 프로그램을 작성하시오.
(입력 예시 : 사람 수 = 5, 출력 예시 : 총 가격 = 24000)

```
person = int(input("인원 수 = "))
coupon = 7
coupon = coupon + person -1

if coupon >= 10 :
    discount = coupon // 10 * 6000

total = person * 6000 - discount
print("총 가격 =", total)
```

```
인원 수 = 5
```

```
총 가격 = 24000
```

실습 문제 3

마트로 심부름을 가려고 합니다. 사야 할 물건의 가격은 5,800원이며, 물품을 사고 돈이 남으면 3,000원짜리 과자를 사려고 합니다. 심부름을 하고 남은 돈을 출력하는 프로그램을 작성하시오.
(입력 예시 : 금액 = 9000, 출력 예시 : 남은 돈 = 200원)

```
money = int(input("금액 = "))

money = money - 5800

if money >= 3000 :
    money = money - 3000

print("남은 돈 = %d원" % money)
```

```
금액 = 9000
```

```
남은 돈 = 200원
```

실습 문제 4

일반적으로 사람이 들을 수 있는 소리의 주파수를 가청주파수(Audio Frequency)라고 하며, 이는 20Hz ~ 20,000Hz 정도의 주파수 영역입니다. 사용자로부터 임의의 소리의 주파수를 입력받은 후 사람이 들을 수 있는 소리인지 아닌지를 판단하는 프로그램을 작성하시오.

```
frequency = int(input("소리의 주파수를 입력하시오. : "))

if 20 <= frequency <= 20000 :
    print("이 소리는 가청주파수 대역이므로 사람이 들을 수 있습니다. ")
else :
    print("이 소리는 가청주파수 대역이 아니므로 사람이 들을 수 없습니다.")
```

```
소리의 주파수를 입력하시오. : 5000
이 소리는 가청주파수 대역이므로 사람이 들을 수 있습니다.
```

실습 문제 5

달력은 기본적으로 지구가 태양을 공전하는 시간을 기준으로 작성됩니다. 그러나 실제로 측정해보면 지구가 태양을 완전히 한 바퀴 도는데 걸리는 시간은 365.2422일 (365일 5시간 48분 46초)라고 합니다. 따라서 매 4년마다 하루 정도 오차가 발생하게 되고 이것을 조정하기 위해 하루를 더하는 윤년이 생겼습니다. 사용자로부터 임의의 연도를 입력받은 후, 입력받은 해가 윤년이면 “입력받은 해는 윤년”라고 출력하고 평년이면 “입력받은 해는 평년”를 출력하는 프로그램을 작성하시오.
(입력 예시 : 연도를 입력하시오 : 2020, 출력 예시 : 2020년은 윤년)

조건 1. 연도가 4로 나누어떨어지면 윤년입니다.
조건 2. 100으로 나누어떨어지는 연도는 제외합니다.
조건 3. 400으로 나누어떨어지는 연도는 윤년입니다.

```
year = int(input("연도를 입력하시오. : "))

if (year % 4 == 0 and year % 100 != 0) or year % 400 == 0 :
    print("%d년은 윤년" % year)
else :
    print("%d년은 평년" % year)
```

```
# 실행 예1
연도를 입력하시오. : 2020
2020년은 윤년
```

```
# 실행 예2
연도를 입력하시오. : 2035
2020년은 평년
```

```
# 실행 예3
연도를 입력하시오. : 1997
1997년은 평년
```

```
# 실행 예4
연도를 입력하시오. : 2000
2000년은 윤년
```

2.3 다중 조건문

다중 조건문은 조건식이 2개 이상인 조건문으로 if-elif-else 문을 사용하는 조건문입니다. 다중 조건문에서는 elif 문을 사용하여 원하는 만큼의 조건식을 추가할 수 있습니다.

if-elif-else 문은 조건에 따라 3개 이상의 블록 중 1개를 실행하고자 할 때 적합한 조건문입니다. 먼저 if 조건식 결과에 따라 참이면 if 블록을 실행하고 아니면 elif 조건식 결과를 판별합니다. 그 결과가 참이면 elif 블록을 실행하고 아니면 else 블록을 실행합니다.

1) 다중 조건문

아래 그림의 코드는 변수 n의 값이 5 미만이냐 5 초과이냐 5 이냐 따라서 if 블록, elif 블록, else 블록을 실행합니다. 변수 n에 2를 입력하면 if 블록을 실행하여 n값을 1 증가시킨 뒤 2번 출력하며, 변수 n에 7을 입력하면 elif 블록을 실행하여 n값을 1 감소시킨 뒤 2번 출력합니다. 변수 n에 5를 입력하면 else 블록을 실행하여 n값을 2배 증가시키고 2번 출력합니다.

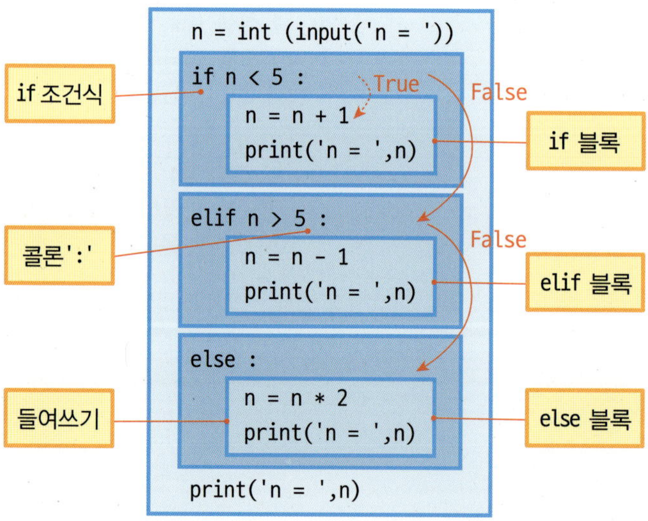

위 코드에 대한 상세 설명은 다음과 같습니다.

Step 1) 변수 n에 정숫값을 입력받습니다.
Step 2) if 조건식 (if a == 2 :)의 결과를 판별합니다.
  Step 2-1) n이 5 미만이면 if 조건식이 참이므로 if 블록을 실행합니다.
  Step 2-2) n이 5 초과이면 elif 조건식이 참이므로 elif 블록을 실행합니다.
  Step 2-3) n이 5이면 if 조건식과 elif 조건식이 모두 거짓이므로 else 블록을 실행합니다.
Step 3) 변수 n값을 출력합니다.

코딩 예시

	# 실행 예1	# 실행 예2	
n = int(input('n ='))	n = 7	n = 5	# 변수 n값 입력
if n < 5 :			# n값이 5 미만이면
n = n + 1			# n값 1 증가
print('n =', n)			# n값 출력
elif n > 5 :			# n값이 5 초과이면
n = n - 1			# n값 1 감소
print('n =', n)	n = 6		# n값 출력
else :			# n값이 5이면
n = n * 2			# n값 2배 증가
print('n =', n)		n = 10	# n값 출력
print('n =', n)	n = 6	n = 10	# n값 출력

2) 다중 조건문 실습

아래 그림은 브뤼셀 여행을 마친 후(26유로 지출 후), 남은 예산에 따라서 함부르크, 프랑크푸르트 또는 쾰른, 이 세 도시 중 한 도시를 경유하여 여행한 후 베를린으로 향하는 시나리오입니다. 이때 문제의 편의를 위해 쾰른에서 지출할 하루 비용인 24유로 이상을 가지고 있다고 가정합니다. 최종 목적지(베를린)에서 지출할 하루 비용(25유로)은 따로 보관해 놓고 남은 여행경비가 28유로 이상이면 함부르크를, 27유로 이상이면 프랑크푸르트를 추가로 방문할 수 있으며, 이 두 도시를 경유하기에 예산이 부족하면 쾰른을 추가로 방문합니다. 이와 같은 상황을 if-elif-else 문의 형태로 표현할 수 있습니다.

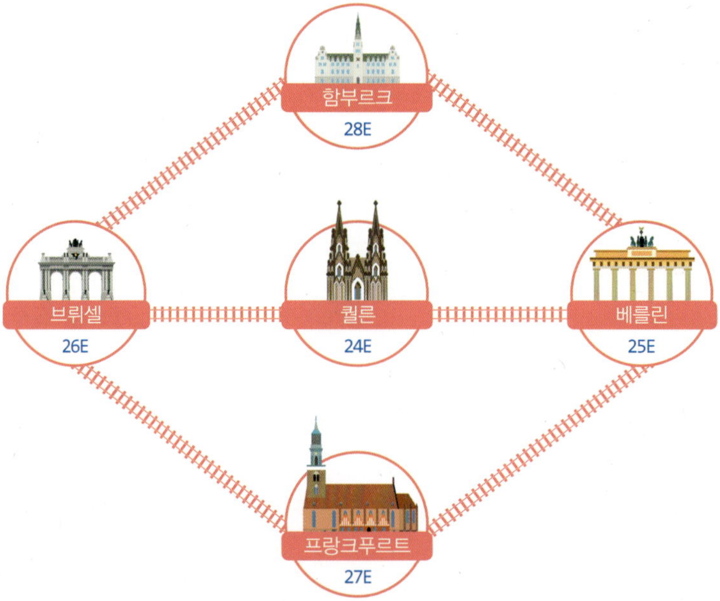

이 시나리오를 코딩 조건문에 적용해 보면 다음과 같습니다. 현재 남아 있는 여행경비가 30일 경우, if 조건식 'money >= 28'은 참이 되므로 함부르크를 경유하여 28유로를 지출하고 2유로가 남는 if 블록이 실행됩니다. 이후 베를린에 도착해서 남은 여행경비(2유로)를 출력하게 됩니다.

입력받은 여행경비가 27일 경우, if 조건식 'money >= 28'은 거짓이 되므로 if 블록은 실행되지 않고 elif 조건식 'money >= 27'의 참/거짓 여부를 판별하게 됩니다. 이때 elif 조건식 'money >= 27'은 참이 되므로 프랑크푸르트를 경유하여 27유로를 지출하고 0유로가 남는 elif 블록이 실행됩니다. 이후 베를린에 도착해서 남은 여행경비(0유로)를 출력하게 됩니다.

입력받은 여행경비가 25일 경우, if 조건식 'money >= 28'과 elif 조건식 'money >= 27'은 모두 거짓이므로 쾰른을 경유 하여 24유로를 지출하고 1유로가 남는 else 블록이 실행됩니다. 이후 베를린에 도착해서 남은 여행경비(1유로)를 출력하게 됩니다.

코딩 예시

코드	실행 결과	설명
`money = int(input("money = "))`	money = 27	# 여행경비 입력
`print("Ready to leave Brussel")`	Ready to leave Brussel	# Ready to leave Brussel
`if money >= 28 :`		# 여행경비가 28 이상이면
`    print("Visit Hambung")`		# Visit Hambung
`    money -= 28`		# 28유로 지출
`elif money >= 27:`		# 여행경비가 27 이상이면
`    print("Visit Frankfurt")`	Visit Frankfurt	# Visit Frankfurt
`    money -= 27`		# 27유로 지출
`else :`		# 여행경비가 27 미만이면
`print("Visit Cologne")`		# Visit Cologne
`    money -= 24`		# 24유로 지출
`print("Arrive at Berlin")`	Arrive at Berlin	# Arrive at Berlin
`print("Remaining Euro=", money)`	Remaining Euro=0	# 남은 여행경비 출력

3) 반복 if 문과 if-elif-else 문의 비교

앞서 배운 반복 if 문과 if-else 문의 비교와 같이 단순 if 문을 3번 사용하여 if-elif-else 문과 동일한 효과를 얻을 수 있도록 코드를 작성할 수 있습니다. 아래 왼쪽 코드는 단순 if 문만을 사용하여 성적을 분류하는 내용이며, 오른쪽은 if-elif-else 문을 사용하여 같은 결과를 얻을 수 있는 코드입니다.

	반복된 if 문	if-else 문
정의	여러 if 조건식들 중 조건이 참인 if 블록만 실행	조건식의 참/거짓 여부에 따라 if, elif, else 블록 중 하나만 실행

코딩 예시	s = 85
	if s >= 90 :
	    print("A")
	if 80 <= s < 90 :
	    print("B")
	if s < 80 :
	    print("F")
		s = 85
		if s >= 90 :
		    print("A")
		elif s >= 80 :
		    print("B")
		else :
		    print("F")

결과	B	B
비교설명	결괏값은 같으나 불필요한 if 문 실행	if 블록, elif 블록, else 블록 중 하나만 실행

아래 코드와 같이 단순 if 문을 반복하여 사용하면 조건식이 복잡할수록 상호 배제성을 충족하기 어렵습니다. 그렇기 때문에 단순 if 문을 반복하여 작성하는 것보다 if-elif-else 문과 같이 상호 배제성을 보장해주는 방식의 분기문을 작성하는 것이 복잡한 조건을 명확하게 작성할 수 있으며 예기치 않은 코딩 실수를 줄일 수 있습니다.

코딩 예시

m = int(input("money = "))	money = 4000	# 변수 m값 입력
if m > 5000 :		# m값이 5000 초과이면
m = m - 2000		# m값 2000 감소
elif m > 3000 :		# m값이 3000 초과이면
m = m - 1000		# m값 1000 감소
else :		# m값이 3000 이하이면
m = m - 500		# m값 500 감소
print("money =", m)	money = 3000	# 변수 m값 출력

시나리오

시나리오 1 (1장 화물열차 시나리오 소개 참고하시오.)

광물 도매업자는 광산 정거장에서 광물의 생산 여부에 따라 석탄(원가 10원) 또는 다이아몬드(원가 100원) 또는 루비(원가 50원)의 구매 개수를 입력받아, 기차 a 화물칸에 싣고 출발합니다. 도시 정거장에 도착하여 a 화물칸에 적재된 광물의 유형에 따라 석탄 또는 다이아몬드 또는 루비를 소매업자에게 2배로 판매합니다. 은행 정거장에 도착하여 총 판매금액을 은행에 저축합니다. 도매업자가 광물을 구매하여 판매한 후 판매금액을 은행에 저축하는 과정을 프로그램으로 작성하시오.

```
coal = 10                                      # 석탄 원가 10 저장
diamond = 100                                  # 다이아몬드 원가 100 저장
ruby = 50                                      # 루비 원가 50 저장
rate = 2                                       # 변수 rate에 2(원가 대비 배수) 저장

t = input("Type of Mineral = ")                # 광물 이름 입력
a = int(input("Number of Mineral = "))         # 광물 구매 개수 입력

if t == 'coal' :                               # 광물이 석탄이라면
    a = a * rate * coal                          # 석탄 판매액 저장
elif t == 'diamond' :                          # 광물이 다이아몬드이라면
    a = a * rate * diamond                       # 다이아몬드 판매액 저장
else :                                         # 둘 다 아니라면
    a = a * rate * ruby                          # 루비 판매액 저장

savings = a                                    # 판매 금액 저장
print("Savings =", savings)                    # 저축 금액 출력
```

```
# 실행 예1
Type of Mineral = diamond
Number of Mineral = 4
Savings = 800
```

```
# 실행 예2
Type of Mineral = ruby
Number of Mineral = 2
Savings = 200
```

```
# 실행 예3
Type of Mineral = coal
Number of Mineral = 7
Savings = 140
```

```
# 실행 예4
Type of Mineral = diamond
Number of Mineral = 5
Savings = 1000
```

시나리오 2 마이클은 회전초밥집에서 알바를 하고 있습니다. 손님들은 마이클에게 각 접시 색상별 가격을 물어보곤 합니다. 손님이 물어보는 접시 색상을 입력받아 해당 색상 접시의 가격을 출력하는 프로그램을 작성하시오. 해당 색상 접시가 없는 경우 0을 출력합니다. 단, 각 접시 색상별 금액은 하얀색(1,000), 노란색(2,000), 파란색(3,000), 빨간색(5,000)입니다.

(입력 예시 : color = red, 출력 예시 : The price of red dish is 5000.)

```
color = input("color = ")

if color == 'white' :                         # 접시가 하얀색이면
    price = 1000                                  # 값 1000 저장
elif color == 'yellow' :                      # 접시가 노란색이면
    price = 2000                                  # 값 2000 저장
elif color == 'blue' :                        # 접시가 파란색이면
    price = 3000                                  # 값 3000 저장
elif color == 'red' :                         # 접시가 빨간색이면
    price = 5000                                  # 값 5000 저장
else :                                        # 모두 아니라면
    price = 0                                     # 0 저장

print("The price of %s dish is %d."           # 접시 색상별 가격 출력
%(color, price))
```

```
# 실행 예1
color = red
The price of red dish is 5000.
```

```
# 실행 예2
color = blue
The price of blue dish is 3000.
```

```
# 실행 예3
color = white
The price of white dish is 1000.
```

```
# 실행 예4
color = green
The price of green dish is 0.
```

시나리오 3 "SW" 과목 성적은 출석(10%), 과제(30%), 시험(60%)으로 구성됩니다. 한 학기 동안 학생 오바마가 획득한 출석, 과제, 시험점수를 각각 100점 만점 기준으로 입력받습니다. 입력받은 각 항목 점수를 구성된 비율로 환산하여 총합을 출력한 후, 총합이 90점 이상이면 "A", 80점 이상이면 "B", 70점 이상이면 "C", 60점 이상이면 "D", 60점 미만이면 "F"를 출력하는 프로그램을 작성하시오.

```
attendance = int(input("attendance = "))       # 출석점수 입력
assignment = int(input("assignment = "))       # 과제점수 입력
exam = int(input("exam = "))                   # 시험점수 입력

sum = attendance * 10 / 100                    # 출석점수 계산
sum += assignment * 30 / 100                   # 과제점수 계산 및 출석점수와 더함
sum += exam * 60 / 100                         # 총합 계산 (출석+과제+시험)
sum = int(sum)                                 # 총합을 정수형으로 변환
print("Sum =", sum)                            # 총합 출력

if sum >= 90 :                                 # 총합이 90점 이상이면
    print("A")                                     # "A" 출력
elif sum >= 80 :                               # 총합이 80점 이상이면
    pprint("B")                                    # "B" 출력
elif sum >= 70 :                               # 총합이 70점 이상이면
    print("C")                                     # "C" 출력
elif sum >= 60 :                               # 총합이 60점 이상이면
    print("D")                                     # "D" 출력
else :                                         # 총합이 60점 미만이면
    print("F")                                     # "F" 출력
```

```
# 실행 예1
attendance = 100
assignment = 90
exam = 99
Sum = 96
A
```

```
# 실행 예2
attendance = 65
assignment = 42
exam = 58
Sum = 53
F
```

실습 문제

실습 문제 1

나이를 입력받고 버스 요금을 출력하는 프로그램을 작성하시오. 버스 요금은 13세 미만 450원, 19세 미만 1000원 19세 이상 1300원입니다.

(입력 예시 : 나이 입력 = 18, 출력 예시 : 청소년 요금 : 1000원)

```
age = int(input("나이 입력 = "))

if age < 13 :
    print("어린이 요금 : 450원")
elif age < 19 :
    print("청소년 요금 : 1000원")
else :
    print("일반 요금 : 1300원")
```

```
나이 입력 = 20
```

```
일반 요금 : 1300원
```

실습 문제 2

두 명의 학생이 숫자 공 뽑기를 통해 점심 내기를 하려고 합니다. 한 학생이 1부터 100까지 적혀있는 숫자 공 하나를 뽑았을 때, 숫자가 70 이상이면 "Player1 WIN", 3의 배수이면 "Player2 WIN", 그 외에는 "DRAW"를 출력하는 프로그램을 작성하시오.

(입력 예시 : num = 82, 출력 예시 : Player1 WIN)

```
n = int(input("num ="))

if n >= 70 :
    print("Player1 WIN")
elif n % 3 == 0 :
    print("Player2 WIN")
else :
    print("DRAW")
```

```
num = 42
```

```
Player2 WIN
```

실습 문제 3

카페에서 음료를 주문하려고 합니다. 아래의 카페 메뉴판을 참고하여 사용자로부터 원하는 메뉴의 번호를 입력받은 후 메뉴와 가격을 출력하는 프로그램을 작성하시오.
(입력 예시 : 메뉴 번호 = 3, 출력 예시 : Cappuccino는 3200원입니다.)

〈 카페 메뉴판 〉

번호	메뉴	가격
1	Americano	2500
2	Latte	3500
3	Cappuccino	3200
4	Tea	3000

```
n = int(input("메뉴 번호 = "))

if n == 1 :
    print("Americano는 2500원입니다.")
elif n == 2 :
    print("Latte는 3500원입니다.")
elif n == 3 :
    print("Cappuccino는 3200원입니다.")
else :
    print("Tea는 3000원입니다.")
```

```
# 실행 예1
메뉴 번호 = 2
Latte는 3500원입니다.
```

```
# 실행 예2
메뉴 번호 = 4
Tea는 3000원입니다.
```

```
# 실행 예3
메뉴 번호 = 3
Cappuccino는 3200원입니다.
```

```
# 실행 예4
메뉴 번호 = 1
Americano는 2500원입니다.
```

실습 문제 4

사용자로부터 임의의 신장(m)과 몸무게(kg)를 입력받은 후 신체질량지수(BMI)값과 비만도 판정 결과를 출력하는 프로그램을 작성하시오. (단, 신체질량지수(BMI)는 몸무게/(신장*신장)로 구할 수 있으며 소수 둘째짜리까지 출력합니다.)

아래 표는 BMI 지수값에 따른 비만도를 분류한 것입니다.

〈 BMI 지수값에 따른 분류 〉

BMI 지수값	18.5 미만	18.5 이상	25.0 이상
비만도 판정	저체중	정상 체중	과체중

```
height = float(input("신장(m)을 입력하시오. : "))
weight = float(input("몸무게(kg)를 입력하시오. : "))

bmi = weight / (height * height)

if bmi < 18.5 :
    print("당신의 BMI 지수값은 %.2f(으)로 저체중입니다." % bmi)
elif 18.5 <= bmi < 25.0 :
    print("당신의 BMI 지수값은 %.2f(으)로 정상체중입니다." % bmi)
else :
    print("당신의 BMI 지수값은 %.2f(으)로 과체중입니다." % bmi)
```

```
# 실행 예1
신장(m)을 입력하시오. : 1.75
몸무게(kg)를 입력하시오. : 70
당신의 BMI 지수값은 22.86(으)로 정상체중입니다.
```

```
# 실행 예2
신장(m)을 입력하시오. : 1.62
몸무게(kg)를 입력하시오. : 68
당신의 BMI 지수값은 25.91(으)로 과체중입니다.
```

실습 문제 5

대기 중에 있는 미세먼지 농도(㎍/㎥)에 따른 공기의 질은 아래 표와 같이 판단합니다. 사용자로부터 금일 미세먼지 농도를 입력받은 후, 공기 질을 출력하는 프로그램을 작성하시오.

〈 미세먼지 농도(㎍/㎥)에 따른 공기 질 분류 〉

미세먼지 농도	~ 15㎍/㎥	~ 50㎍/㎥	~ 100㎍/㎥	100㎍/㎥ ~
공기의 질	좋음	보통	나쁨	매우 나쁨

```
dust = float(input("금일 미세먼지 농도(㎍/㎥)를 입력하시오. : "))

if dust <= 15 :
    print("금일 공기의 질은 좋음입니다.")
elif dust <=50 :
    print("금일 공기의 질은 보통입니다.")
elif dust <= 100 :
    print("금일 공기의 질은 나쁨입니다.")
else :
    print("금일 공기의 질은 매우 나쁨입니다.")
```

```
# 실행 예1
금일 미세먼지 농도(㎍/㎥)를 입력하시오. : 15
금일 공기의 질은 좋음입니다.
```

```
# 실행 예2
금일 미세먼지 농도(㎍/㎥)를 입력하시오. : 65
금일 공기의 질은 나쁨입니다.
```

```
# 실행 예3
금일 미세먼지 농도(㎍/㎥)를 입력하시오. : 108
금일 공기의 질은 매우 나쁨입니다.
```

2.4 중첩 조건문

중첩 조건문은 조건문 안에서 또 다른 조건문이 포함되어 있는 구조를 말합니다. 중첩 조건문은 if 문 안에 또 다른 if 문, 혹은 if–else 문, 혹은 if–elif–else 문이 들어갈 수 있습니다.

1) 중첩 조건문

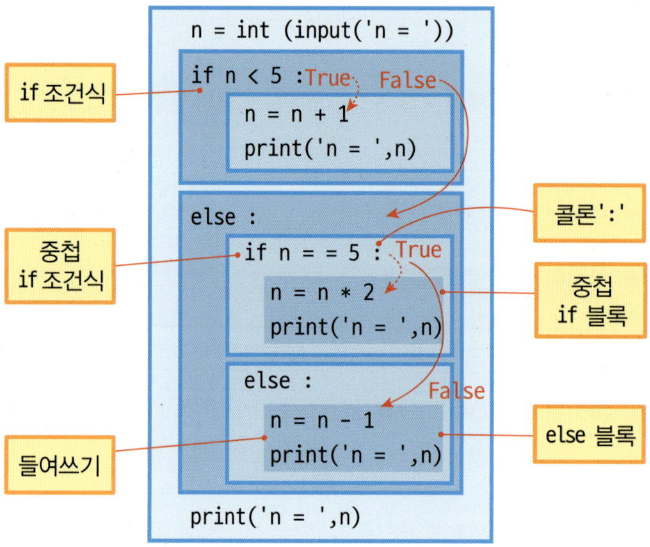

위 코드에 대한 상세 설명은 다음과 같습니다.

Step 1) 변수 n에 정숫값을 입력받습니다.
Step 2) if 조건식 (if n < 5 :)의 결과를 판별합니다.
  Step 2-1) n이 5 미만이면 if 조건식이 참이므로 if 블록을 실행합니다.
  Step 2-2) n이 5 이상이면 if 조건식이 거짓이므로 else 블록의 if 조건식 (if n == 5) 결과를 판별합니다.
    Step 2-2-1) n이 5 이면 if 조건식이 참이므로 if 블록을 실행합니다.
    Step 2-2-2) n이 5 초과이면 if 조건식이 거짓이므로 else 블록을 실행합니다.
Step 3) 변수 n값을 출력합니다.

코딩 예시

```
                             # 실행 예1   # 실행 예2
n = int(input('n = '))       n = 5        n = 7        # 변수 n값 입력

if n < 5 :                                             # n값이 5 미만이면
    n = n + 1                                              # n값 1 증가
    print('n =', n)                                        # n값 출력
else :                                                 # n값이 5 이상이면
    if n == 5 :                                            # n값이 5이면
        n = n * 2                                              # n값 2배 증가
        print('n =', n)      n = 10                            # n값 출력
    else :                                                 # n값이 초과이면
        n = n - 1                                              # n값 1 감소
        print('n =', n)                   n = 6                # n값 출력

print('n =', n)              n = 10       n = 6        # n값 출력
```

2) 중첩 조건문 실습

아래 그림은 파리 여행을 마친 후(31유로 지출 후), 남은 예산에 따라서 브뤼셀을 경유하여 함부르크를 향하거나 예산에 여유가 없다면 파리에서 바로 룩셈부르크를 향하는 시나리오입니다. 이때 문제의 편의를 위해 룩셈부르크에서 지출할 하루 비용인 31유로 이상을 가지고 있다고 가정을 합시다. 남은 여행경비가 브뤼셀의 하루 비용(26유로)과 함부르크의 하루 비용(28유로)의 합인 54유로 이상이면 브뤼셀을 경유하여 함부르크를, 예산이 부족하면 룩셈부르크를 방문합니다.

함부르크가 최종 목적지로 결정된다면 브뤼셀 여행을 마친 후(26유로 지출 후) 최종 목적지(함부르크)에서 지출할 하루 비용(28유로)은 따로 보관해 놓고 남은 예산에 따라서 암스테르담 또는 쾰른을 경유하여 여행한 후 함부르크로 향하거나 예산에 여유가 없다면 바로 함부르크로 향하는 시나리오가 추가됩니다. 남은 여행경비가 30유로 이상이면 암스테르담을, 24유로 이상이면 쾰른을 추가로 방문할 수 있습니다. 이와 같은 상황을 중첩 조건문 형태로 표현할 수 있습니다.

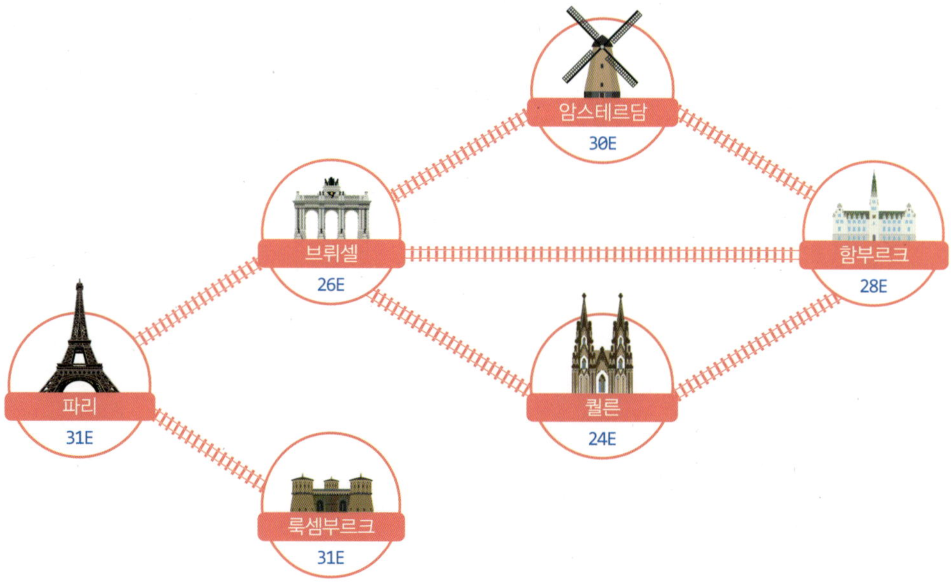

코딩 예시

```
money = int(input("money = "))
print("Ready to leave Paris")

if money >= 54 :
    print("Visit Brussel")
    money -= 26
    money -= 28


    if money >= 30 :
        print("Visit Amsterdam")
        money -= 30
    elif money >= 24 :
        print("Visit Cologne")
        money -= 24
    print("Arrive at Hamburg")
else :
    print("Arrive at Luxemburg")
    money -= 31
print("Remaining Euro=", money)
```

```
money = 80
Ready to
leave Paris

Visit Brussel

Visit Cologne

Arrive at
Hamburg

Remaining
Euro=2
```

```
# 여행경비 입력
# Ready to leave Paris

# 여행경비가 54 이상이면
    # Visit Brussel
    # 26유로 지출
    # 함부르크 하루 경비 28유로
      남겨놓기

    # 여행경비가 30 이상이면
        # Visit Amsterdam
        # 30유로 지출
    # 여행경비가 24 이상이면
        # Visit Cologne
        # 24유로 지출
    # Arrive at Hamburg
# 여행경비가 54 미만이면
    # Arrive at Luxemburg
    # 31유로 지출
#남은 여행경비 출력
```

시나리오 1 마이클은 회전초밥집에서 알바를 하고 있습니다. 회전초밥집에서는 식대가 20,000원 이상이고 단가 3,000원 이상 음식(파란색 접시 또는 빨간색 접시)을 10,000원 이상 먹었으면 식대 전체 금액에 대하여 10% 할인을 해줍니다. 마이클의 주된 업무는 손님이 먹은 색상별 접시 수를 센 후 식사 금액을 계산하는 것입니다. 손님이 먹은 각 색상별 접시 개수를 입력받아 총 식사 금액을 정수로 출력하는 프로그램을 작성하시오. 단, 각 접시 색상별 금액은 노란색(2,000), 파란색(3,000), 빨간색(5,000)입니다.

입력 예시	출력 예시
yellow = 2 blue = 2 red = 2	Total price = 23400

```
yellow = int(input('yellow = '))          # 노란색 접시 개수 입력
blue = int(input('blue = '))              # 파란색 접시 개수 입력
red = int(input('red = '))                # 빨간색 접시 개수 입력

price = yellow * 2000 + blue * 3000       # 식사 금액(노랑 + 파랑 + 빨강) 계산
+ red * 5000

if price >= 20000 :                       # 식사 금액이 2만 원 이상이면
    if blue * 3000 + red * 5000 >= 10000 :    # 3천 원 이상인 음식이 만 원 이상
        price = int(price * 0.9)              # 정수형으로 변환

print("Total price =", price)             # 총 식사 금액 출력
```

```
# 실행 예1
yellow = 2
blue = 2
red = 2
Total price = 23400
```

```
# 실행 예2
yellow = 3
blue = 5
red = 4
Total price = 36900
```

시나리오 2 "SW" 과목 성적은 출석(10%), 과제(30%), 시험(60%)으로 구성됩니다. 한 학기 동안 푸틴이 획득한 출석, 과제, 시험점수를 각각 100점 만점 기준으로 입력받습니다. 입력받은 각 항목 점수를 구성된 비율로 환산하여 총합을 출력한 후, 총합이 90점 이상이면 "A", 80점 이상이면 "B", 70점 이상이면 "C", 60점 이상이면 "D", 60점 미만이면 "F"를 출력하는 프로그램을 작성하시오. 단, "F" 학점의 경우 시험점수가 100점 만점 기준 60 점 이상이면, "D" 학점을 출력하시오.

```
attendance = int(input("attendance = "))    # 출석점수 입력
assignment = int(input("assignment = "))    # 과제점수 입력
exam = int(input("exam = "))                # 시험점수 입력

sum = attendance * 10 / 100                 # 출석점수 계산
sum += assignment * 30 / 100                # 과제점수 계산 및 출석점수 더함
sum += exam * 60 / 100                      # 총합 (출석 + 과제 + 시험) 계산
sum = int(sum)                              # 총합 정수형으로 변환
print("Sum =", sum)                         # 총합 출력

if sum >= 90 :      print("A")              # 총합이 90점 이상이면 "A" 출력
elif sum >= 80 :    print("B")              # 총합이 80점 이상이면 "B" 출력
elif sum >= 70 :    print("C")              # 총합이 70점 이상이면 "C" 출력
elif sum >= 60 :    print("D")              # 총합이 60점 이상이면 "D" 출력
else :                                      # 총합이 60점 미만이고
    if exam >= 60 :                             # 시험 점수가 60점 이상이면
        print("D")                                  # "D" 출력
    else :                                      # 시험 점수가 60점 미만이면
        print("F")                                  # "F" 출력
```

```
# 실행 예1
attendance = 30
assignment = 50
exam = 60
Sum = 54
D
```

```
# 실행 예2
attendance = 85
assignment = 98
exam = 62
Sum = 75
C
```

실습 문제 1

로그인 프로그램을 작성하려고 합니다. 관리자 계정의 아이디는 'root'이고 암호는 'python'일 때, 사용자로부터 아이디와 암호를 입력받고 아래의 예시를 참고하여 프로그램을 작성하시오.

입력 예시	출력 예시
아이디 입력 : root 암호 입력 : pithon	암호가 틀렸습니다.

```
id = input("아이디 입력 : ")
pw = input("암호 입력 : ")

if id == "root" :
    if pw == "python" :
        print("로그인 성공")
    else :
        print("암호가 틀렸습니다.")
else :
    print("아이디가 틀렸습니다.")
```

```
# 실행 예1
아이디 입력 : root
암호 입력 : pithon
암호가 틀렸습니다.
```

```
# 실행 예2
아이디 입력 : root
암호 입력 : python
로그인 성공
```

```
# 실행 예3
아이디 입력 : roo
암호 입력 : python
아이디가 틀렸습니다.
```

```
# 실행 예4
아이디 입력 : roat
암호 입력 : phon
아이디가 틀렸습니다.
```

실습 문제 2

혜원이는 봉사활동 점수를 채우기 위해 헌혈을 하려고 합니다. 헌혈을 하기 위해서는 아래와 같은 헌혈 자격 조건을 만족해야 합니다.

〈 헌혈 자격 조건 〉

성별	체중
남자 (M)	50kg 이상
여자 (F)	45kg 이상

사용자로부터 성별과 체중을 입력받고, 헌혈 가능 여부를 출력하는 프로그램을 작성하시오.

입력 예시	출력 예시
성별 = F 체중 = 52	헌혈이 가능합니다.

```
gender = input("성별 = ")
weight = float(input("체중 = "))

if gender == "M" :
    if weight >= 50 :
        print("헌혈이 가능합니다.")
    else :
        print("헌혈이 불가능합니다.")
else :
    if weight >= 45 :
        print("헌혈이 가능합니다.")
    else :
        print("헌혈이 불가능합니다.")
```

```
# 실행 예1
성별 = M
체중 = 74
헌혈이 가능합니다.
```

```
# 실행 예2
성별 = F
체중 = 38
헌혈이 불가능합니다.
```

실습 문제 3

아파트에 사는 혜원이는 평소 야간에 층간 소음이 심해 스트레스를 받고 있습니다. 야간 기준 35dB 이상일 경우 층간소음으로 인정되어 배상을 받을 수 있다고 합니다. 데시벨을 입력받아 층간소음이 발생한 정도에 따라 배상액을 출력하는 프로그램을 작성하시오. (단, 측정된 데시벨이 15dB 이상 초과될 경우 '배상액을 측정할 수 없습니다.'라고 출력합니다.)
(입력 예시 : 데시벨 = 42, 출력 예시 : 배상액은 520000원입니다.)

〈 층간 소음 배상액 〉

초과 기준	5dB 미만 초과	10dB 미만 초과	15db 미만 초과
배상액	312000	520000	741000

```
db = int(input("데시벨 = "))

if db >= 35 :
   db = db - 35

   if db < 5 :
      print("배상액은 312000원입니다.")
   elif db < 10 :
      print("배상액은 520000원입니다.")
   elif db < 15 :
      print("배상액은 741000원입니다.")
   else :
      print("배상액을 측정할 수 없습니다.")
else :
   print("층간소음이 아닙니다.")
```

```
# 실행 예1
데시벨 = 36
배상액은 312000원입니다.
```

```
# 실행 예2
데시벨 = 28
층간소음이 아닙니다.
```

실습 문제 4

신용카드를 발급받으려고 합니다. 사용자로부터 나이와 월 소득, 신용등급을 입력받고 아래의 기준을 참고하여 신용카드 발급 가능 여부를 출력하는 프로그램을 작성하시오. (단, 나이는 만 나이를 기준으로 하며 월 소득 단위는 만 원이다.)

조건 1. 만 19세 이상 성년
조건 2. 월 소득 50만 원 이상
조건 3. 개인신용등급이 1등급에서 6등급 이내일 것

입력 예시	출력 예시
나이 = 22 월 소득 = 40 신용등급 = 4	소득이 부족합니다.

```
age = int(input("나이 = "))
money = int(input("월 소득 = "))
grade = int(input("신용등급 = "))

if age >= 19 :
    if money > 50 :
        if 1 <= grade <= 6 :
            print("신용카드 발급이 가능합니다.")
        else :
            print("신용등급이 부족합니다.")
    else :
        print("소득이 부족합니다.")
else :
    print("연령이 부족합니다.")
```

```
# 실행 예1
나이 = 22
월 소득 = 350
신용등급 = 3
신용카드 발급이 가능합니다.
```

```
# 실행 예2
나이 = 38
월 소득 = 105
신용등급 = 7
신용등급이 부족합니다.
```

한 줄 요약

1 참과 거짓으로 표현할 수 있는 데이터를 (논리) 타입이라고 합니다.

2 파이썬에서 참은 (True)로 표현합니다.

3 파이썬에서 거짓은 (False)로 표현합니다.

4 데이터를 비교하는 연산자를 (비교) 연산자라고 합니다.

5 비교 연산자를 여러 개 사용하는 경우에는 (논리) 연산자를 사용합니다.

6 여러 가지 다양한 의사결정 과정을 (조건문)을 사용하여 구현합니다.

7 (조건문)은 결정을 내려야 할 어떤 조건식을 사용하는 구문입니다.

8 (블록)은 소스코드를 하나의 단위로 묶어주는 개념입니다.

9 블록은 반드시 일관성 있게 (들여쓰기)를 해야 합니다.

10 분기한 블록 안에서 다시 분기하는 구문을 (중첩) 조건문이라고 합니다.

11 이번 장에서 살펴본 각 조건문의 특징은 다음 표와 같습니다.

구분	구조	특징
단일 조건문	if	조건을 만족하면 실행
	if-else	둘 중 하나로 분기하여 실행
다중 조건문	if-elif-else	조건식이 2개 이상으로 다중 분기하여 실행
중첩 조건문	중첩 if	조건문 안에 또 다른 조건문에 따라 분기하여 실행

CHAPTER 3

반복문 (while, for)

학습 목표

프로그램 내의 반복되는 코드는 반복문으로 해결할 수 있습니다. 파이썬의 반복문은 크게 while 문과 for 문이 있습니다. while 문은 특정 조건을 만족하는 동안 계속하여 반복 실행하는 구조이며 for 문은 반복 횟수가 정해진 경우에 주로 사용됩니다.
이번 장에서는 while 문과 for 문의 사용법과 중첩 반복문을 다룹니다. 반복문에서 특수한 조건을 제어하는 break 명령어와 continue 명령어를 학습합니다.

학습 목차

CHAPTER

3 반복문 (while, for)

노동집약적인 산업 현장에서 생산효율을 높이기 위하여 반복적인 작업을 장시간 수행하다 보면 실수로 인한 불량품이 생기고 제품의 품질이 저하되는 일이 많이 발생하였습니다. 그래서 많은 영세 중소기업체들이 인건비도 줄이고 품질 향상을 위하여 사람이 하던 반복적인 작업을 로봇이 대신하게 하는 자동화 시스템을 갖추게 되었습니다. 컴퓨터는 단순 반복적인 작업을 실수 없이 빠르게 처리할 수 있기 때문입니다. 이러한 컴퓨터 덕분에 군사, 항공, 천문학, 물리학 등과 같이 반복 계산이 필요한 항공우주 분야나 과학 기술 분야의 기술이 크게 발전할 수 있었습니다.

코드를 작성하다 보면 동일한 코드를 반복하여 작성해야 하는 경우가 있습니다. 동일한 코드를 일일이 반복하여 작성하다 보면 코드도 복잡해지고 가독성도 떨어집니다. 또한, 코드를 수정해야 할 경우 여러 곳의 코드를 일일이 변경해야 하므로 번거롭습니다. 예를 들어 S대 직원 30명에게 초대장을 보낸다고 가정했을 때, 동일한 주소를 30명만큼 반복 출력해야 합니다. 만약 직원이 100명 혹은 1000명이라면 100번 혹은 1000번 출력해야 하므로 지루하고 비효율적인 작업이 될 것입니다. 파이썬은 동일한 작업을 조건에 따라서 반복해주는 반복문들이 존재하므로 동일한 작업들을 반복문을 사용하여 구현할 수 있습니다.

반복의 의미를 알아보기 위하여 2019년 칸 영화제에서 영화 "기생충"으로 황금종려상을 받은 봉준호 감독의 2013년 영화 〈설국열차〉를 살펴보겠습니다. 영화에서 기차는 1년마다 빙하기에 접어든 세계를 한 바퀴씩 돕니다. 어떤 일이 일어나도 변함없이 1년에 지구를 한 바퀴 도는 열차가 "설국열차"입니다. 감독은 기차라는 세계는 순환과 반복이 계속되며 시스템 안에서 혁명은 위치의 전환만 있을 뿐 아무런 의미가 없다고 말합니다. 기차 안에서 진정한 혁명이란 존재할 수 없고 계속 순환하고 반복될 뿐이니 결론적으로 기차를 벗어나야 한다는 것을 말하고 있는 것입니다. 위에서 살펴본 영화 〈설국열차〉는 기차를 멈추고 내리지 않는 한 계속 순환하며 반복하여 1년에 1바퀴씩 지구를 돕니다. 즉, 특정 조건을 만족하면 계속 반복을 수행하는 경우입니다.

출처 : 네이버 영화, 설국열차, https://movie.naver.com/movie/bi/mi/basic.nhn?code=62328

이와 다르게 우리는 스포츠에서 횟수를 정해 놓고 반복을 수행하는 경우를 많이 볼 수 있습니다. 예를 들어 육상의 경우 1만 미터 경기에서 400m 트랙 25바퀴를 반복하여 돌아서 들어오는 순서대로 순위가 정해집니다.

출처 : http://blog.daum.net/cnn082/546, 네이버 영화, 나스카 카레이싱 3D(https://movie.naver.com/movie/bi/mi/photoView.nhn?code=38361), 스피드스케이팅 경기가 열리는 오발 경기장, OSEN, 2018SUS 2월 5일(https://www.chosun.com/site/data/html_dir/2018/02/05/2018020502366.html), 쇼트트랙 동계올림픽 경기장, 중도일보, 2016년 11월 18일, (http://www.joongdo.co.kr/web/view.php?key=20161118000027586)

인디애나폴리스 500마일 자동차 경주(Indianapolis 500-Mile Race)는 인디 500(Indy 500)이라고도 불리며 매년 메모리얼 데이가 껴있는 주말에 인디애나주에서 열리는데 인디애나폴리스 모터 스피드웨이의 200바퀴에 해당하는 거리인 500마일(약 800km)을 누가 가장 빨리 달리는가를 겨루는 경기입니다. 스피드 스케이팅 매스 스타트 경기의 경우 400m 트랙을 16바퀴 반복하여 돕니다. 쇼트트랙의 3,000m의 경기의 경우 111.12m인 쇼트트랙 경기장 트랙을 27바퀴 반복하여 돌아 순위를 정합니다.

파이썬에서 반복문은 크게 for 문과 while 문으로 나눌 수가 있습니다. for 문은 정해진 횟수만큼 반복 실행하는 구조이고 while 문은 어떤 조건이 만족 되는 동안, 반복 실행하는 구조입니다. 사용자가 작성해야 하는 프로그램에 맞게 선택하여 사용하면 됩니다. 또한, 반복문 안에 또 다른 반복문이 포함된 중첩 반복문이 있습니다. 중첩 반복문을 사용하는 대표적인 예로 구구단을 출력하는 코드를 들 수 있습니다. 2단에서 9단까지 각 단을 출력하는 반복 작업을 하고, 각 단에서는 1에서 9까지의 곱을 출력하는 이중의 반복문을 작성해야 합니다. 이번 장에서 반복패턴을 분석하고 코드를 자세히 다룹니다.

특히, 복잡한 코드를 작성하다 보면 실행 순서나 특수한 조건들을 제어해야 하는 경우가 생기는데 파이썬에서는 반복문 내에서 특수한 조건을 제어할 수 있는 break 명령어와 continue 명령어를 제공하고 있습니다. break 명령어와 continue 명령어는 반복문뿐만 아니라 if 문과 같은 조건문에서도 사용할 수 있습니다.

3.1 while 문

while 문의 기본 형식과 특징에 대해 알아보겠습니다. while 문은 특정한 조건이 주어지고(while 조건식:) 특정한 조건이 만족되는 동안 명령문(while 블록)이 계속 실행되는 구조입니다. while 블록은 "while 조건식:"에서 조건식이 참일 때 실행하는 문장들로 반드시 들여쓰기로 작성해야 합니다. 만일 조건식이 거짓이면, 반복을 멈추고 while 블록을 벗어나 그 다음 문장을 실행합니다.

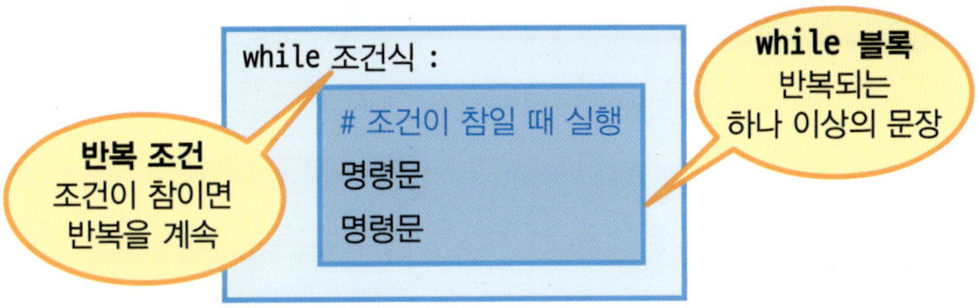

들여쓰기를 하지 않은 명령문은 while 블록이 아닌 것으로 간주되고, 조건식이 거짓일 경우 실행되는 다음 문장이 됩니다. 파이썬은 들여쓰기를 통해서 반복되는 블록문을 명확히 구분하니 반복문 코드 작성 시 유의해야 합니다. "while 조건식:"에서 조건식은 참과 거짓이 결정되도록 작성해야하기 때문에 관계 연산자와 논리 연산자를 조합하여 사용합니다. 따라서 2장에서 공부한 if 문의 다양한 조건식을 활용하여 while 문의 조건식으로 작성할 수 있습니다.

1) if 문과 while 문과의 비교

while 문 사용의 장점은 if 문을 여러 번 반복하여 작성할 것을 while 문 1번으로 표현할 수 있다는 점입니다. 1부터 50까지 숫자의 합을 출력하는 코드를 예제로 검토해 보겠습니다. 공통적인 부분은 n의 값을 1씩 증가시키면서 total에 n을 누적해 주는 부분입니다. 50 이하인 경우에만 합계에 포함시켜야 하는 관계로 조건식의 부분은 (n <= 50)으로 공통된 코드가 됩니다. 아래 표는 if 문과 while 문을 조건에 따른 사용 횟수를 비교하여 나타낸 표입니다.

	if 문	while 문
정의	조건문을 한 번만 수행	if 문과 유사한 구조이며 반복실행

코딩 예시	`total = 0`
	`n = 1`
	`if n <= 50 :`
	`    total = total + n`
	`    n = n + 1`
	`print("Num =",n, "Total =",total)`
		`total = 0`
		`n = 1`
		`while n <= 50 :`
		`    total = total + n`
		`    n = n + 1`
		`print("Num =",n, "Total =",total)`

결과	Num = 2 Total = 1	Num = 51 Total = 1275
비교설명	if 문을 작성하면 조건의 만족 여부와 관계없이 1번만 실행	while 문을 작성하면 조건이 만족하지 않을 때까지 반복실행

조건식이 참일 때, if 문에 있는 명령문들은 1번만 실행됩니다. 1부터 50까지 반복해서 실행되어야 하는 관계로 if 문만을 사용하는 경우에는 동일한 코드를 50번 반복해서 작성해야 합니다. 반면에 while 문의 경우는 조건식이 참인 동안 계속해서 while 블록의 명령문들이 반복되는 관계로 while 문을 1번 사용하여 동일한 결과가 나오도록 효과적인 코딩 작업이 가능하게 됩니다.

2) while 문 활용

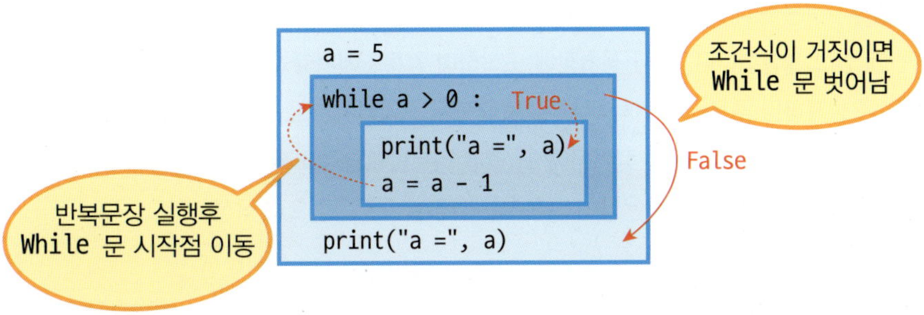

예제를 바탕으로 while 문이 어떻게 작동하는지 살펴보도록 하겠습니다. 위의 코드는 변수 a가 5에서 0까지 값이 감소되면서 a의 값을 출력하는 코드입니다. 초기에 변수 a에 5가 할당되면서 while 문이 시작됩니다. 변수 a의 값이 5인 관계로 첫 번째 반복에서 while 조건식(a>0)의 결과가 참이 되어 "while 블록"의 반복 명령문을 실행합니다. 따라서 5가 출력되고 변수 a의 값이 1 감소됩니다. 그리고 한 번에 반복이 끝나고 다시 while 문 시작점으로 이동하게 됩니다.

실행 예시

반복 횟수	0	1	2	3	4	5	6
a	5	5	4	3	2	1	0
a > 0	-	True	True	True	True	True	False

while 블록에서 a의 값이 1 감소하여 4가 되면서 2번째 반복에서도 while 조건식(a>0)은 참이 됩니다. 이와 같은 방식으로 계속해서 while 블록의 반복 명령문이 실행됩니다. 결과적으로 이 과정이 5번 반복되어 실행되며, 5번째 반복이 끝나고 나면 a의 값이 0이 된 상태에서 while 문 시작점으로 또 다시 이동합니다. 이번에는 앞의 5차례와는 달리 while 조건식의 결과가 거짓(False)인 관계로 while 문을 벗어나게 됩니다.

시나리오

시나리오 1 광물 도매업자는 광산 정거장에서 다이아몬드(원가 100원)의 구매 개수를 입력받아 기차 a 화물칸에 싣고 출발합니다. 도시 정거장에 도착하여 검문소에서 a 화물칸에 적재된 다이아몬드의 구매 개수만큼 반복하여 루프를 돌면서 모두 팔릴 때까지 소매업자가 요구하는 다이아몬드의 판매 개수를 입력받아 2배로 판매합니다. 은행 정거장에 도착하여 총 판매금액을 은행에 저축합니다. 도매업자가 다이아몬드를 구매하여 판매금액을 은행에 저축하는 과정을 프로그램으로 작성하시오.

```
# 초기화
diamond = 100                              # 다이아몬드 원가 100 저장
rate = 2                                   # 변수에 2(원가 대비 배수) 저장
a = 0                                      # 다이아몬드 개수 0으로 초기화
b = 0                                      # 다이아몬드 판매액 0으로 초기화

# 구매
a = int(input("Number of diamond = "))     # 구매할 다이아몬드 개수 입력

# 판매
while a > 0 :                              # 다이아몬드가 존재하면
    print(a, "left")                       # 다이아몬드 개수와 "left" 출력
    c = int(input("diamond to sell = "))   # 판매할 다이아몬드 개수 입력
    a = a - c                              # 남은 다이아몬드 개수 계산
    b = b + c * rate * diamond             # 다이아몬드 판매액 계산

# 저축
savings = b                                # 다이아몬드 판매액 저장
print("저축 금액 =", savings)               # 저축액(다이아몬드 판매액) 출력
```

```
# 실행 예1
Number of diamond = 5
5 left
diamond to sell = 2
3 left
diamond to sell = 3
저축 금액 = 1000
```

```
# 실행 예2
Number of diamond = 3
3 left
diamond to sell = 2
1 left
diamond to sell = 1
저축 금액 = 600
```

시나리오 2 마이클은 회전초밥집에서 알바를 하고 있습니다. 접시 색상을 입력받은 후, 손님이 고른 접시 색상이 존재하는 색상이면 접시 색상을 계속 입력받고, 존재하지 않는 색상이면 입력을 종료한 후, 총 식사 금액을 출력하는 프로그램을 작성하시오. 접시 색상별 금액은 하얀색(1,000), 노란색(2,000), 파란색(3,000), 빨간색(5,000)입니다.

```
price = 0                                  # 식사 금액 0으로 초기화

is_repeat = True                           # 참(True)으로 초기화
while is_repeat :                          # 참인 동안 무한 반복
    color = input("color = ")                  # 접시 색상 입력

    if color == "white" :                      # 하얀색 색상이면
        price += 1000                              # 식사 대금 += 1000
    elif color == "yellow" :                   # 노란색 색상이면
        price += 2000                              # 식사 대금 += 2000
    elif color == "blue" :                     # 파란색 색상이면
        price += 3000                              # 식사 대금 += 3000
    elif color == "red" :                      # 빨간색 색상이면
        price += 5000                              # 식사 대금 += 5000
    else :                                     # 모두 아니라면
        is_repeat = False                          # 거짓(False)이므로 식사 종료

print("식사 금액 =", price)                 # 식사 금액 출력
```

```
# 실행 예1
color = white
color = red
color = blue
color = red
color = black
식사 금액 = 14000
```

```
# 실행 예2
color = red
color = blue
color = white
color = white
color = purple
식사 금액 = 10000
```

시나리오 3 "SW" 과목 성적은 출석(10%), 과제(30%), 시험(60%)으로 구성됩니다. 한 학기 동안 SW 과목을 수강한 학생들이 획득한 출석, 과제, 시험 등 각 항목 점수를 구성된 비율로 환산한 점수를 합한 총합을 반복하여 입력받은 후, 평균값을 정수로 출력하는 프로그램을 작성하시오. 단, 총합이 0점이면 입력을 종료합니다.

```
total = 0                                # 총합 0으로 초기화
num = 0                                  # 학생 수 0으로 초기화

is_repeat = True                         # 참(True)으로 초기화
while is_repeat :                        # 참인 동안 무한 반복
    score = int(input("score = "))         # 학생별 점수총합 입력받아 저장
    if score != 0 :                        # 점수총합이 0점이 아니면
        total += score                       # 점수총합 누적
        num += 1                             # 학생 수 1 증가시켜 저장
    else :                                 # 점수총합이 0점이면
        is_repeat = False                    # 조건식이 거짓이 되어 반복 종료

average = int(total / num)               # 평균값 계산하여 정수형으로 변환
print("점수 평균 =", average)             # 평균값 출력
```

```
# 실행 예1
score = 78
score = 53
score = 96
score = 94
score = 87
score = 81
score = 74
score = 66
score = 0
점수 평균 = 78
```

```
# 실행 예2
score = 85
score = 89
score = 84
score = 80
score = 93
score = 81
score = 87
score = 79
score = 0
점수 평균 = 84
```

실습 문제 1

사용자로부터 임의의 숫자를 입력받아 누적하고, -1이 입력될 때까지 계속해서 입력받는 프로그램을 작성하시오. (단, 입력받은 -1은 누적하지 않습니다.)

```
total = 0
num = 0

while num != -1 :
    total = total + num
    num = int(input("숫자 입력 = "))

print("총 합계 =", total)
```

```
숫자 입력 = 2
숫자 입력 = 5
숫자 입력 = 8
숫자 입력 = 9
숫자 입력 = -1
```

```
총 합계 = 24
```

실습 문제 2

숫자가 몇 자리 수인지 구하는 프로그램을 작성하려 합니다. 사용자로부터 임의의 자연수를 입력받은 후, 몇 자리 수인지 출력하는 프로그램을 작성하시오.
(입력 예시 : 값을 입력 = 481200, 출력 예시 : 결과 = 6)

```
num = int(input("값을 입력 = "))
count = 0

while num > 0 :
    num = num // 10
    count = count + 1

print("결과 =", count)
```

```
값을 입력 = 481200
```

```
결과 = 6
```

실습 문제 3

임의의 자연수를 입력받아 입력받은 값이 짝수이면 누적하여 곱하고, 누적 값이 입력받은 M값을 초과하면 누적 값을 출력하는 프로그램을 작성하시오.

```
M = int(input("값을 입력 = "))
total = 1

while total <= M :
    num = int(input("입력 = "))
    if num % 2 == 0 :
        total = total * num

print("결과 =", total)
```

```
값을 입력 = 150
입력 = 7
입력 = 8
입력 = 4
입력 = 6
```

```
결과 = 192
```

실습 문제 4

지속적으로 차량 속도를 측정하여 평균 속도를 넘었을 때 알림이 뜨는 프로그램을 만들려고 합니다. 차량 속도를 계속해서 입력 받아 속도 평균이 80 이상이면 측정한 횟수와 차량 속도 평균값을 출력하는 프로그램을 작성하시오.

```
avg = 0
total = 0
count = 0

while avg < 80 :
    count = count + 1
    speed = int(input("속도 입력 = "))
    total = total + speed
    avg = total / count

print("속도 평균 =", avg)
print("측정한 횟수 =", count)
```

```
속도 입력 = 72
속도 입력 = 76
속도 입력 = 77
속도 입력 = 79
속도 입력 = 82
속도 입력 = 85
속도 입력 = 88
속도 입력 = 89
```

```
속도 평균 = 81.0
측정한 횟수 = 8
```

3.2 for 문

for 문의 기본 형식과 특징에 대해 알아보겠습니다. for 문은 키워드 for를 쓴 후에 "변수 in range() :" 형태로 구성되어 미리 정해진 횟수만큼 for 블록의 명령문을 반복하여 실행하는 구조입니다. for 블록의 명령문들은 반드시 들여쓰기로 작성해야 합니다. 정해진 반복 횟수가 종료되고 나면, 반복을 멈추고 for 블록을 벗어나 들여쓰지 않은 다음 명령문을 실행하게 됩니다.

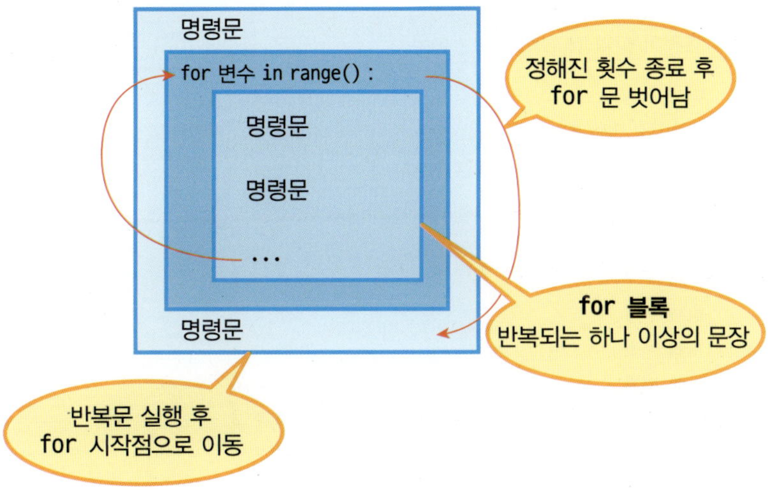

for 문에서 정해진 횟수를 지정하는 방법으로는 range함수를 일반적으로 사용합니다. range함수의 사용 방법은 키워드 for를 쓴 후에, "변수 in range(start, end, step) :" 입니다. step값은 반복 시 값이 더해지는 크기를 나타내며, 1씩 증가하는 일반적인 경우에는 step값을 생략할 수 있습니다.

예를 들어 "for i in range(1, 6) :"의 경우는 변수 i가 range(1, 6), 1부터 6 이전까지의 범위에서 1씩 증가하는 값들로 구성됩니다. 즉 1부터 5까지의 정숫값을 의미하므로 i값이 1, 2, 3, 4, 5로 바뀌면서 반복하게 되어 모두 5번의 for 블록을 실행하게 됩니다.

1) while 문과 for 문의 비교

while 문이 특정한 조건이 만족되는 동안 계속해서 반복을 진행하는 반면, for 문은 미리 정해진 횟수만큼 반복하여 실행할 때 주로 사용됩니다. 이는 일반적으로 추천하는 방법일 뿐이며, for 문으로 주어진 코드를 while 문을 사용해서도 작성할 수 있으며, 반대의 경우도 가능합니다. 아래 표를 통해 동일한 문제를 while 문과 for 문을 이용해서 어떻게 해결하는지 검토해 보도록 하겠습니다.

	while 문	for 문
정의	조건이 참일 때 실행하는 반복문	반복 횟수에 따라 실행하는 반복문

코딩 예시	n = 7
	print("num =", n)
	while n > 0 :
	    n = n - 1
	    print("num =", n)
		n = 7
		print("num =", n)
		for i in range(7) :
		    n = n - 1
		    print("num =", n)

결과	num = 7 num = 6 num = 5 num = 4 num = 3 num = 2 num = 1 num = 0	num = 7 num = 6 num = 5 num = 4 num = 3 num = 2 num = 1 num = 0
비교설명	while 문은 조건이 만족하지 않을 때까지 while 블록을 반복	for 문은 설정한 반복 횟수에 따라 for 블록 7회 반복

while 문은 조건식이 참인 동안 while 블록 내의 문장을 반복하여 실행하고 조건식이 거짓이면 반복문을 벗어납니다. 이에 비해 for 문은 미리 정해진 횟수만큼 반복하여 실행하며, 횟수를 지정하는 방법으로는 range()함수를 사용하는 경우가 일반적입니다.

2) range()함수를 활용한 반복 횟수 지정

for 문의 range()함수는 특정 범위의 정수 값을 생성하는 함수로 지정된 범위의 정숫값들을 반환합니다. range()함수의 일반적인 사용 형태는 "range(start, end, step)"이며 start, end, step은 모두 정수형 값만 허용됩니다. start는 범위의 시작 값이고, end는 범위의 종료 값이며 end - 1까지의 값을 반환합니다. step은 한 번에 증가하는 값을 뜻합니다.

여기서 start가 생략되면 0으로 인식되며 step이 생략되면 1로 인식되어 range(n) 형태로 사용합니다. for 문에서는 이러한 range()함수를 이용하여 반복 횟수 및 변수를 생성합니다. range()함수의 사용 방법에는 range(n), range(start, end), range(start, end, step) 크게 세 가지가 있습니다.

먼저, range(n)은 0부터 n−1까지의 값을 반환합니다. 예를 들어 range(5) 일 때는 0, 1, 2, 3, 4를 반환합니다. range(start, end)는 start부터 1씩 증가하여 end - 1까지의 값을 반환합니다. 예를 들어 range(2, 5)일 때는 2, 3, 4를 반환합니다. range(start, end, step)은 start부터 step씩 증가하여 end - 1까지의 값을 반환합니다. 예를 들어 range(3, 10, 2)일 때는 3, 5, 7, 9를 반환합니다. 다만, range(10, 2, -3)인 경우에는 10, 7, 4를 반환합니다.

코딩 예시

```
for n in range(5) :                                    # 5번 반복
    print(n)                  0, 1, 2, 3, 4            # range()함수에서 생성된 정수
for n in range(1, 5) :                                 # 4번 반복
    print(n)                  1, 2, 3, 4               # range()함수에서 생성된 정수
for n in range(0, 5, 2) :                              # 3번 반복
    print(n)                  0, 2, 4                  # range()함수에서 생성된 정수
```

3) for 문 활용

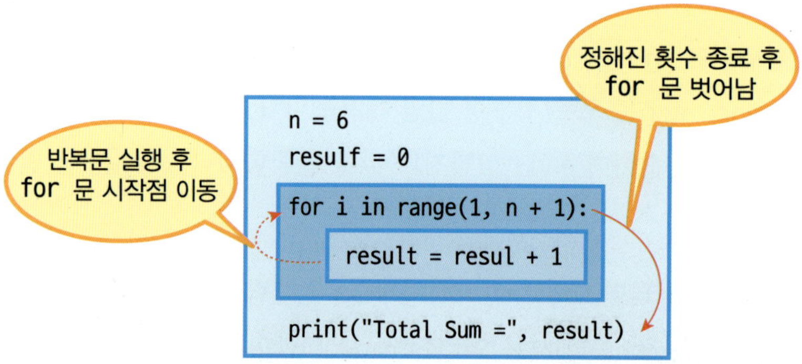

사례를 바탕으로 for 문이 어떻게 작동하는지 살펴보도록 하겠습니다. 위의 코드는 1부터 6까지 숫자의 합(21)을 출력하는 코드입니다. 초기에 n이 6으로 할당되고, for 문에서 range()함수를 통해 변수 i에 할당될 정숫값들이 만들어지면서 for 문이 시작됩니다. "range(1, 6+1)"에 의해서 1부터 7 미만의 정숫값들이 만들어지고, 즉 1부터 6까지의 정숫값이 변수 i에 순차적으로 할당되면서 6번에 걸쳐 for 블록을 실행하게 됩니다.

실행 예시

반복 횟수	0	1	2	3	4	5	6
i	-	1	2	3	4	5	6
result	0	1	3	6	10	15	21

for 블록에서 실행되는 코드는 변수 i값을 누적시키는 코드입니다. 초기에 result = 0으로 초기화하고, 반복문 내에서 result = result + i로 i값이 반복적으로 합산되는 합계 작성의 전형적인 코드입니다. 1부터 6까지의 합계가 누적되고 있으며, 위의 실행 예시에 순차적인 실행 과정과 결과를 정리하였습니다.

시나리오

시나리오 1 광물 도매업자는 광산 정거장에서 다이아몬드(원가 100원)의 구매 개수를 입력받아 기차 a 화물칸에 싣고 출발합니다. 도시 정거장에 도착하여 다이아몬드의 구매 개수 만큼 루프를 돌면서 다 팔릴 때까지 소매업자에게 다이아몬드를 1개씩 구매가격의 2배로 판매합니다. 은행 정거장에 도착하여 총 판매금액을 은행에 저축합니다. 도매업자가 다이아몬드를 구매하여 판매금액을 은행에 저축하는 과정을 프로그램으로 작성하시오.

```
diamond = 100                                  # 다이아몬드 원가 100으로 초기화
rate = 2                                       # 변수에 2(원가대비 배수) 저장
a = 0                                          # 다이아몬드 개수 0으로 초기화
b = 0                                          # 다이아몬드 판매액 0으로 초기화

a = int(input("Number of diamond = "))         # 구매할 다이아몬드 개수 입력

for i in range(a) :                            # 다이아몬드 개수 만큼 반복
    print(a, "left")                           #   다이아몬드 개수와 "left" 출력
    a = a - 1                                  #   다이아몬드 개수 1 감소
    b = b + diamond * rate                     #   다이아몬드 판매액 누적

savings = b                                    # 다이아몬드 판매액 저장
print("저축 금액 =", savings)                  # 저축액(다이아몬드 판매액) 출력
```

```
# 실행 예1
Number of diamond = 3
3 left
2 left
1 left
저축 금액 = 600
```

```
# 실행 예2
Number of diamond = 4
4 left
3 left
2 left
1 left
저축 금액 = 800
```

시나리오 2 마이클은 회전초밥집에서 알바를 하고 있습니다. 손님이 먹은 총 접시 개수를 입력받습니다. 총 접시 개수만큼 반복하면서 접시 색상을 입력받아 총 식사 금액을 출력하는 프로그램을 작성하시오. 단, 각 접시 색상별 금액은 하얀색(1,000), 노란색(2,000), 파란색(3,000), 빨간색(5,000)입니다.

```
price = 0                                      # 식사 금액 0으로 초기화

num = int(input("Number of dishes = "))        # 총 접시개수 입력

for i in range(num) :                          # 총 접시 개수만큼 반복 실행
    color = input("color = ")                      # 접시 색상 입력받아 저장

    if color == "white" :                          # 접시색상이 하얀색이면
        price += 1000                                  # 식사 금액 1000 누적
    elif color == "yellow" :                       # 접시색상이 노란색이면
        price += 2000                                  # 식사 금액 2000 누적
    elif color == "blue" :                         # 접시색상이 파란색이면
        price += 3000                                  # 식사 금액 3000 누적
    elif color == "red" :                          # 접시색상이 빨간색이면
        price += 5000                                  # 식사 금액 5000 누적
    else :                                         # 모두 아니라면
        price += 0                                     # 식사 금액 0 누적

print("식사 금액 =", price)                     # 총 누적금액 출력
```

```
# 실행 예1
Number of dishes = 3
color = white
color = yellow
color = black
식사 금액 = 3000
```

```
# 실행 예2
Number of dishes = 3
color = red
color = blue
color = white
식사 금액 = 9000
```

시나리오 3 "SW" 과목 성적은 출석(10%), 과제(30%), 시험(60%)으로 구성됩니다. 한 학기 동안 SW 과목을 수강한 학생들의 수를 입력받습니다. 수강생의 수만큼 반복하면서 수강생별로 획득한 출석, 과제, 시험 등 각 항목 점수를 구성된 비율로 환산한 점수를 합한 총합을 입력받은 후, 평균값을 출력하는 프로그램을 작성하시오. (단, 소수점 이하는 버림하시오.)

```
total = 0                                     # 총합 0으로 초기화

num = int(input("Number of students = "))     # 수강생 수 입력

for i in range(num) :                         # 수강생 수만큼 반복
    score = int(input("score = "))                # 수강생별 성적 입력
    total += score                                # 수강생별 성적 누적

average = int(total / num)                    # 평균값 계산하여 정수형으로 변환
print("점수 평균 =", average)                 # 평균 값 출력
```

```
# 실행 예1
Number of students = 8
score = 78
score = 53
score = 96
score = 94
score = 87
score = 81
score = 74
score = 66
점수 평균 = 78
```

```
# 실행 예2
Number of students = 8
score = 85
score = 50
score = 60
score = 65
score = 76
score = 94
score = 83
score = 89
점수 평균 = 75
```

실습 문제

실습 문제 1

범위 내의 배수 값을 계산하는 프로그램을 만들려고 합니다. 그 중 지정된 범위에서의 4의 배수 개수를 구하려고 할 때, 사용자로부터 시작 값과 종료 값을 자연수로 입력받고, 4의 배수의 개수를 출력하는 프로그램을 작성하시오.

```
start = int(input("시작 값 = "))
end = int(input("종료 값 = "))
count = 0

for i in range(start, end+1) :
    if i % 4 == 0 :
        count = count + 1

print("4의 배수 개수 =", count)
```

```
시작 값 = 11
종료 값 = 80
```

```
4의 배수 개수 = 18
```

실습 문제 2

약수 계산 프로그램을 만들려고 합니다. 사용자로부터 임의의 자연수 n을 입력받은 후, 자연수 n에 대한 약수를 출력하는 프로그램을 작성하시오.

(입력 예시 : 값을 입력 = 12, 출력 예시 : 12의 약수 = 1 2 3 4 6 12)

```
num = int(input("값을 입력 = "))
result = ""

for i in range(1, num+1) :
    if num % i == 0 :
        result += str(i) + " "

print("%d의 약수 = %s" % (num, result))
```

```
값을 입력 = 12
```

```
12의 약수 = 1 2 3 4 6 12
```

실습 문제 3

A 공원에서 발생한 입장료의 순수익을 계산하려고 합니다. 해당 공원은 일주일 단위로 수익을 계산하며 평일, 주말 순서대로 총 수익을 입력하면 아래와 같은 비율로 순수익이 환산됩니다. 아래의 표를 참고하여 A 공원 수익 계산 프로그램을 작성하시오. (예를 들어, 주말 수익이 100만원이면 순수익은 50만원이고 소수점이 발생하면 버립니다.)

구분	수익 비율
평일	30%
주말/공휴일	50%

```
total = 0

for i in range(2) :
    profit = int(input("수익입력 = "))
    if i == 0 :
        total += profit * 0.3
    elif i == 1 :
        total += profit * 0.5
print("총 수익 = %d원" % total)
```

```
수익입력 = 1500000
수익입력 = 3500000
```

```
총 수익 = 2200000원
```

실습 문제 4

A사와 B사에서 스마트폰을 판매하려고 합니다. 물품을 판매할 때 스마트폰 출고 뒤 한 달이 지날 때마다 10% 가격이 하락합니다. 각 기업에 대한 출시 가격과 출시된 기간(개월)을 입력받고, 스마트폰 판매가를 출력하는 프로그램을 작성하시오. (단, 출시된 지 1년이 지난 스마트폰은 입력받지 않습니다.)

```
for i in range(2) :
    price = int(input("출고 가격 = "))
    num = int(input("출시된 기간 = "))
    total = price * (1 - (0.1 * num))

    print("판매가 = %d원" % total)
```

```
출고 가격 = 1024800
출시된 기간 = 2
판매가 = 819840원
출고 가격 = 3042200
출시된 기간 = 1
판매가 = 2737980원
```

실습 문제 5

서울 택시요금 계산 프로그램을 제작하려고 합니다. 목적지가 다른 고객 수를 입력받고, 출발지에서 목적지까지 거리(km)를 각각 임의의 자연수로 입력받으면 택시요금이 출력되는 프로그램을 아래의 표에 있는 기준을 참고하여 작성하시오. (단, 표에 있는 조건으로만 요금을 측정하며 거리요금 계산할 때 소수점은 고려하지 않습니다.)

구분	요금
기본요금	2km까지 3,800원
거리요금	132m당 100원 추가

```
num = int(input("고객 수 입력 = "))

for i in range(num) :
    dist = int(input("거리(km) 입력 = "))
    price = 3800

if dist > 2 :
        price += (dist * 1000 - 2000) // 132 * 100
    print("%d번 손님의 요금은 %d원 입니다." % (i + 1, price))
```

```
# 실행 예1
고객 수 입력 = 2
거리(km) 입력 = 60
1번 손님의 요금은 47700원 입니다.
거리(km) 입력 = 35
2번 손님의 요금은 28800원 입니다.
```

```
# 실행 예2
고객 수 입력 = 2
거리(km) 입력 = 65
1번 손님의 요금은 51500원 입니다.
거리(km) 입력 = 80
2번 손님의 요금은 62800원 입니다.
```

3.3 중첩 반복문

중첩 반복문은 반복문 안에 실행할 명령문으로 반복문이 포함된 것입니다. 구구단을 출력하고자 할 경우, 2단에서 9단까지 반복적으로 각 단의 내용을 출력하는 반복문을 사용해야 하는데, 각 단의 내용을 출력하는 과정 자체에서 1부터 9까지의 곱을 출력하는 반복문이 내부에 포함되어야 합니다.

이처럼 중첩 반복문은 반복문 안에 반복문이 들어가는 형태로 구성되어 있는데, 밖에 있는 반복문을 외부 반복문, 반복문 내부에 들어가는 반복문을 내부 반복문이라 합니다. 그리고 while 문이나 for 문 종류에 상관없이 반복문 안에 반복문이 있다면 중첩 반복문이 되겠습니다.

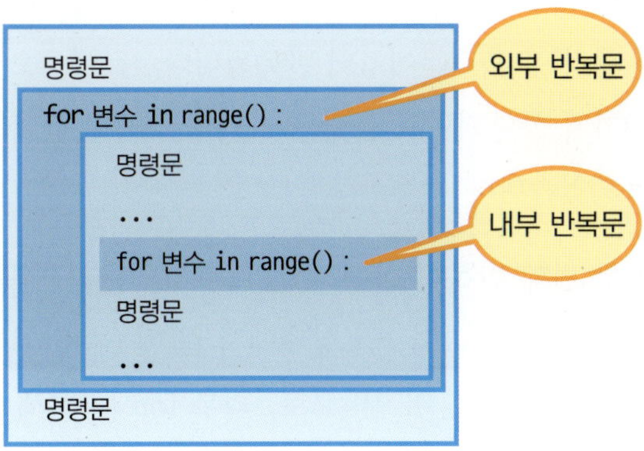

중첩 반복문은 for 문 안에 while 문이 들어갈 수 있으며, while 문 안에 while 문이 들어가거나, for 문 안에 또 다른 for 문이 들어가는 등 형태가 다양합니다. 이 중에서 for 문 내부에 또 다른 for 문이 들어 있는 중첩 for 문의 경우 검색이나 정렬 등 많은 부분에서 널리 사용되고 있는 중첩 반복문이라 할 수 있습니다.

1) 중첩 반복문

중첩 for 문의 사례를 들어 중첩 반복문에 대해 알아보도록 하겠습니다. 아래 예제는 변수 i를 이용한 외부 for 문이 있고, 변수 j를 이용한 내부 for 문이 있습니다. 이와 같은 형태를 전형적인 중첩 반복문이라고 할 수 있습니다.

```
for i in range(0, 3) :
    for j in range(0, 4) :
        print("i = %d, j = %d" % (i, j))
```

위 예제에서 외부 for 문은 3회, 내부 for 문은 4회 반복됩니다. 외부 for 문은 i값이 0, 1, 2로 할당되면서 3번 실행되고, 내부 for 문은 j값이 0, 1, 2, 3으로 할당되면서 출력문이 4회 실행되는 구조입니다. 먼저 외부 for 문의 첫 번째 반복이 실행되고, 내부 for 문의 '반복할 문장'인 출력문이 4회 반복됩니다. i값이 0으로 변함이 없는 상태에서, j값이 0부터 3까지 할당되면서 출력문에 의해 i와 j의 값이 출력되고 있습니다. 첫 번째 반복이 완료되었습니다.

다시 외부 for 문의 두 번째 반복이 실행되고, 내부 for 문의 '반복할 문장'들이 또 다시 처음부터 4회 반복됩니다. i값이 1인 상태에서 j값이 0부터 3까지 할당되고, 출력문에 의해 i와 j값이 출력됩니다. 마지막으로, 외부 for 문의 세 번째 반복이 실행되고, 내부 for 문의 '반복할 문장'들이 다시 처음부터 4회 반복됩니다. 결국 외부 for 문이 3번 도는 동안에 내부 for 문은 각각 4회씩 실행하게 되어 변수 i와 j값을 출력하는 명령문을 총 12번(3x4) 반복 실행하게 됩니다.

실행 예시

반복 횟수	1	2	3	4	5	6	7	8	9	10	11	12
i	0	0	0	0	1	1	1	1	2	2	2	2
j	0	1	2	3	0	1	2	3	0	1	2	3

2) 중첩 for 문 패턴 분석 예시

위의 예제에서 보듯이 중첩 for 문 코드를 이해하기는 그렇게 어렵지 않지만, 일상의 문제를 잘 정리해서 중첩 반복문 형태로 코딩하기는 쉬운 일이 아닙니다. 중첩 반복문을 사용하여 코딩하고자 할 때 가장 중요한 것은 반복 패턴을 잘 정리하는 것입니다. 반복 패턴을 잘 정리하게 되면 중첩 for 문의 간단한 코드로 변환할 수 있고, 결과적으로 복잡해 보이는 일상의 문제를 해결하는 코드를 작성할 수 있게 되는 것입니다.

구구단을 출력하는 코드를 예제로 하여 반복 패턴을 정리해 보도록 하겠습니다. 먼저 구구단 2단을 출력하는 코드의 패턴 분석 과정입니다. 아래 표 2번째 칸에 반복문을 사용하지 않고 일일이 모두 나열하였습니다. 9개의 print문 코드 중에서 변하지 않는 부분을 중심으로 패턴을 분석해 보면, 2에 곱해지는 값이 1부터 9까지 변해가며, 그 결괏값도 2씩 증가하는 것을 알 수 있습니다. 따라서 print("2 x", i, " = ", 2 * i)라는 반복 패턴을 사용해서 for 문으로 표현할 수 있게 됩니다. 2단뿐만 아니라 3단에서 9단까지 단일 반복문으로 정리해 두었습니다.

이제 구구단의 외부 반복문을 작성해 보도록 하겠습니다. 여기서도 변화하는 부분을 중심으로 패턴을 분석하면 됩니다. 2단에서 9단까지 매 단의 출력문 항목 중에서 각 단에서 변하는 부분을 빨간색으로 표시하였습니다. 빨간색 값이 2에서 9까지 변화하므로 for n in range(2, 9+1) 반복문을 사용하고, 값이 변화하는 부분을 n으로 대체하면 4번째 칸의 중첩 반복문 항에 나타난 코드와 같이 간결하고 짧은 코드로 구구단 전체를 출력하는 기능을 구현할 수 있습니다.

중첩 for 문을 이용하여 2단부터 9단까지 구구단을 출력하는 과정을 살펴보았습니다. 처음부터 중첩 for 문을 이용하여 코드를 작성하기는 쉽지만 않을 것입니다. 반복문을 사용하기 전, 반복 횟수와 반복 패턴을 잘 정리한 후 순차적으로 반복문을 사용하다 보면 복잡해 보이는 문제를 해결해 가는 효과적인 코딩 방법을 습득할 수 있게 될 것입니다.

<table>
<tr><th>구구단</th><th>print 사용</th><th>단일 반복문</th><th>중첩 반복문</th></tr>
<tr><td>2 x 1 = 2
2 x 2 = 4
2 x 3 = 6
2 x 4 = 8
2 x 5 = 10
…
2 x 8 = 16
2 x 9 = 18</td><td>print(“2 x 1 = 2”)
print(“2 x 2 = 4”)
print(“2 x 3 = 6”)
print(“2 x 4 = 8”)
print(“2 x 5 = 10”)
…
print(“2 x 8 = 16”)
print(“2 x 9 = 18”)</td><td>for i in range(1, 10) :
 print(2,"x",i,"=",2*i)</td><td rowspan="5">for n in range(2, 10) :
  for i in range(1, 10) :
    print(n,"x",i,"=",n*i)</td></tr>
<tr><td>3 x 1 = 3
3 x 2 = 6
3 x 3 = 9
3 x 4 = 12
3 x 5 = 15
…
3 x 8 = 24
3 x 9 = 27</td><td>print(“3 x 1 = 3”)
print(“3 x 2 = 6”)
print(“3 x 3 = 9”)
print(“3 x 4 = 12”)
print(“3 x 5 = 15”)
…
print(“3 x 8 = 24”)
print(“3 x 9 = 27”)</td><td>for i in range(1, 10) :
 print(3,"x",i,"=",3*i)</td></tr>
<tr><td>4 x 1 = 5
4 x 2 = 10
4 x 3 = 12
4 x 4 = 16
4 x 5 = 20
…
4 x 8 = 32
4 x 9 = 36</td><td>print(“4 x 1 = 4”)
print(“4 x 2 = 8”)
print(“4 x 3 = 12”)
print(“4 x 4 = 16”)
print(“4 x 5 = 20”)
…
print(“4 x 8 = 32”)
print(“4 x 9 = 36”)</td><td>for i in range(1, 10) :
 print(4,"x",i,"=",4*i)</td></tr>
<tr><td>…</td><td>…</td><td>…</td></tr>
<tr><td>9 x 1 = 9
9 x 2 = 18
9 x 3 = 27
9 x 4 = 36
9 x 5 = 45
…
9 x 8 = 72
9 x 9 = 81</td><td>print(“9 x 1 = 9”)
print(“9 x 2 = 18”)
print(“9 x 3 = 27”)
print(“9 x 4 = 36”)
print(“9 x 5 = 45”)
…
print(“9 x 8 = 72”)
print(“9 x 9 = 81”)</td><td>for i in range(1, 10) :
 print(9,"x",i,"=",9*i)</td></tr>
</table>

시나리오 1 마이클은 회전초밥집에서 알바를 하고 있습니다. 손님의 총인원 수를 입력받습니다. 손님의 총인원 수만큼 반복하면서 총 접시 개수를 입력받습니다. 총 접시 개수만큼 반복하면서 접시 색상을 입력받아 총 식사 금액을 계산한 후, 손님의 총인원 수, 총 접시 개수, 접시 색상, 그리고 총 식사 금액을 출력하는 프로그램을 작성하시오. 접시 색상별 금액은 하얀색(1,000), 노란색(2,000), 파란색(3,000), 빨간색(5,000)입니다.

```
person = int(input("Number of person = "))  # 손님의 총인원 입력
for p in range(person) :                    # 손님의 총인원 만큼 반복
    print("[Person %d]" % (p+1))
    num = int(input("dishes = "))               # 총 접시 개수 입력
    price = 0                                   # 식사 금액 0으로 초기화

    for i in range(num) :                       # 총 접시 개수만큼 반복
        color = input("color = ")                   # 접시 색상 입력받아 저장
        if color == "white" :                       # 접시 색상이 하얀색이면
            price += 1000                               # 식사 금액 1000을 누적
        elif color == "yellow" :                    # 접시 색상이 노란색이면
            price += 2000                               # 식사 금액 2000을 누적
        elif color == "blue" :                      # 접시 색상이 파란색이면
            price += 3000                               # 식사 금액 3000을 누적
        elif color == "red" :                       # 접시 색상이 빨간색이면
            price += 5000                               # 식사 금액 5000을 누적

    print("식사 금액 =", price)                  # 총 식사 금액 출력
```

```
Number of person = 3
[Person 1]
dishes = 2
color = white
color = red
식사 금액 = 6000
```

```
[Person 2]
dishes = 3
color = red
color = blue
color = red
식사 금액 = 13000
```

```
[Person 3]
dishes = 3
color = white
color = blue
color = red
식사 금액 = 9000
```

시나리오 2 트럼프는 총 3과목인 SW, OS, DB 과목을 수강하였습니다. 총 과목 수만큼 반복하면서 SW, OS, DB 각각의 과목을 수강한 학생들의 수를 입력받고, 각 과목별 수강 학생들이 획득한 점수를 입력받은 후, 각 과목별 수강생들이 획득한 점수의 평균을 정수로 출력하는 프로그램을 작성하시오.

```
for subject in range(3) :                          # 과목 수 3개 만큼 반복
    print("[Subject %d]" % (subject+1))
    # 학생 수 입력 초기화
    num = int(input("students = "))                    # 수강생 수 입력
    total = 0                                          # 총점 0으로 초기화

    for i in range(num) :                              # 수강생 수 만큼 반복
        score = int(input("score = "))                     # 수강생별 성적 입력
        total += score                                     # 수강생별 성적 누적

    average = int(total / num)                         # 평균값 계산 및 정수형으로 변환
    if subject == 0 :                                  # SW 과목이면
        print("Average(SW) =", average)                    # SW 과목 평균 값 출력
    elif subject == 1 :                                # OS 과목이면
        print("Average(OS) =", average)                    # OS 과목 평균 값 출력
    else :                                             # DB 과목이면
        print("Average(DB) =", average)                    # DB 과목 평균 값 출력
```

```
[Subject 1]
students = 6
score = 78
score = 53
score = 96
score = 94
score = 87
score = 81
Average(SW) = 81
```

```
[Subject 2]
students = 5
score = 87
score = 69
score = 78
score = 47
score = 45
Average(OS) = 65
```

```
[Subject 3]
students = 5
score = 35
score = 49
score = 68
score = 76
score = 97
Average(DB) = 65
```

실습 문제 1

중첩 for 문을 사용하여, 숫자 num을 입력받으면 아래와 같이 높이가 num인 삼각형을 별로 출력하는 프로그램을 작성하시오.

```
num = int(input("숫자 입력 = "))
for i in range(1, num+1) :
    for j in range(1, i+1) :
        print("*", end =" ")
    print()
for i in range(num-1, 0, -1) :
    for j in range(1, i+1) :
        print("*", end =" ")
    print()
```

```
숫자 입력 = 5
```

```
*
* *
* * *
* * * *
* * * * *
* * * *
* * *
* *
*
```

실습 문제 2

소수는 1과 자기 자신만으로 나누어떨어지는 1보다 큰 양의 정수입니다. 사용자로부터 1보다 큰 임의의 자연수를 총 5회 입력받아 소수인지 아닌지 출력하는 프로그램을 작성하시오.

```
for n in range(5) :
    num = int(input("값 입력 = "))
    count = 0
    for i in range(2, num+1) :
        if num % i == 0 :
            count += 1
    if count == 1 :
        print("소수 입니다.")
    else :
        print("소수가 아닙니다.")
```

```
값 입력 = 2
소수 입니다.
값 입력 = 8
소수가 아닙니다.
값 입력 = 11
소수 입니다.
값 입력 = 15
소수가 아닙니다.
값 입력 = 21
소수가 아닙니다.
```

실습 문제 3

학생별 성적에 대한 평균 산출 프로그램을 만들려고 합니다. 학생 인원과 과목 수를 입력받고, 각 학생의 과목별 점수를 입력받아 평균을 아래와 같이 출력하는 프로그램을 작성하시오. (단, 평균을 계산할 때 소수점은 버립니다.)

```
num = int(input("학생 수 입력 = "))
subject = int(input("과목 수 입력 = "))
for i in range(num) :
    total = 0
    for j in range(subject) :
        score = int(input("성적입력 = "))
        total += score
    avg = int(total / subject)
    print("%d학생 평균은 %d" % (i+1, avg))
```

```
학생 수 입력 = 2
과목 수 입력 = 3
성적입력 = 20
성적입력 = 30
성적입력 = 40
1학생 평균은 30
성적입력 = 60
성적입력 = 65
성적입력 = 80
2학생 평균은 68
```

실습 문제 4

A전문대학 정보보호학과(2년제)에서 프로그래밍 과목에 대한 학년별 평균 학점을 산출하려고 합니다. 학년별 반수를 입력받고, 평균을 출력하는 프로그램을 작성하시오. (단, 학점 평균은 소수점 둘째 자리까지 출력합니다.)

```
for i in range(1, 3) :
    num = int(input(str(i) + "학년 = "))
    total = 0
    for j in range(1, num+1) :
        score = input(str(j) + "반 평균 = ")
        total += float(score)
    avg = total / num
    print("학점 평균 = %.2f" % avg)
```

```
1학년 = 3
1반 평균 = 2.6
2반 평균 = 3.3
3반 평균 = 3.5
학점 평균 = 3.13
2학년 = 3
1반 평균 = 3.6
2반 평균 = 4.2
3반 평균 = 3.4
학점 평균 = 3.73
```

실습 문제 5

2명에서 자판기 음료수를 사려고 합니다. 아래의 실행 순서 및 조건에 맞게 음료수를 구매하는 프로그램을 작성하시오. (단, 구매상품 번호와 금액은 아래의 표를 참고하여 작성합니다.)

번호	음료 종류	금액
1	콜라	1,200원
2	사이다	800원
3	탄산수	600원

실행순서 및 조건

Step 1) 가지고 있는 돈을 입력합니다.

Step 2) 아래의 동작을 2번 반복합니다.

- 구매할 음료수 종류를 선택합니다.
- 개수를 선택합니다.

Step 3) 거스름돈을 출력합니다.

Step 4) Step 1 ~ 3을 한 번 더 반복합니다.

```
for i in range(2) :
    print("[Person %d]" % (i + 1))
    money = int(input("돈 입력 = "))
    for j in range(2) :
        drink = int(input("구매 상품은 ? = "))
        if drink == 1 :
            price = 1200
        elif drink == 2 :
            price = 800
        else :
            price = 600
        num = int(input("구매 개수 입력 = "))
        money = money - (price * num)
    print("잔돈 출력 =", money)
    print()
```

```
[Person 1]
돈 입력 = 10000
구매 상품은 ? = 3
구매 개수 입력 = 2
구매 상품은 ? = 2
구매 개수 입력 = 2
잔돈 출력 = 7200

[Person 2]
돈 입력 = 50000
구매 상품은 ? = 1
구매 개수 입력 = 5
구매 상품은 ? = 2
구매 개수 입력 = 3
잔돈 출력 = 41600
```

3.4 반복문 제어 (break, continue)

1) 무한 루프

반복문에서 조건식을 잘못 작성하는 경우 조건식의 결과가 계속해서 참이 되어 반복문이 끝나지 않고 무한히 반복되는 무한루프 사태가 발생할 수 있습니다. 이를 실생활에 비유하자면, 초보 운전자가 회전교차로에서 차선변경을 하지 못해 계속해서 회전교차로를 돌고 있는 상황으로 볼 수 있습니다. 즉, while 문에서 반복 조건식이 항상 참이 되어 반복문을 빠져나가지 못하고 while 블록의 명령문을 무한히 실행하여 프로그램이 정상적으로 종료되지 않는 상태를 무한루프라고 합니다.

따라서 반복문의 실행 블록 안에서 조건식의 결과가 거짓이 되어 빠져나갈 수 있도록 코드를 작성하거나 탈출 명령어(예: break) 등을 사용하여 반복문이 무한루프가 발생하지 않도록 주의하여 코드를 작성해야 합니다. 아래의 코드처럼 while 문의 조건식이 True로 주어진 경우는, 실행 블록 내에 반드시 break 명령어를 두어서 무한루프를 탈출하도록 코드 작성에 유의해야 합니다.

	무한 루프	반복문 제어
정의	항상 참인 while 문	반복문 제어를 사용한 while 문

코딩 예시	total = 0
	while True :
	    total = total + 10
	print("Total =", total)
		total = 0
		while True :
		    total = total + 10
		    if total > 100 :
		        break
		print("Total =", total)

결과	-	Total = 110
비교설명	if 문을 사용하지 않으면 조건이 계속 참이므로 무한루프	if 문을 사용하면 반복문 제어를 통해 반복문 탈출

2) break 명령어

반복문에서 조건이 참인 경우 while 블록 내의(정해진 횟수 이내에서는 for 블록) 명령문들이 순차적으로 실행됩니다. 그런데 상황에 따라서는 남은 명령문을 실행하지 않거나, 반복문 전체를 아예 우회하는 등 코드의 처리흐름을 변경할 필요가 있습니다. 파이썬에서는 이를 위해 코드의 흐름을 조절하는 제어문으로 break 명령어와 continue 명령어를 제공하고 있습니다.

while 문은 조건식이 거짓이면 반복문을 벗어납니다. 그러나 반복문에서 조건식이 참이 계속 유지될 경우 무한정 계속하여 반복문을 실행하게 되는 문제, 즉 반복을 종료할 조건을 만족하지 못하므로 프로그램이 종료되지 않는 무한루프의 문제가 발생할 수 있습니다.

이러한 무한루프에 빠진 반복문을 탈출시키는 방법이 있는데, 바로 break 명령어입니다. break 명령어는 반복문을 빠져나오는 탈출 명령문으로, 빠져나오고자 하는 위치에 break 명령어를 사용하면 됩니다. break 명령어를 사용하면 그 자리에서 바로 반복문을 벗어납니다.

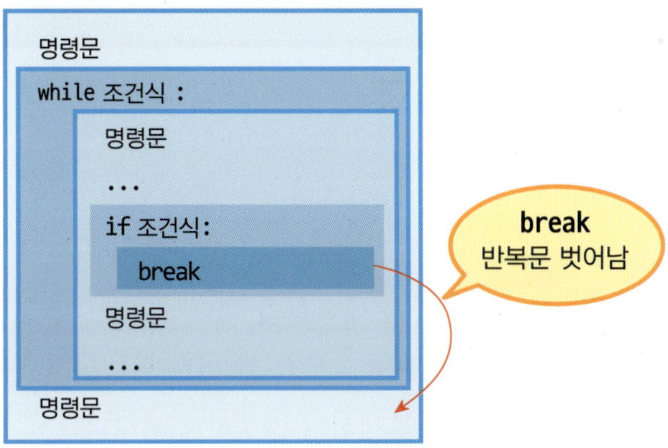

3) break 명령어 – while 문 사용

	조건문을 사용한 break	조건문을 사용하지 않은 break
정의	if 문을 사용한 반복문 제어 수행	if 문 없이 반복문 제어 수행

코딩 예시	total = 0
	n = 0
	while total < 100 :
	    n = n + 1
	    if n == 10 :
	        break
	    total = total + n
	print("Total =", total, "Num =", n)
		total = 0
		n = 0
		while total < 100 :
		    n = n + 1
		
		    break
		    total = total + n
		print("Total =", total, "Num =", n)

결과	Total = 45 Num = 10	Total = 0 Num = 1
비교 설명	if 문을 사용하면 조건식이 참일 경우 반복문 탈출	if 문을 사용하지 않으면 즉시 반복문 탈출

일반적으로 break 명령어는 if 문과 결합하여 사용합니다. 위 표의 왼쪽 코딩 예시에서는 n의 값이 계속 증가하여 10이 된 경우 break 명령어에 의해 반복문을 벗어납니다. 반복문을 벗어나면 n값의 누적치, 즉 1부터 9까지의 합계인 45가 출력됩니다. 이처럼 특정 조건에서 break 명령어를 이용하여 반복문을 탈출할 수 있도록 해주는 조건문을 반복문 탈출 조건문이라 합니다.

조건문을 사용하지 않고 break 명령어를 사용하다 보면 사용자가 원하지 않는 시점에서 예기치 않게 반복이 종료될 수 있으니 주의해야 합니다. 위 표의 오른쪽 예시에서는 while 블록 안에서 조건문과 연계되지 않고 바로 break 명령어를 사용하여, n의 값이 단 한 번 증가한 후 그 즉시 반복문을 벗어납니다. 그 결과 break 명령어 아래에 있는 n값을 total에 누적해 주는 코드가 한 번도 실행되지 못하고 반복문이 종료되어, total의 출력값이 0이 되는 문제점이 발생하게 됩니다.

4) break 명령어 - for 문 사용

	조건문을 사용한 break	조건문을 사용하지 않은 break
정의	if 문을 사용한 반복문 제어 수행	if 문 없이 반복문 제어 수행

코딩 예시	total = 0
	for n in range(100) :
	    if n == 10 :
	        break
	    total = total + n
	print("Total =", total)
		total = 0
		for n in range(100) :
		
		    break
		    total = total + n
		print("Total =", total)

결과	Total = 45	Total = 0
비교설명	if 문을 사용하면 조건식이 참일 경우 반복문 탈출	if 문을 사용하지 않으면 즉시 반복문 탈출

for 문 역시 while 문과 동일하게 break 명령어를 사용할 수 있으며, 사용법은 while 문과 동일합니다. 위 표의 왼쪽 코딩 예시는 n의 값이 range()함수에 의해 0부터 계속 증가되다가, 10이 된 경우 break 명령어에 의해 반복을 종료합니다. 그때까지 n값의 누적치, 즉 0부터 9까지의 합계인 45가 출력됩니다. 이에 반해 for 블록 안에서 if 문 없이 바로 break 명령어를 사용할 경우 n의 값이 0으로 주어진 상태에서 바로 반복을 종료하며, break 명령어 아래에 있는 n값을 total에 누적해 주는 코드는 한 번도 실행되지 못하는 문제점이 발생합니다.

break 명령어를 잘 활용하면 코드가 이해하기 쉽도록 단순해지는 효과를 얻을 수 있습니다. 실습 사례를 통해서 이를 확인해 보도록 하겠습니다. 아래 코딩 예제는 주머니 속의 공을 꺼내서 검은색이 아닌 공의 숫자 누적 합을 구하는 코드입니다. 공을 꺼내는 횟수는 최대 5번으로 한정하며, 검정색 공이 나오면 더 이상 공을 꺼내지 말고 누적 값을 출력합니다.

아래 예제는 종료 조건이 2가지인 단순하지 않은 코딩 예제인데, 기본적인 종료 조건을 for 문을 사용하여 구성하고, 나머지 종료 조건은 if 문과 결합한 break 명령어를 사용하여 효과적으로 문제를 해결하였습니다. 즉, 복잡한 종료 조건을 한꺼번에 모두 검토하지 않고 단순한 형태의 조건문으로 나누어서 해결한 것입니다.

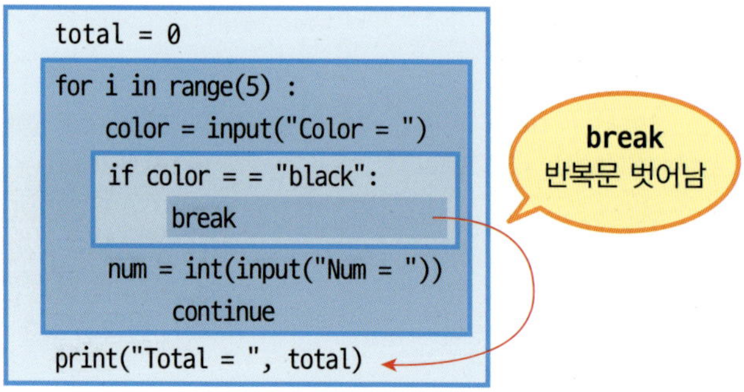

최대 5회 반복하기에 간단한 for 문을 사용하였으며, 실행 블록 중간에 주머니 속의 공의 색깔이 검은색일 경우 반복문을 빠져나가도록 if 문을 이용하여 코딩 의도를 명확히 표현하였습니다. break 명령어를 사용하지 않고 while 문을 사용한다면, 조건식이 복잡해지고 코드가 이해하기 어려워지는 단점을 가지게 됩니다.

실행 예시

반복 횟수	i	color	num	total
0	-	-	-	0
1	0	orange	15	15
2	1	white	20	35
3	2	black → break	-	35

5) continue 명령어

반복문에서 break 명령어가 처리 순서의 흐름을 중단하고 반복문 밖으로 완전히 빠져나가는 명령문이라면, continue 명령어는 처리 순서의 흐름을 계속 이어주는 명령문입니다. 반복문을 빠져나가지 않고, 실행 블록의 남은 부분을 건너뛰어 반복문의 시작점으로 다시 이동하여 반복문을 처음부터 계속해서 실행하도록 해줍니다.

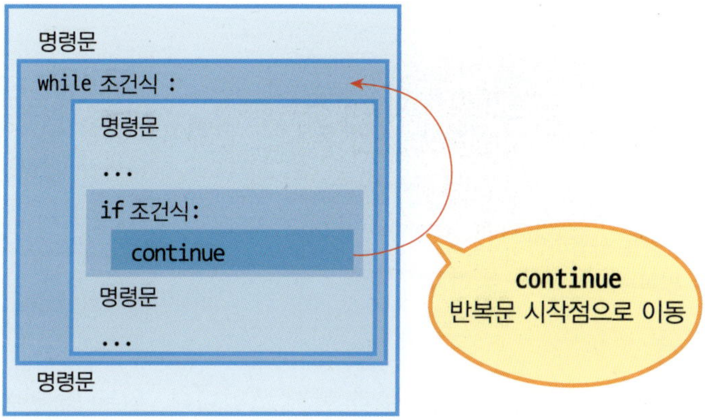

코드에서 처리의 흐름을 조절한다는 것은 도로에서 차량의 흐름을 원활하게 제어하기 위해 교통신호등이나 도로 표지판을 사용하는 것과 같습니다. break 명령어가 처리 순서를 중단시키고 우회도로를 이용하게 하고 있다면, continue 명령어는 유턴하여 시작점으로 나아가 계속 이어서 진행하게 한다고 할 수 있습니다. 다시 말해서 continue 명령어는 반복문의 남은 부분을 실행하지 않고 시작점으로 이동해서 반복문을 계속해서 실행하도록 흐름을 조절해 줍니다.

6) continue 명령어 – while 문 사용

	조건문을 사용한 continue	조건문을 사용하지 않은 continue
정의	if 문을 사용한 반복문 제어 수행	if 문 없이 반복문 제어 수행

코딩 예시	total = 0
	n = 0
	while total < 100 :
	    n = n + 1
	    if n == 10 :
	        continue
	    total = total + n
	print("Total =", total, "Num =", n)
		total = 0
		n = 0
		while total < 100 :
		    n = n + 1
		
		    continue
		    total = total + n
		print("Total =", total, "Num =", n)

결과	Total = 110 Num = 15	-
비교 설명	if 문을 사용하면 반복문의 시작점으로 이동	if 문을 사용하지 않으면 continue 명령어 아래의 while 블록인 total이 누적되지 않아 무한루프

continue 명령어도 일반적으로 if 문과 함께 쓰입니다. 위 표의 왼쪽 코딩 예시는 1부터 숫자를 증가하여 누적한 합계가 100이상인 경우 그 결과를 출력하는 코드입니다. while 문을 사용하면 어렵지 않게 작성할 수 있습니다. 이 문제에 숫자 10은 합계에 포함하지 않는 조건을 추가해 보겠습니다. 이 추가적인 조건을 해결하는 가장 효과적인 코드가 if 문을 포함한 continue 명령어입니다.

왼쪽의 코딩 예시가 정상적으로 작동하는 코드입니다. 10을 제외한 1부터 15까지의 숫자의 합으로 110을 출력하고 있습니다. 이는 n이 10인 경우를 따지는 if 문과 continue 명령어의 정확한 사용에 의한 결과입니다. 이에 반해 조건을 따지지 않고 continue 명령어을 사용하는 우측 코딩 예시의 경우에는 total에 n값을 추가하는 명령문이 한 번도 수행하지 않는 문제점이 발생합니다. total값의 변화가 생기지 않고 while 문의 시작점으로 이동하기에 조건식이 계속 참이 되어 while 문의 무한 루프 문제점이 발생합니다.

7) continue 명령어 – for 문 사용

	조건문을 사용한 continue	조건문을 사용하지 않은 continue
정의	if 문을 사용한 반복문 제어 수행	if 문 없이 반복문 제어 수행

코딩 예시	total = 0
	for n in range(1, 100+1) :
	    if n == 10 :
	        continue
	    total = total + n
	print("Total =", total)
		total = 0
		for n in range(1, 100+1) :
		
		    continue
		    total = total + n
		print("Total =", total)

결과	Total = 5040	Total = 0
비교설명	if 문을 사용하면 반복문의 시작점으로 이동	if 문을 사용하지 않으면 continue 명령어 아래의 for 블록은 실행하지 않고 100회 반복

while 문뿐만 아니라 for 문에서도 continue 명령어를 사용할 수 있으며, 사용법은 while 문과 동일합니다. 위 표의 왼쪽 코딩 예시에서는 1부터 100까지의 합계를 출력하는데, 10을 제외하는 코드입니다. 1부터 100까지 n의 값이 total에 누적되는데, n이 10이 되는 경우는 for 문의 시작점으로 이동하기에 total값에 누적되지 않게 됩니다. 1부터 100까지의 합계 5050에서 10을 뺀 5040이 정확히 출력됩니다. 이에 반해 오른쪽 코딩 예시는 for 블록 안에서 조건문 없이 바로 continue 명령어를 사용하므로 모든 n에 대해서 total값이 누적되지 않습니다. 결과적으로 total값이 변하지 않아서 최종적으로 0을 출력하게 됩니다.

break 명령어와 마찬가지로 continue 명령어도 잘 활용하면, 코드가 이해하기 쉽도록 단순해지는 효과를 얻을 수 있습니다. 실습 사례를 통해 확인해 보도록 하겠습니다. 아래 코딩 예제는 주머니 속의 공을 꺼내서 검은색이 아니면 숫자를 입력받아 숫자의 누적 합을 구하는 코드입니다. 공을 꺼내는 작업은 최대 5번까지로 한정하였습니다.

공을 꺼내는 작업이 최대 5회이기에 for 문을 사용하여 작성하고, 실행 블록 중간에 공의 숫자를 입력받아 누적시키는 코드를 추가했습니다. 공의 색깔이 검은색일 경우는 숫자값을 합계에 포함시킬 필요가 없기에 continue 명령어를 사용하여 시작점으로 되돌아가게 했습니다. continue 명령어 아래의 실행 블록에서는 공의 색깔에 대한 조건은 따질 필요도 없이, 공의 숫자를 입력받아 누적시키는 원래의 기능만을 단순하게 구현하면 되는 장점을 얻게 됩니다.

```
total = 0
for i in range(5) :
    color = input("Color = ")
    if color = = "black":
        continue
    num = int(input("Num = "))
        continue
print("Total = ", total)
```

Continue
반복문 시작점으로
이동

실행 예시

반복 횟수	i	color	num	total
0	-	-	-	0
1	0	orange	15	15
2	1	white	50	65
3	2	black → continue	-	65
4	3	black → continue	-	65
5	4	blue	20	85

시나리오 1 마이클은 회전초밥집에서 알바를 하고 있습니다. 손님이 고른 접시 색상이 존재하는 색상이면 계속 접시 색상을 입력받고, 존재하지 않는 색상이면 입력을 종료한 후 (단, break 명령어 사용), 총 식사 금액을 출력하는 프로그램을 작성하시오. 접시 색상별 금액은 하얀색(1,000), 노란색(2,000), 파란색(3,000), 빨간색(5,000)입니다.

```
price = 0                                   # 식사 금액 0으로 초기화

while True :                                # 참(True)이므로 무한 반복
    color = input("color = ")                   # 접시 색상 입력받음
    if color == 'white' :                       # 접시가 하얀색이면
        price += 1000                               # 식사 금액 1000을 누적
    elif color == 'yellow' :                    # 접시가 노란색이면
        price += 2000                               # 식사 금액 2000을 누적
    elif color == 'blue' :                      # 접시가 파란색이면
        price += 3000                               # 식사 금액 3000을 누적
    elif color == 'red' :                       # 접시가 빨간색이면
        price += 5000                               # 식사 금액 5000을 누적
    else :                                      # 모두 아니라면
        break                                       # while 문 종료

print("식사 금액 =", price)                  # 총 식사 금액 출력
```

```
# 실행 예1
color = white
color = red
color = blue
color = red
color = black
식사 금액 = 14000
```

```
# 실행 예2
color = yellow
color = blue
color = red
color = white
color = purple
식사 금액 = 11000
```

시나리오 2 "SW" 과목 성적은 출석(10%), 과제(30%), 시험(60%)으로 구성됩니다. 한 학기 동안 SW 과목을 수강한 학생들이 획득한 출석, 과제, 시험 등 각 항목 점수를 구성된 비율로 환산한 점수를 합한 총합(100점 만점)을 반복하여 입력받은 후, 평균을 출력하는 프로그램을 작성하시오. 단, 총합이 0점이면 입력을 멈춥니다(break 명령어 사용). 또한 소수점 이하는 버림하시오.

```
total = 0                                   # 점수총합 0으로 초기화
num = 0                                     # 수강생 수 0으로 초기화

while True :                                # 참(True)이므로 무한 반복
    score = int(input("score = "))          # 점수총합 입력받음
    if score != 0 :                         # 총합이 0점이 아니면
        total += score                      # 총합 누적
        num += 1                            # 학생 수 1 증가
    else :                                  # 총합이 0점이면
        break                               # 반복 종료

average = int(total / num)                  # 평균값계산 및 정수형으로 변환
print("수강생 수 =", num)                    # 수강생 수 출력
print("점수 평균 =", average)                # 평균 값 출력
```

```
# 실행 예1
score = 78
score = 53
score = 96
score = 94
score = 87
score = 81
score = 74
score = 66
score = 0
수강생 수 = 8
점수 평균 = 78
```

```
# 실행 예2
score = 82
score = 57
score = 68
score = 97
score = 68
score = 89
score = 92
score = 99
score = 0
수강생 수 = 8
점수 평균 = 81
```

실습 문제

실습 문제 1

사용자로부터 자연수를 아래와 같이 2번 입력받은 후, 첫 번째 입력받은 숫자 num을 통해 1부터 num까지의 합을 구하고, 두 번째 입력받은 숫자는 총합에서 제외하여 총합을 계산하여 출력하시오.

```
total = 0
num = int(input("숫자 = "))
ex = int(input("제외할 숫자 = "))
for i in range(1, num+1) :
    if i == ex :
        continue
    else :
        total = total + i
print("결과 =", total)
```

```
숫자 = 10
제외할 숫자 = 5
```

```
결과 = 50
```

실습 문제 2

숫자 맞추기 게임을 만들려고 합니다. 먼저, 0 이상 10 이하인 정수를 입력받고 총 3번의 기회를 통해 숫자 맞추는 프로그램을 작성하시오. (단, 범위를 벗어난 정답이 입력되면, "정답 = " 다시 입력받습니다.)

```
num = int(input("정답 설정 = "))
for i in range(2, -1, -1):
    ans = int(input("정답 = "))
    if ans > 10 or ans < 0 :
        print("1부터 10 사이만 입력!")
        continue
    if num == ans :
        print("정답입니다!!")
        break
```

```
정답 설정 = 7
정답 = 15
1부터 10 사이만 입력!
정답 = 6
정답 = 7
정답입니다!!
```

실습 문제 3

로그인 프로그램을 만들려고 합니다. 사용자계정은 아이디가 test이고 암호는 1234일 때, 로그인을 수행하는 프로그램을 예시를 참고하여 작성하시오.

```
for i in range(5):
    id_ = input("아이디 입력 = ")
    pw_ = input("암호 입력 = ")
    if id_=="test" and pw_=="1234" :
        print("로그인 성공!")
        break
    else:
        print("로그인 실패")
```

```
아이디 입력 = tes
암호 입력 = 1234
로그인 실패
아이디 입력 = test
암호 입력 = 1234
로그인 성공!
```

실습 문제 4

계산기 프로그램을 만들려고 합니다. 두 수를 정수로 입력받고 연산기호를 문자로 입력받으면 계산 결과가 출력되는 프로그램을 작성하시오. (단, 반복문은 무한루프를 사용하며, 두 수가 모두 0을 입력하면 프로그램은 종료됩니다.)

```
while True :
    num1 = int(input("숫자1 입력 = "))
    num2 = int(input("숫자2 입력 = "))
    if num1 == 0 and num2 == 0 :
        break
    sym = input("기호 = ")
    if sym == "+" :
        print("결과 =", num1 + num2)
    elif sym == "*" :
        print("결과 =", num1 * num2)
    elif sym == "-" :
        print("결과 =", num1 - num2)
    elif sym == "/" :
        print("결과 =", num1 / num2)
```

```
숫자1 입력 = 5
숫자2 입력 = 7
기호 = +
결과 = 12
숫자1 입력 = 3
숫자2 입력 = 5
기호 = *
결과 = 15
숫자1 입력 = 15
숫자2 입력 = 3
기호 = /
결과 = 5.0
숫자1 입력 = 0
숫자2 입력 = 0
```

실습 문제 5

미국, 중국, 유럽여행 기획을 위해 환율 계산 프로그램을 만들려고 합니다. 각 국가 환율에 대한 정보를 프로그램에 저장하고, 한화(원)를 입력하면 환율에 따른 금액을 국가 단위로 출력하는 프로그램을 작성하시오. (단, break 명령어를 사용해야 하며, 환율 계산을 할 때 소수점이 발생하면 버립니다.)

국가 명	통화 코드	금액
미국	USD(1달러)	1,179원
중국	CNY(1위안)	169원
유럽	EUR(1유로)	1,287원

```
USD = 1179
CNY = 169
EUR = 1287
print("환율 계산 프로그램")
print("1.조회 2.계산 0.종료")
print()

while True:
    num = int(input("메뉴 선택 >> "))
    if num == 0 :
        break
    elif num == 1 :
        print("USD = %d원" % USD)
        print("CNY = %d원" % CNY)
        print("EUR = %d원" % EUR)
    elif num == 2 :
        m = int(input("돈 입력 > "))
        print("USD = %d달러" % (m/USD))
        print("CNY = %d위안" % (m/CNY))
        print("EUR = %d유로" % (m/EUR))
    print()

print("프로그램 종료")
```

```
환율 계산 프로그램
1.조회 2.계산 0.종료

메뉴 선택 >> 1
USD = 1179원
CNY = 169원
EUR = 1287원

메뉴 선택 >> 2
돈 입력 > 550000
USD = 466달러
CNY = 3254위안
EUR = 427유로

메뉴 선택 >> 2
돈 입력 > 100000
USD = 84달러
CNY = 591위안
EUR = 77유로

메뉴 선택 >> 0
프로그램 종료
```

한 줄 요약

1 동일한 명령어를 여러 번 실행하는 것을 (반복)이라고 합니다.

2 반복문에는 (while) 문과 (for) 문이 있습니다.

3 조건을 만족하면 계속 실행을 반복하는 것은 (while) 문입니다.

4 while 문에서 반복 여부를 검사하기 위한 식을 (while 조건식)이라고 합니다.

5 while 문에서 조건식을 만족하면 실행되는 것은 (while 블록)입니다.

6 정해진 횟수만큼 반복 실행하는 것은 (for) 문입니다.

7 for 문에서 조건식을 만족하면 실행되는 것은 (for 블록)입니다.

8 반복문을 구현하기 위해서는 코드에 대한 (패턴) 분석이 필요합니다.

9 반복문 안에 반복문이 존재하는 반복문을 (중첩) 반복문이라고 합니다.

10 중첩 반복문 맨 바깥에 있는 반복문을 (외부) 반복문이라고 합니다.

11 외부 반복문 안에 존재하는 반복문을 (내부) 반복문이라고 합니다.

12 반복문을 벗어나지 못하고 계속하여 무한히 반복되는 상태를 (무한루프)라고 합니다.

13 이번 장에서 배운 반복문과 관련된 예약어는 다음 표와 같습니다.

구분	구조	특징
반복문	while 문	조건을 만족하면 계속 반복 실행
	for 문	정해진 횟수만큼 반복 실행
반복 제어문	break 명령어	반복문을 탈출함(벗어남)
	continue 명령어	반복문 시작점으로 이동

CHAPTER

4 함수

학습 목표

코드를 작성하다 보면 동일한 코딩을 반복해야 하는 경우가 많습니다. 이렇게 반복적으로 코딩해야 할 코드를 하나로 묶어서 이름을 붙인 것이 함수(function)입니다. 함수의 장점은 필요할 때 언제든지 호출해서 사용할 수 있다는 점입니다.

이번 장에서는 함수의 구조를 이해하고 함수를 작성해서 사용하는 방법을 살펴봅니다. 또한 표준 라이브러리의 대표적인 내장 함수와 외장 함수의 종류 및 사용방법을 학습합니다.

학습 목차

CHAPTER

4 함수

해결해야 할 문제가 다양하고 복잡해질수록 프로그램의 규모는 점점 커지게 됩니다. 규모가 큰 프로그램을 작성하다 보면 같은 코딩을 반복해야 하는 경우가 자주 발생합니다. 이러한 경우에 유용한 기능이 함수(function)입니다. 함수란 특정 작업을 실행하는 반복된 코드들을 하나로 묶어서 이름을 붙인 것입니다. 함수를 이용하면 필요할 때 언제든지 호출해서 사용할 수 있습니다.

2015년 8개의 아카데미상 부분에 후보에 오르고 각색상을 받은 영화 〈이미테이션 게임〉(모튼 틸덤 감독, 2015년)은 튜링 테스트의 고안자이자 이론 컴퓨터 과학과 인공지능 분야에 지대한 공헌을 했기 때문에 "컴퓨터 과학의 아버지"라고 불리는 “앨런 매티슨 튜링”의 일대기를 그린 작품입니다.

독일군은 2차 세계대전 당시 천문학적인 경우의 수를 만들어내는 암호 기계인 에니그마(Enigma)를 이용해 정보전에서 우위를 점하고, 전쟁에서 유리한 고지에 올라섭니다. 주인공 앨런 튜링(배역: 베네딕트 컴버배치)은 암호 해독 기계 크리스토퍼를 만들지만, 에니그마 기계의 연산 변환 속도를 따라잡지 못하고 끝도 없이 돌아가기만 할 뿐 결괏값(암호 해독 결과)을 내놓지 못합니다. 주인공은 연산 범위를 축소 시켜 해독 시간을 단축시킬 아이디어를 떠올리게 되고 마침내 암호를 풀어냅니다.

앨런 튜링이 발명해 낸 이 거대한 기계가 바로 현재 우리가 사용하고 있는 컴퓨터의 모태입니다. 이 영화에서 암호 기계 에니그마와 암호 해독 기계 크리스토퍼는 입력과 출력이 존재하는 함수라 할 수 있습니다.

출처 : 네이버 영화, 이미테이션 게임, https://movie.naver.com/movie/bi/mi/basic.nhn?code=113348

1) 함수

앞서 언급한 영화 〈이미테이션 게임〉에서 앨런 튜링이 개발한 크리스토퍼는 에니그마 기계에서 생성된 암호를 입력받아 분석하여 암호 해독 결과를 반환하는 기능을 수행하는 일종의 함수라 할 수 있습니다.

동전 지폐 교환기는 지폐를 넣으면 동전으로 바꾸어 주고, 동전을 넣으면 지폐로 바꾸어 줍니다. 우리는 동전 지폐 교환기의 내부는 알 수 없지만 1,000원짜리 지폐를 넣으면 100원짜리 10개를 돌려줍니다. 이처럼 함수는 고유 미션을 수행하는 기능을 가진 상자(블랙박스)로 입력값을 처리하여 결과를 반환합니다.

우리는 일상생활에서 값을 입력받아 처리하는 함수와 같은 역할을 하는 것들을 많이 볼 수 있습니다. 예를 들어, 계산기는 사용자로부터 숫자나 식을 입력받아 처리 후 결괏값을 표시해줍니다. 구글 번역기는 특정 언어로 문장을 입력하면 원하는 다른 언어로 번역하여 보여줍니다. 또한, ATM기기는 통장 정리 버튼을 누른 후 통장을 넣으면 거래내용을 처리해주고 현금이 필요할 때 출금 버튼을 누른 후 정보를 입력하면 돈을 반환해주며, 송금 버튼을 누른 후 정보를 입력하면 친구에게 빌린 돈을 내 통장에서 친구 통장으로 이체해 줍니다.

위와 같이 함수는 입력값을 처리하여 결괏값을 반환하는 역할을 합니다. 우리가 원하는 결과를 얻기 위하여 기계에서 무엇인가 입력을 하듯이 실제 함수 코딩에서도 함수를 호출해 주어야 함수 안의 코드가 실행됩니다. 함수는 보편적으로 사용되는 기능들을 함축된 코드 형태로 사전에 작성해 놓은 후에 같은 기능을 코드로 구현하려 할 때 호출 형태로 사용될 수 있습니다. 함수 형식으로 작성된 코드의 내용은 오픈된 상태가 아니므로 블랙박스라고도 하며 특정한 작업을 실행하는 코드들을 한 묶음으로 정리하여 사용된다고 생각하면 됩니다.

프로그램을 작성한다는 것은 현실의 복잡하고 다양한 문제를 해결하는 것에 비유할 수 있습니다. 프로그램은 점점 커지고 복잡해지고 있습니다. 코드를 이해하기 쉽고 관리하기 쉽도록 기능의 단위인 함수로 나누어서 작성할 필요가 있습니다.

자주 사용하는 기능들을 함수로 작성하지 않고 직접 코딩하게 되면 필요할 때마다 매번 똑같은 코드를 작성해야 하는 번거로움이 있습니다. 또한, 코드를 변경해야 하는 경우, 그 기능을 사용한 부분을 모두 찾아서 수정해야 하는 번거로움도 발생합니다. 이러한 이유로 많은 프로그래밍 언어에서는 '함수'를 사용하여 중복되는 코드를 최소화하고 다른 프로그램에서도 재사용될 수 있도록 권장하고 있습니다.

우리는 지금까지 많은 함수를 배웠습니다. 표준입력함수 input(), 표준출력함수 print(), 특정범위의 정숫값을 생성하는 range() 등의 함수를 사용하여 코딩했습니다. 이러한 함수들은 파이썬 기본 내장 함수로 언제 어디서든지 사용할 수 있습니다. 이번 장에서는 함수를 직접 작성하는 방법을 살펴볼 것입니다.

반복되는 얘기입니다만, 함수는 특유한 목적을 수행하는 기능을 가진 상자(블랙박스)로 특정한 작업을 실행하는 코드들 한 묶음이라 할 수 있으며, 특정한 값 X를 전달값으로 받아서 Y라는 결괏값을 반환하는 일종의 계산식과 같은 개념으로 볼 수 있습니다. 전달값과 반환값이 모두 없을 수도 있으며, 전달값이 여러 개가 될 수도 있고, 반환값이 여러 개가 될 수도 있습니다.

본격적으로 함수에 들어가기 전에 두 수를 전달받아 합을 반환하는 함수를 예제로 살펴보겠습니다. 먼저, 함수 이름(add)을 정하고 def 키워드를 사용하여 함수를 정의

(def add)합니다. 전달되는 값(두 수 a, b)을 정하고, 함수 몸체(c = a + b)를 작성한 후 결괏값을 반환해 주는 간단한 내용입니다. 함수를 사용하려면 함수를 호출(call)하여야 합니다. 함수 호출이란 add(4, 6)과 같이 함수의 이름과 두 개의 값을 전달해주면 됩니다. 함수를 호출한 후, 함수의 결괏값을 받아서 변수 b에 저장합니다. 함수의 결괏값은 호출할 때 주어진 값에 따라 달라집니다.

코딩 예시

코드	실행 결과	설명
# 함수 작성		
def add(a, b) :		# 함수 정의 : 매개변수 a, b
c = a + b		# 함수 몸체 : 덧셈
return c		# 함수 반환 값
# 함수 호출		
a = add(4, 6)		# 함수 호출 : 인수(4, 6)
print("a =", a)	a = 10	# 함수 반환 값 출력
b = add(2020, 24)		# 함수 호출 : 인수(2020, 24)
print("b =", b)	b = 2044	# 함수 반환 값 출력

4.1 함수 기초

1) 함수 구조

파이썬 프로그램에서 함수를 사용하려면 먼저 함수를 정의하여야 합니다. 함수의 정의는 먼저 def(함수 정의 키워드)라는 예약어로 시작하며, 함수의 이름과 매개변수, 그리고 본문에 해당하는 함수 블록으로 구성되어 있습니다. 함수 이름의 경우 사용자가 임의로 만들 수 있습니다. 함수 이름 다음에는 값을 전달받을 수 있도록 매개변수가 나열되며, 이는 외부에서 함수 작업에 사용하도록 데이터를 전달하는 목적으로 사용합니다.

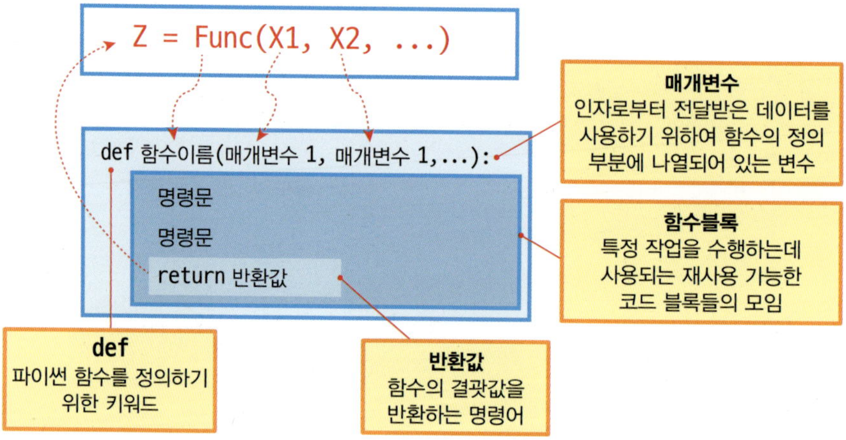

본문은 함수의 고유 미션을 수행하는 부분으로 특정 작업을 실제로 실행하는 명령어들을 나열하여 작성합니다. 본문의 연산 작업이 끝난 후 메인 프로그램(함수를 호출한 곳)으로 전달할 결괏값이 있는 경우 return 키워드를 이용하여 그 값을 반환합니다. 함수가 단순 출력만을 하는 함수이거나, 반환값이 필요하지 않으면 return 문을 생략할 수 있습니다.

2) 함수 호출

함수를 사용하려면 함수 호출이 필요합니다. 함수는 호출되기 전까지는 실행되지 않습니다. 함수 이름을 이용하여 실제로 함수를 사용하는 것이 함수 호출입니다. 함수 호출은 [함수이름(인수1, 인수2, ...)]와 같은 형태로 사용합니다. 함수에 필요한 데이터를 괄호안에 넣어주는데, 이를 인수(argument)라고 합니다. 함수를 호출할 때 이렇게 입력된 인수의 값은 호출된 함수의 매개변수(parameter)에 복사되어 사용됩니다.

매개변수는 1개가 될 수도 있고, 2개 이상이 될 수도 있으며, 필요하지 않으면 생략할 수 있습니다. 함수 본문의 명령문들은 호출되기 전까지 실행되지 않다가, 함수가 호출되면 비로소 명령문들이 실행됩니다. 함수 본문의 실행이 끝나고 나서, 함수를 호출한 곳으로 반환되는 작업의 결괏값을 반환(return)값이라고 합니다. 즉, 매개변수를 이용하여 함수 본문에서 명령문들을 처리한 결과를 함수가 호출된 곳으로 반환해 주는 결괏값입니다.

```
# 함수 반복 호출
s, e = 1, 9
total = sigma(s, e)
# sigma : 함수명
# s, e : sigma()함수에 전달할 인수
# total : 변환값을 받는 변수

s, e = 10, 19
total = sigma(s, e)
s, e = 20, 29
total = sigma(s, e)
```

```
# 함수 작성
def sigma(x, y) :
# def sigma : 함수 선언
# x, y : 인수로부터 값을 받는 매개
  변수
  sum = 0
  for i in range(x, y+1) :
      sum + = i
  return sum
# sum : 함수 실행 결괏값
# return : 결과값을 반환하는 예약어
```

위의 함수 실습 예제에서 매개변수가 x, y인 sigma라는 함수를 사용하기 위해서 sigma(인자1, 인자2)와 같이 호출해 주고 있습니다. s가 함수 sigma의 매개변수 x로, e는 매개변수 y로 값이 복사됩니다. 함수의 본문에 있는 for 문에 의해 s부터 e까지의 값들이 sum에 누적되고, return 문에 의해 sum값을 호출한 곳으로 반환합니다. 호출한 곳(메인 프로그램)에서는 대입문을 통해서 변수 total에 함수의 반환값이 저장됩니다.

3) 함수 이름

함수 이름의 경우 사용자가 임의로 만들 수 있으나, 변수 선언 규칙에 따라서 만들어야 합니다. 일반적으로 함수 이름은 몇 가지 작성 규칙에 따라 명명 됩니다. 첫번째로 함수의 용도나 목적에 맞는 이름으로 정합니다. 함수 이름만 보고도 무슨 기능을 하는지 충분히 예상할 수 있도록 적절한 이름을 선택하는 것이 좋습니다.

함수 이름을 정할 때는 함수의 목적을 설명하는 동사, 명사 또는 동사+명사를 사용하는 방법이 있습니다. 예를 들어 두 수의 합을 구하는 기능의 함수인 경우 sum이라는 명사형 이름을, 원의 면적을 구하는 함수의 경우에는 circle_area라는 복합명사 이름을, 두 수 중에서 더 큰 값을 찾는 함수를 find_max로 이름을 지으면 함수의 의미를 알기 쉬워질 것입니다. 함수의 목적과 무관한 의미가 없는 이름이 있는 경우, 이미 작성된 함수가 있는지도 모르고 같은 작업을 반복하는 새로운 함수를 추가하는 일이 벌어지거나, 호출해야 할 함수가 어떤 것인지 혼동될 수 있습니다.

함수의 이름이 파이썬의 내장 함수와 동일할 경우, 해당 내장 함수를 사용할 수 없게 됩니다. 예를 들어 print라는 함수를 만든 후, 코드에서 print()함수를 호출할 경우 파이썬에서 제공하는 기존의 출력문 내장 함수가 아닌 직접 만든 print()함수가 호출됩니다. 당장에는 문제가 발생하지 않을 수 있지만, 추후에 오류가 발생할 가능성이 크니, 내장 함수와 같은 이름의 함수명은 사용하지 않도록 하는 것이 좋습니다. 꼭 필요한 경우라면 “my_”나 “game_” 같은 자신만의 접두사나 접미사를 적절히 추가해서 함수명의 혼란을 일으키지 않도록 작명하는 것이 좋습니다.

4) 함수 사용의 장점

앞에서 배운 변수와 제어문 및 반복문만을 사용하여 코딩은 충분히 가능하지만, 똑같은 코드를 반복해서 작성해야 할 일이 자주 발생하게 됩니다. 함수를 사용하지 않고 코딩을 해도 되지만, 규모가 크고 복잡한 프로그램을 작성할수록 함수의 필요성은 더욱 커집니다. 반복되는 코드가 많아질수록 함수로 작성하고 호출하여 사용하는 방식이 가독성이 좋아지며 수정이 필요한 경우에도 함수 부분만 수정하면 되기에 유지 보수하기도 쉬워지는 장점이 있습니다.

추가적인 함수 사용의 장점은 함수가 동작한 후에 어떠한 결과가 나오는지만 알면 함수 내부 구조를 몰라도 사용하는 데 문제가 없다는 점입니다. 코드를 반복해서 작성할 일도 줄어들고, 함수 내의 코드가 호출되는 문장 하나로 단순해져 코드의 흐름도 잘 파악할 수 있는 등 효율적인 코드 작성에 도움이 됩니다.

시나리오

시나리오 1 마이클은 회전초밥집에서 아르바이트를 하고 있습니다. 마이클의 주된 업무는 손님이 먹은 색상별 접시 수를 센 후 총 접시 개수와 식사금액을 계산하는 것입니다. 각 접시 색상별 먹은 접시 개수를 입력받은 후 총 접시 개수와 총 식사금액을 출력하는 프로그램을 작성하시오. 단, 각 접시 색상별 금액은 하얀색(1,000), 노란색(2,000), 파란색(3,000), 빨간색(5,000)입니다. 또한, 식사금액 계산과정을 함수로 작성하시오.

```
# 함수 : 식대 계산
def calc_price(w, y, b, r) :                        # 식대 계산 함수 정의
    result = w*1000 + y*2000 + b*3000 + r*5000          # 식사금액 계산하여 저장
    return result                                       # 총 식사금액 반환

# 입력
white = int(input("white = "))                      # 하얀 접시 개수 입력
yellow = int(input("yellow = "))                    # 노란 접시 개수 입력
blue = int(input("blue = "))                        # 파란 접시 개수 입력
red = int(input("red = "))                          # 빨간 접시 개수 입력

# 계산
dishes = white + yellow + blue + red                # 모든 접시 합하여 저장
price = calc_price(white, yellow, blue, red)        # 함수 호출 및 결괏값 저장

# 출력
print("Total dishes =", dishes)                     # 총 접시 개수 출력
print("Total price =", price)                       # 총 식사금액 출력
```

```
# 실행 예1
white = 3
yellow = 1
blue = 1
red = 1
Total dishes = 6
Total price = 13000
```

```
# 실행 예2
white = 2
yellow = 0
blue = 4
red = 1
Total dishes = 7
Total price = 19000
```

시나리오 2 "SW" 과목 성적은 출석(10%), 과제(30%), 시험(60%)으로 구성됩니다. 한 학기 동안 학생 트럼프가 획득한 출석, 과제, 시험 점수를 각각 100점 만점 기준으로 입력받습니다. 입력받은 각 항목 점수를 구성된 비율로 환산하여 총합을 출력하는 프로그램을 작성하시오. 단, 소수점 이하는 버립니다. 또한, 성적 총합 계산과정을 함수로 작성하시오.

입력 예시	출력 예시
attendance = 80 assignment = 80 exam = 60	Sum = 68

```
def calc_sum(attend, assign, exam) :        # 총합 계산 함수 정의
    result = attend * 10 / 100                  # 출석점수 * 0.1
    result += assign * 30 / 100                 # 과제점수 * 0.3
    result += exam * 60 / 100                   # 시험점수 * 0.6
    return result                               # 총합 결괏값 반환

attend = int(input("attendance = "))        # 출석 점수 입력
assign = int(input("assignment = "))        # 과제 점수 입력
exam = int(input("exam = "))                # 시험 점수 입력

sum = calc_sum(attend, assign, exam)        # 함수 호출 및 결괏값 반환받아 저장

sum = int(sum)                              # 성적총합을 정수형으로 저장
print("Sum =", sum)                         # 성적총합 출력
```

```
# 실행 예1
attendance= 90
assignment = 60
exam= 80
Sum = 75
```

```
# 실행 예2
attendance= 80
assignment = 60
exam= 90
Sum = 80
```

실습 문제

실습 문제 1

사용자로부터 정수 3개를 입력받은 후 평균을 구하는 프로그램을 작성하시오. (단, 임의의 정수 3개를 매개변수로 전달받은 후 평균을 구한 결괏값을 반환하는 함수 mean(n1, n2, n3)을 작성합니다.)

입력 예시	출력 예시
num1 = 20 num2 = 70 num3 = 30	평균값 : 40.0

```
def mean(n1, n2, n3):
    return (n1 + n2 + n3) / 3
n1 = int(input("num1 = "))
n2 = int(input("num2 = "))
n3 = int(input("num3 = "))
print("평균값 :", mean(n1, n2, n3))
```

```
num1 = 50
num2 = 80
num3 = 35
```

```
평균값 : 55.0
```

실습 문제 2

사용자로부터 정수를 입력받은 후 매개변수로 넘어온 정수가 홀수인지 짝수인지 구하는 프로그램을 작성하시오. (단, 임의의 정수 n값을 매개변수로 전달받은 후 홀수인지, 짝수인지 판단하는 함수 judge(n)를 작성합니다.)

(입력 예시 : num = 224, 출력 예시 : 224는 짝수입니다!)

```
def judge(n) :
    if n % 2 == 0 :
        print("결과 : %d는 짝수입니다!" %n)
    else:
        print("결과 : %d는 홀수입니다!" %n)
n=int(input("num = "))
judge(n)
```

```
num = 9
```

```
결과 : 9는 홀수입니다!
```

실습 문제 3

임의의 자연수 하나를 입력받아 원의 면적을 계산하는 프로그램을 작성하시오. (단, 매개변수 하나를 전달받아 원의 면적을 반환하는 함수를 작성합니다.)
(입력 예시 : num = 5, 출력 예시 : 원의 면적 : 78.5)

```
def area(radius) :
   result = radius * radius * 3.14
   return result

radius = int(input("num = "))
area = area(radius)
print("원의 면적 :", area)
```

```
num = 12
```

```
원의 면적 : 452.16
```

실습 문제 4

사용자로부터 임의의 두 정수를 입력받은 후 두 정수 n1값과 n2값을 매개변수로 전달받아 두 수를 비교하는 프로그램을 작성하시오. (단, n1이 n2보다 크다면 [n1 〉 n2]를 출력, n1이 n2보다 작다면 [n1 〈 n2]를 출력, n1과 n2가 같다면 [n1 == n2]를 출력하는 함수 print_sign(n1, n2)를 작성합니다.)

```
def print_sign(n1, n2) :
    if n1 > n2 :
        print("결과 :", n1, ">", n2)
    elif n1 < n2 :
        print("결과 :", n1, "<", n2)
    else :
        print(n1, "==", n2)
n1=int(input("num1 = "))
n2=int(input("num2 = "))
print_sign(n1, n2)
```

```
num1 = 22
num2 = 87
```

```
결과 : 22 < 87
```

실습 문제 5

사용자로부터 정수를 입력받은 후 매개변수로 넘어온 정수의 구구단을 출력하는 프로그램을 작성하시오. (단, 구구단 범위는 1부터 9까지이고 입력받은 정수가 구구단 범위가 아니라면 "구구단 범위가 아닙니다!"를 출력합니다.)
(입력 예시 : 단을 입력하시오 : 10, 출력 예시 : 구구단 범위가 아닙니다!)

```
def times_table(dan):
    n = 1

    if dan >= 1 and dan <= 9 :
        while n < 10 :
            print("%d * %d = %d" % (dan, n, dan*n))
            n += 1
    else:
        print("구구단 범위가 아닙니다!")

dan = int(input("단을 입력하시오 : "))

times_table(dan)
```

```
# 실행 예1
단을 입력하시오 : 5
5 * 1 = 5
5 * 2 = 10
5 * 3 = 15
5 * 4 = 20
5 * 5 = 25
5 * 6 = 30
5 * 7 = 35
5 * 8 = 40
5 * 9 = 45
```

```
# 실행 예2
단을 입력하시오 : 8
8 * 1 = 8
8 * 2 = 16
8 * 3 = 24
8 * 4 = 32
8 * 5 = 40
8 * 6 = 48
8 * 7 = 56
8 * 8 = 64
8 * 9 = 72
```

4.2 함수 유형 및 작성 방법

함수의 형태는 매개변수를 전달하는지와 결괏값(반환값)을 전달하는가 여부에 따라 2가지 유형으로 나눌 수 있습니다. 매개변수를 사용하게 되면 함수에 전달하는 데이터 값이 명확해지는 효과가 있습니다. 물론 함수에 데이터를 전달할 필요가 없는 경우에는 매개변수를 사용하지 않아도 됩니다. 마찬가지로 메인 프로그램에서 함수에서 처리한 결과를 사용하지 않아도 되는 경우 반환값이 필요 없습니다. 이처럼 매개변수와 반환값은 필요에 따라 사용하지 않을 수도 있고, 둘 중 하나만 사용할 수도 있습니다.

가장 일반적인 함수는 매개변수와 반환값이 모두 존재하는 형태입니다. 매개변수와 반환값을 사용하지 않고도, 함수에 필요한 데이터를 전달할 수도 있습니다. 함수에서 처리한 결과를 반환값이 없는 형태로도 호출하는 곳으로 전해줄 수 있습니다. 이는 전역변수를 활용해서 가능한 방법으로 아래에서 지역변수와 같이 검토해 보도록 하겠습니다. 전역변수를 사용하여 매개변수와 반환값을 전달하는 방법은 필요한 경우에 한정해서 사용하는 코딩 방식입니다.

함수의 반환값이 존재하는 경우 여러 개의 return 문이 있더라도, 첫 번째 return 문에서 결괏값을 반환하고 빠져나가기 때문에 나머지 return 문이 실행되지 않습니다. 따라서 여러 개의 return문을 사용하고 싶은 경우 조건문 등을 사용하여 작성할 수 있습니다.

아래 표에서 매개변수의 유무와 반환값의 개수에 따라서 함수의 호출과 실행 결과가 어떻게 되는지를 확인해 보겠습니다.

<table>
<tr><th>구분</th><th>반환값이 없는 경우</th><th>반환값이 있는 경우</th><th>실행 결과</th></tr>
<tr><td>정의</td><td>결괏값을 반환하지 않는 함수</td><td>결괏값을 반환하는 함수</td><td></td></tr>
<tr><td>매개변수
0개</td><td># 함수 정의
def combine() :
  x = "Combine"
  y = "Str"
  s = x + y
  print("s →", s)
# 함수 호출
combine()</td><td># 함수 정의
def combine() :
  x = "Combine"
  y = "Str"
  s = x + y
  return s
# 함수 호출
s = combine()
print("s →", s)</td><td>s → CombineStr</td></tr>
<tr><td>매개변수
1개</td><td># 함수 정의
def combine(x) :
  y = "Blue"
  s = x + y
  print("s →", s)
# 함수 호출
x = "Red"
combine(x)</td><td># 함수 정의
def combine(x) :
  y = "Blue"
  s = x + y
  return s
# 함수 호출
x = "Red"
s = combine(x)
print("s →", s)</td><td>s → RedBlue</td></tr>
<tr><td>매개변수
2개</td><td># 함수
def combine(x, y) :
  s = x + y
  print("s →", s)
# 함수 호출
x = "Apple"
y = "Man"
combine(x, y)</td><td># 함수
def combine(x, y) :
  s = x + y
  return s
# 함수 호출
x = "Apple"
y = "Man"
s = combine(x, y)
print("s →", s)</td><td>s → AppleMan</td></tr>
<tr><td>비교설명</td><td>반환값이 없다면 return
명령어 없이 함수 종료</td><td>반환값이 있다면 return
명령어를 이용해 값 반환</td><td></td></tr>
</table>

1) 함수 작성 및 호출

요구사항에 맞는 유용한 함수를 작성하는 방법을 살펴보도록 하겠습니다. 첫째, 문제의 요구사항을 정확히 파악해야 합니다. 둘째, 함수 이름을 의미 있게 붙여야 합니다. 셋째, 함수의 매개변수를 정해야 합니다. 넷째, 함수의 반환값을 정의해야 합니다. 다섯째, 요구사항에 맞게 함수의 매개변수를 이용하여 함수 본체를 작성해야 합니다. 마지막으로, 함수 작성이 완료되면 함수를 호출함으로써 함수를 사용합니다.

사칙연산을 처리해주는 함수를 작성하는 예를 들어 살펴보도록 하겠습니다. 첫째 요구사항은 덧셈, 뺄셈, 곱셈, 나눗셈의 사칙연산을 처리해야 합니다. 호출하는 예제를 고려해서 사용법을 준비해 두면 좋습니다. 두 번째로 함수 이름은 연산 처리와 4가지 기능을 포함하도록 해서 calc4로 정했습니다. 매개변수와 반환값 및 함수의 호출은 사용법을 염두에 두고 정해서 작성하게 됩니다.

아래 예시의 사용법을 바탕으로 세 번째 매개변수는 정했습니다. 사칙연산의 종류를 명시하기 위해 두 번째 매개변수로 '+, −, *, /' 부호를 사용하고, 계산에 사용한 2개의 데이터 값을 매개변수로 정한 것입니다. 네번째 계산 결과는 대입문을 통해서 변수에 저장해야 하기 때문에 return 문을 통해 결괏값을 반환하도록 하고 함수의 본문을 작성하였습니다. 마지막으로 함수 호출을 통해서 사칙연산의 계산이 제대로 코딩되었음을 확인할 수 있습니다.

코팅 예시

```
# 함수 작성
def calc4(n1, op, n2) :                # 함수 정의 : 매개변수(n1, op, n2)
    result = 0                          # 결괏값 초기화
    if op == "+" :                      # "+" 연산이면
        result = n1 + n2                    # 덧셈 수행
    elif op == "-" :                    # "-" 연산이면
        result = n1 - n2                    # 뺄셈 수행
    elif op == "*" :                    # "*" 연산이면
        result = n1 * n2                    # 곱셈 수행
    elif op == "/" :                    # "/" 연산이면
        result = n1 / n2                    # 나눗셈 수행
    return result                       # 결괏값 반환

# 함수 호출
a = calc4(3, "+", 4)                   # 함수 호출 (3, "+", 4)
print(a)                               # 함수 반환값 출력
b = calc4(3, "-", 4)                   # 함수 호출 (3, "-", 4)
print(b)                               # 함수 반환값 출력
c = calc4(3, "*", 4)                   # 함수 호출 (3, "*", 4)
print(c)                               # 함수 반환값 출력
d = calc4(3, "/", 4)                   # 함수 호출 (3, "/", 4)
print(d)                               # 함수 반환값 출력
```

2) 지역변수

지역변수(local variable)는 함수 안에서 정의된 변수로써 사용범위가 함수 내부로만 한정되는 "함수만의 변수"를 말합니다. 메인(호출) 프로그램과 함수에서 같은 이름의 변수가 정의되면 비록 변수의 이름은 같지만, 함수와 호출 프로그램은 서로 다른 변수를 가지고 있는 것과 같습니다.

아래 표의 왼쪽 코딩예시를 통해서 확인해 보겠습니다. 메인 프로그램에서 변수 num에 10을 대입한 후 함수를 호출하고 함수 안에서 num에 2020을 대입해주어도 num 값은 바뀌지 않습니다. 즉, 호출 프로그램에서 선언된 num과 함수 안에서 선언된 num은 서로 연관이 없는 개별적인 변수로 호출 프로그램에서 num 값을 출력하면 10이 됩니다. 함수 안에서 2020으로 수정한 결과가 호출한 프로그램에도 반영이 되기 위해서는 전역변수 선언이라는 별도의 조치가 필요합니다.

<table>
<tr><th>구분</th><th>지역변수</th><th>전역변수</th></tr>
<tr><td>정의</td><td>함수 안에서 생성되며, 함수
밖에서는 참조 할 수 없는 변수</td><td>함수 밖 전역 공간에서 선언되며,
함수 밖에서 참조 가능한 변수</td></tr>
<tr><td>코딩 예시</td><td>def func() :
    num = 2020

num = 10
print("호출 전 num →", num)
func()
print("호출 후 num →", num)</td><td>def func() :
    global num
    num = 2020
num = 10
print("호출 전 num →", num)
func()
print("호출 후 num →", num)</td></tr>
<tr><td>결과</td><td>호출 전 num → 10
호출 후 num → 10</td><td>호출 전 num → 10
호출 후 num → 2020</td></tr>
<tr><td>비교설명</td><td>메인 코드의 num과 func()함수의
num이 서로 다른 변수이므로
num 값이 변하지 않음</td><td>메인 코드의 num이 func()함수
안에서 전역변수로 선언됨으로써
num변수의 값이 변함</td></tr>
</table>

3) 전역변수

함수 밖에서 선언된 변수를 함수 내부에서 직접 값을 변경하고자 한다면 함수 안에서 해당 변수를 전역변수(global variable)로 선언하여 해결할 수 있습니다. 전역변수란, 지역변수와 달리 코드의 모든 영역에서 부를 수 있는 변수이며, 그 값을 함수 내에서 변경하기 위해서는 별도의 선언이 필요합니다.

전역변수는 [global (변수)]로 선언하여야 합니다. global 명령어는 "함수 안에서 함수 밖에 있는 변숫값을 직접 변경하겠다."라는 의미가 있습니다. 따라서 함수 내에서는 global 명령어를 이용해야만 전역변수의 값을 바꿀 수 있습니다.

위 표의 오른쪽 코딩 예시를 통해서 확인해 보겠습니다. 메인 프로그램의 변수 num은 함수 func() 내부에서 전역변수로 선언되었습니다. 따라서 메인 프로그램에서 선언된 전역변수 num의 값을 함수 내부에서도 바꿀 수 있습니다. 메인 프로그램에서 변수 num에 10을 대입한 후 함수를 호출하고 함수 안에서 num 값을 2020으로 변경하였습니다. 따라서 호출이 끝나고 난 후에 num값을 출력하면 처음의 10이 아닌 2020으로 바뀐 값이 출력됩니다.

시나리오 1 "SW" 과목 성적은 출석(10%), 과제(30%), 시험(60%)으로 구성됩니다. 한 학기 동안 학생 푸틴이 획득한 출석, 과제, 시험 점수를 각각 100점 만점 기준으로 입력받습니다. 입력받은 각 항목 점수의 총합을 구성된 기본 점수로 환산하여 출력한 후 총합이 60점 이상이면 "PASS"를 출력하고, 60점 미만이면 "FAIL"을 출력하는 프로그램을 작성하시오. 단, 총합 계산 및 "PASS" 혹은 "FAIL" 결정 과정을 함수로 구현합니다.

```
def calc_pass_or_fail(at, an, ex) :              # 총합 및 학점 계산 함수 정의
    sum = at * 10 / 100                              # 출석점수 * 0.1
    sum += an * 30 / 100                             # 과제점수 * 0.3
    sum += ex * 60 / 100                             # 시험점수 * 0.6
    sum = int(sum)                                   # 총합을 정수형 변환하여 저장
    if sum >= 60 : result = "PASS"                   # 총합이 60점 이상이면 "PASS"
    else : result = "FAIL"                           # 총합이 60점 미만이면 "FAIL"
    return sum, result                               # 총합 및 결과 반환

at = int(input("attendance = "))                 # 출석점수 입력
an = int(input("assignment = "))                 # 과제점수 입력
ex = int(input("exam = "))                       # 시험점수 입력

sum, result = calc_pass_or_fail(at, an, ex)      # 함수 호출 및 결괏값 반환받아 저장
print("Sum = %d (%s)" % (sum, result))           # 결괏값 출력
```

```
# 실행 예1
attendance = 80
assignment = 30
exam = 60
Sum = 53 (FAIL)
```

```
# 실행 예2
attendance = 90
assignment = 50
exam = 70
Sum = 66 (PASS)
```

시나리오 2 트럼프는 한 학기 동안 SW과목을 수강하였습니다. 한 학기 동안 SW과목을 수강한 학생들이 획득한 성적을 반복하여 입력받은 후, 각각 학생들의 학점을 출력하는 프로그램을 작성하시오. 성적이 90점 이상이면 "A", 80점 이상이면 "B", 70점 이상이면 "C", 60점 이상이면 "D", 60점 미만이면 "F"를 출력하는 프로그램을 작성하시오. 단, 성적 기준 학점 산정 과정을 함수로 구현합니다.

```
def calc_grade(score) :                        # 함수 정의: 매개변수(score)
    if score >= 90 :                               # 성적이 90점 이상이면
        result = "A"                                   # "A" 저장
    elif score >= 80 :                             # 성적이 80점 이상이면
        result = "B"                                   # "B" 저장
    elif score >= 70 :                             # 성적이 70점 이상이면
        result = "C"                                   # "C" 저장
    elif score >= 60 :                             # 성적이 60점 이상이면
        result = "D"                                   # "D" 저장
    else :                                         # 성적이 60점 미만이면
        result = "F"                                   # "F" 저장
    return result                                  # 결과 반환

student = int(input("# of student = "))        # 학생 수 입력
for i in range(student) :                      # 학생 수 만큼 반복
    sum = int(input("score = "))                   # 성적 입력
    result = calc_grade(sum)                       # 함수 호출 및 결괏값 반환
    print(result)                                  # 결과 출력
```

```
# 실행 예1
# of student = 3
score = 78
C
score = 53
F
score = 96
A
```

```
# 실행 예2
# of student = 2
score = 88
B
score = 58
F
```

실습 문제 1

임의의 자연수 num을 입력받고 num의 약수의 개수를 구하는 프로그램을 작성하시오. (단, num값을 매개변수로 전달받은 후 num의 약수의 개수를 구한 결괏값을 반환하는 함수를 작성합니다.)
(입력 예시 : num = 9, 출력 예시 : 결과 : 3)

```
def count_factors (num) :
    total = 0
    for i in range(1, num + 1) :
        if num % i == 0 :
            total += 1
    return total
num = int(input("num = "))
print("결과 :", count_factors(num))
```

```
num = 32
```

```
결과 : 6
```

실습 문제 2

임의의 자연수 num을 입력받고 num의 약수의 총합을 구하는 프로그램을 작성하시오. (단, num값을 매개변수로 전달받은 후 num의 약수의 총합을 구한 결괏값을 반환하는 함수를 작성합니다.)
(입력 예시 : num = 9, 출력 예시 : 결과 : 13)

```
def sum_factors (num) :
    total = 0
    for i in range(1, num + 1) :
        if num % i == 0 :
            total += i
    return total
num = int(input("num = "))
print("결과 :", sum_factors(num))
```

```
num = 12
```

```
결과 : 28
```

실습 문제 3

임의의 자연수 num을 입력받고 num의 각 자리수를 역순한 수를 구하는 프로그램을 작성하시오. (단, num값을 매개변수로 전달받은 후 각 자리수를 역순으로 뒤집은 결괏값을 반환하는 함수를 작성합니다.)
(입력 예시 : num = 11135, 출력 예시 : 결과 : 53111)

```
def reverse_digit(num) :
    total = 0
    while num > 0 :
        total *= 10
        total += int(num % 10)
        num = int(num / 10)
    return total
num = int(input("num = "))
print("결과 :", reverse_digit(num))
```

```
num = 258
```

```
결과 : 852
```

실습 문제 4

임의의 자연수 num을 입력받고 num의 각 자릿수의 총합을 구하는 프로그램을 작성하시오. (단, num값을 매개변수로 전달받은 후 각 자릿수의 총합을 구한 결괏값을 반환하는 함수를 작성합니다.)
(입력 예시 : num = 754, 출력 예시 : 결과 : 16)

```
def sum_digit (num) :
    total = 0
    while num > 0 :
        total += num % 10
        num = int(num / 10)
    return total

num = int(input("num = "))
total = sum_digit(num)
print("결과 :", total)
```

```
num = 1234
```

```
결과 : 10
```

실습 문제 5

임의의 자연수 num1과 num2를 입력받고, 두 자연수를 전달받아 두 자연수의 최대 공약수와 최소 공배수를 구하는 프로그램을 작성하시오. (단, num1값과 num2값을 매개변수로 전달받은 후 두 자연수의 최대 공약수와 최소 공배수를 구한 결괏값을 반환하는 함수를 작성해야 합니다.)

```
def get_gcd(num1, num2) :
    gcd = min(num1, num2)
    while True :
        if num1 % gcd == 0 and num2 % gcd == 0:
            break
        gcd = gcd - 1
    return gcd

def get_lcd(num1, num2) :
    lcd = max(num1, num2)
    while True :
        if lcd % num1 == 0 and lcd % num2 == 0 :
            break
        lcd = lcd + 1
    return lcd

num1 = int(input("num1 = "))
num2 = int(input("num2 = "))

print("최대공약수 :", get_gcd(num1, num2))
print("최소공배수 :", get_lcd(num1, num2))
```

```
# 실행 예1
num1 = 192
num2 = 72
최대공약수 : 24
최소공배수 : 576
```

```
# 실행 예2
num1 = 11
num2 = 21
최대공약수 : 1
최소공배수 : 231
```

실습 문제 6

임의의 자연수 num1과 num2를 입력받고 num1과 num2 사이의 수에서 0의 개수를 모두 구하는 프로그램을 작성하시오. (단, num1값과 num2값을 매개변수로 전달받은 후 두 자연수 사이의 0의 개수를 구한 결괏값을 반환하는 함수를 작성해야 합니다.)

(입력 예시 : num1 = 1 num2 = 20, 출력 예시 : 0의 개수 : 2)

```
def zero_check(num) :
    total = 0
    while num > 0 :
        if num % 10 == 0 :
            total += 1
        num = int(num / 10)
    return total

def select_range(num1, num2) :
    total = 0
    for i in range(num1, num2 + 1) :
        total += zero_check(i)
    return total

num1 = int(input("num1 = "))
num2 = int(input("num2 = "))

print("0의 개수 :", select_range(num1, num2))
```

```
# 실행 예1
num1 = 1
num2 = 2020
0의 개수 : 523
```

```
# 실행 예2
num1 = 100
num2 = 101
0의 개수 : 3
```

4.3 라이브러리

라이브러리는 도서관에 있는 책들과 같은 개념입니다. 우리가 도서관에서 책을 빌려 보듯 일반 개발자는 다른 개발자가 미리 작성한 유용한 기능에 대한 코드, 즉 라이브러리를 재사용할 수 있습니다. 누구나 책을 쓸 수 있듯이 일반 개발자도 본인이 만든 유용한 기능을 라이브러리로 만들어 배포할 수 있습니다.

여러 프로그램에서 공통으로 사용되는 기능을 묶어서 라이브러리화함으로써 코드 재사용이 가능합니다. 코드의 공유 및 재배포를 통해 필요한 기능을 모두 작성할 필요 없이 라이브러리에서 제공하는 기능을 이용하여 구현할 수 있습니다.

라이브러리는 크게 표준 라이브러리와 외부 라이브러리로 나눌 수 있습니다. 표준 라이브러리는 파이썬 언어에서 공식적으로 제공되는 개발에 필요한 필수 기능을 포함하고 있습니다. 외부 라이브러리는 특수 분야의 전문 개발자들이 제작한 특수 기능을 제공합니다. 표준 라이브러리는 파이썬 언어에서 공식으로 제공되기 때문에 설치 과정이 필요 없는 빌트인(built-in) 라이브러리이고 외부 라이브러리는 별도의 설치 과정이 필요합니다.

표준 라이브러리는 크게 내장 함수와 외장 모듈(함수)로 나눌 수 있습니다. 내장 함수는 별도의 선언 없이 사용할 수 있습니다. 우리가 지금까지 설치 과정과 선언 없이 사용한 많은 함수는(예: input(), print(), range() 등) 내장 함수입니다.

외장 모듈(함수)은 설치 과정은 필요 없지만, 선언[import 모듈명]이 필요합니다. 즉, 표준 라이브러리로써 별도의 설치 과정 없이 선언만 필요한 모듈들(예: time, random, webbrowser)은 외장 모듈(함수)입니다.

대표적인 내장 함수와 외장 모듈(함수)은 다음과 같습니다.

구분	내장 함수	외장 모듈(함수)
주요 함수	- input, print - int, float, str, list - range - len, sum, min, max	- sys, os - time, calendar - random - webbrowser, tkinter

외부 라이브러리는 특수한 용도에 사용하는 라이브러리로서 파이썬에서 공식적으로 제공하지 않으며, 개발자들이 작성해서 배포하므로 아래 설치 및 사용 예처럼 사용자가 별도의 설치 및 선언을 수행해야 합니다. 설치 과정은 pip (python install package) 툴을 이용하면 pypi 저장소에서 패키지를 가져와 자동으로 설치됩니다.

```
설치 예) pip install matplotlib
사용 예) import matplotlib
```

외부 라이브러리를 설치하기 위하여 파이썬 패키지를 모아 놓은 공식 저장소인 pypi.org를 통해 파이썬 패키지의 검색, 설치, 공개(배포)가 가능합니다. 대표적인 외부 라이브러리로는 아래 표와 같이 데이터 처리 및 그래프, 신경망, 웹, GUI, 게임 패키지 등이 있습니다.

구분	데이터 처리, 그래프	신경망	웹, GUI, 게임
주요 함수	- numpy - pandas - matplotlib	- tensorflow - keras - pytorch	- beautifulSoup - wxPython(wx) - pyQt - pygame - folium

앞서 살펴본 표준 라이브러리와 외부 라이브러리의 특징을 요약하여 정리하면 아래 표와 같습니다.

구분	라이브러리		외부 라이브러리
제공 주체	언어에서 공식적으로 제공		전문 개발자들이 제공
주요 기능	개발에 필요한 필수 기능		특수 용도에 적합한 기능
설치 과정	필요 없음		별도의 설치 과정 필요 예) pip install matplotlib
세부 구분	내장 함수 (함수)	외장 함수 (모듈)	외부 라이브러리 (패키지)
로딩 과정	필요 없음 (Built-in)	필요함 예시) import time	필요함 예시) import matplotlib
주요 내용	input, print, len, sum	time, date, random, webbrowser	numpy, tensorflow, matplotlib, folium

1) 내장 함수

내장 함수는 파이썬 언어에서 기본적으로 제공되는 함수로써 외장 모듈(함수)와 달리 선언 없이 바로 사용할 수 있는 함수를 말합니다. 즉, 사용자가 자주 사용하는 기능들로써 파이썬이 미리 정의하여 제공하는 함수입니다.

내장 함수를 잘 활용하면 사용자가 함수를 직접 작성하지 않아도 필요한 내장 함수를 호출하여 사용함으로써 코드를 효율적으로 작성할 수 있습니다. 즉, 내장 함수는 미리 갖춰진 연장 도구라고 할 수 있습니다.

일반적으로 프로그래밍 언어에서는 사용자들이 많이 사용하는 함수들을 내장 함수로 제공하고 있습니다. 아래 표에 파이썬이 제공하는 내장 함수 일부를 정리했습니다. 우리가 이미 배웠던 input(), print() 등도 모두 내장 함수에 속합니다.

함수	역할	예시	결과
input()	표준 입력 함수	input("입력 : ")	입력 :
print()	표준 출력 함수	print("mango")	mango
abs()	절대값 반환 함수	abs(-1152)	1152
range()	정수 여러개 반환 함수	range(5)	range(0, 5)
len()	리스트 길이 반환 함수	len([1, 2, 3, 5])	4
min()	리스트 최솟값 반환 함수	min([1, 2, 3, 5])	1
max()	리스트 최댓값 반환 함수	max([1, 2, 3, 5])	5
sorted()	리스트 정렬값 반환 함수	sorted([1, 5, 2, 3])	[1, 2, 3, 5]

2) 외장 모듈(함수)

외장 모듈(함수)도 내장 함수처럼 다른 개발자가 미리 작성한 함수로, 직접 개발할 필요 없이 사용함으로써 코드를 효율적으로 작성할 수 있지만, 별도의 선언이 필요하다는 점에서 차이가 있습니다. 모듈이란 함수나 데이터(변수) 등 특정 기능들을 포함하여 별도로 모아놓은 파일입니다. 미리 작성한 코드들을 보관해두고 다시 불러서 사용하거나, 다른 개발자가 작성한 코드를 공유받아 사용할 수 있다면 매우 효율적일 것입니다. 모듈은 바로 그런 방법에 사용할 수 있으며, 주로 큰 규모의 프로그램을 작성할 때 유용하게 사용됩니다.

파이썬이 제공하는 기본 내장 함수와는 달리 외장 모듈을 사용하고자 하면 [import (모듈명)]문을 사용하는 선언이 필요합니다. 내장 함수와 외장 모듈은 파이썬에서 제공하는 표준 라이브러리입니다. 표준 라이브러리는 개발에 필요한 여러 가지 필수 기능을 제공합니다. 다만 모든 라이브러리를 미리 선언 후 코드를 실행하면 메모리 공간도 많이 차지하고 속도도 느려지는 문제가 발생하므로, 자주 사용되는 중요한 함수들을 모아서 내장 함수로 만들고 그 외 함수들은 외장 모듈로 만들어서 필요할 때마다 선언하여 사용하도록 만든 것입니다.

3) 외장 모듈(함수) 사용 방법

외장 모듈의 사용법은 [import (모듈명)]입니다. 다른 개발자가 미리 만들어 놓은 여러 모듈을 사용할 수도 있고, 여러분이 직접 만들어서 사용할 수도 있습니다. 모듈을 활용하면 모든 기능을 직접 개발하지 않고도 여러분 프로그램 내부의 기능들을 확장하고 추가할 수 있습니다.

개발자들이 자주 사용하는 외부 모듈로는 math, time, random, os 모듈 등이 있습니다. math 모듈은 제곱 연산이나 삼각함수 등의 다양한 수학 연산을 지원하고 있습니다. 날짜와 시간을 다루는 time 모듈에서는 연도나 요일 및 오전/오후 등 다양한 형식의 시간 출력을 지원하고 있습니다. 난수를 생성하거나 난수와 관련된 기능을 제공하는 모듈은 random 모듈입니다. 이 모듈을 이용하면 주사위 게임과 같이 난수와 관련된 코드를 쉽게 만들 수 있습니다.

아래 표에 외장 모듈에서 자주 사용하는 기능을 정리해 보았습니다. 파이썬은 이외에도 다양한 모듈들을 제공하고 있으니, 필요한 기능을 구현하기 전에 관련된 모듈이 있는지 먼저 검색해 보는 것이 효과적인 개발 방법입니다.

	사용법	기능
math	math.factorial(n)	숫자 팩토리얼 수열값 계산
	math.pow(n)	제곱수 계산
	math.sqrt(n)	제곱근 계산
	math.trunc(n)	소수점 버리기
	math.gcd(n1, n2)	최대공약수 계산
	math.sin(n)	sin값 계산
time	time.time()	1970년1월1일 자정 이후로 누적된 초 반환
	time.sleep(secs)	지정한 시간 동안 프로그램 동작을 멈춤
	time.gmtime(secs)	입력된 초를 UTC 기준의 반환
	time.localtime(secs)	입력된 초를 현지 시간대 기준으로 반환
	time.ctime([t])	'Mon Feb 10 16:24:02 2020'의 형태 반환
	time.strftime(format)	사용자가 지정한 형식으로 시간 반환
random	random.random()	0~1 사이의 실수를 반환
	random.randint(x, y)	x부터 y까지 중 임의의 정수를 반환
	random.choice([list])	리스트 중 임의의 값을 반환
	random.shuffle([list])	전달받은 데이터를 임의의 순서대로 섞음
	random.randrange(x, y, z)	x부터 y사이의 z의 배수 중 임의의 정수를 반환
	random.uniform(x, y)	x부터 y까지 중 임의의 실수를 반환
	random.sample([list], x)	리스트로부터 x개를 반환
os	os.chdir(path)	path 경로의 디렉토리로 이동
	os.getcwd()	현재 작업중인 디렉토리 위치 반환
	os.listdir(path)	path 경로에 존재하는 파일 반환
	os.mkdir(path)	path에 해당하는 디렉토리 생성
	os.rmdir(path)	path에 해당하는 디렉토리 삭제
	os.rename(src, dst)	src를 dst로 이름을 변경

코딩 예시

```
import math                          # math모듈 불러오기

n1 = math.factorial(5)               # factorial함수 호출
print("n1 =", n1)                    n1 = 120
n2 = math.pow(3, 4)                  # pow함수 호출
print("n2 =", n2)                    n2 = 81.0
n3 = math.sqrt(25)                   # sqrt함수 호출
print("n3 =", n3)                    n3 = 5.0
n4 = math.trunc(4.1563)              # trunc함수 호출
print("n4 =", n4)                    n4 = 4
```

코딩 예시

```
import time                          # time모듈 불러오기

n1 = time.time()                     # time함수 호출
print("n1 =", n1)                    n1 = 1582597179.584204
n2 = time.ctime()                    # ctime함수 호출
print("n2 =", n2)                    n2 = Tue Feb 25 11:19:39 2020
n3 = time.localtime()                # localtime함수 호출
year = n3.tm_year                    # tm_year속성 접근
print("년 :", year)                  년 : 2020
mon = n3.tm_mon                      # tm_mon속성 접근
print("월 :", mon)                   월 : 2
day = n3.tm_mday                     # tm_mday속성 접근
print("일 :", day)                   일 : 25
hour = n3.tm_hour                    # tm_hour속성 접근
print("시 :", hour)                  시 : 11
min = n3.tm_min                      # tm_min속성 접근
print("분 :", min)                   분 : 19
sec = n3.tm_sec                      # tm_sec속성 접근
print("초 :", sec)                   초 : 39
```

코딩 예시

```
import random                                  # random모듈 불러오기

n1 = random.random()                           # random함수 호출
print("n1 =", n1)                              n1 = 0.2193888781685216

n2 = random.randint(1, 100)                    # randint함수 호출
print("n2 =", n2)                              n2 = 24

n3 = random.choice([1, 3, 5, 7])               # choice함수 호출
print("n3 =", n3)                              n3 = 7

n4 = ['a', 'b', 'c', 'd', 'e']
random.shuffle(n4)                             # shuffle함수 호출
print("n4 =", n4)                              n4 = ['d', 'e', 'a', 'b', 'c']
```

코딩 예시

```
import os                                      # os모듈 불러오기

n1 = os.getcwd()                               # getcwd함수 호출
print("n1 =", n1)                              n1 = C:\python

n2 = os.listdir()                              # listdir함수 호출
print("n2 =", n2)                              n2 = ['file1.py', 'file2.py']

n3 = "MakeDir"                                 # 이름이 "MakeDir"인 폴더 생성
os.mkdir(n3)                                   # mkdir함수 호출

n4 = "RenameDir"                               # 폴더명을 "RenameDir"로 변경
os.rename(n3, n4)                              # rename함수 호출
```

4) 외부 라이브러리 설치

외부 라이브러리는 표준 라이브러리와 다르게 반드시 설치 절차를 거쳐야 합니다. 외부 라이브러리 설치 프로그램인 PIP(Pip Installs Packages)는 Python Package Index(PyPi)저장소로부터 파이썬 패키지를 받아 쉽게 설치해주는 패키지 관리도구입니다.

cmd 명령어를 이용하여 명령 프롬프트 창을 열고 "pip install 패키지명"을 입력하면 패키지가 자동으로 설치됩니다. 단, 파이썬 폴더 및 파이썬 폴더 아래 scripts 폴더가 환경변수에 등록되어 있어야 합니다. 라이브러리 검색 및 설치 절차는 다음과 같습니다.

1. https://pypi.org 사이트에 접속 : Python Package Index (PyPI)는 파이썬 패키지를 모아놓은 공식 저장소입니다. pypi.org 사이트를 통하여 파이썬 패키지의 검색, 설치, 공개(배포)가 가능합니다.

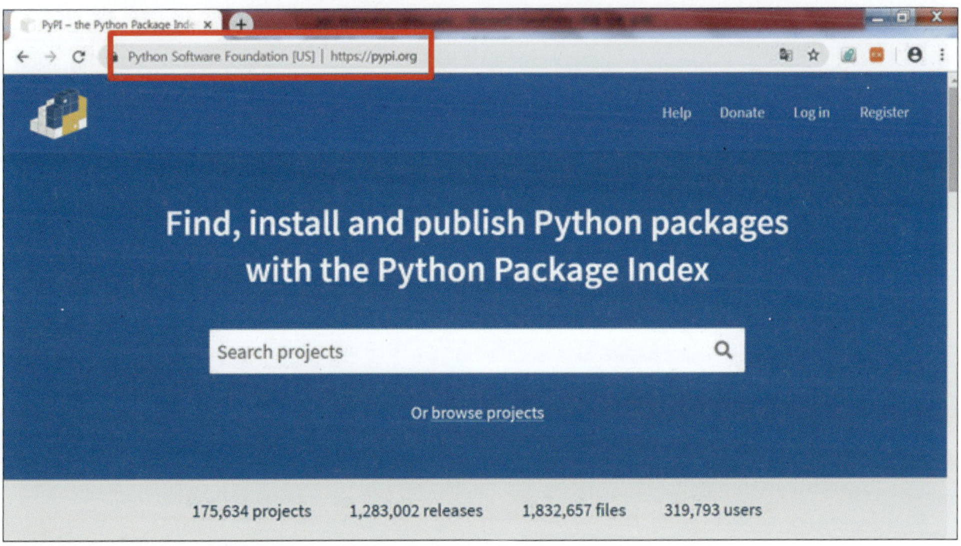

출처 : PyPI · The Python Package Index, https://pypi.org/

2. 검색 단어 입력 : 파이썬 시각화 패키지 matplotlib를 설치하고자 할 경우, pypi.org 사이트에서 matplotlib를 입력하고 검색 버튼을 클릭합니다.

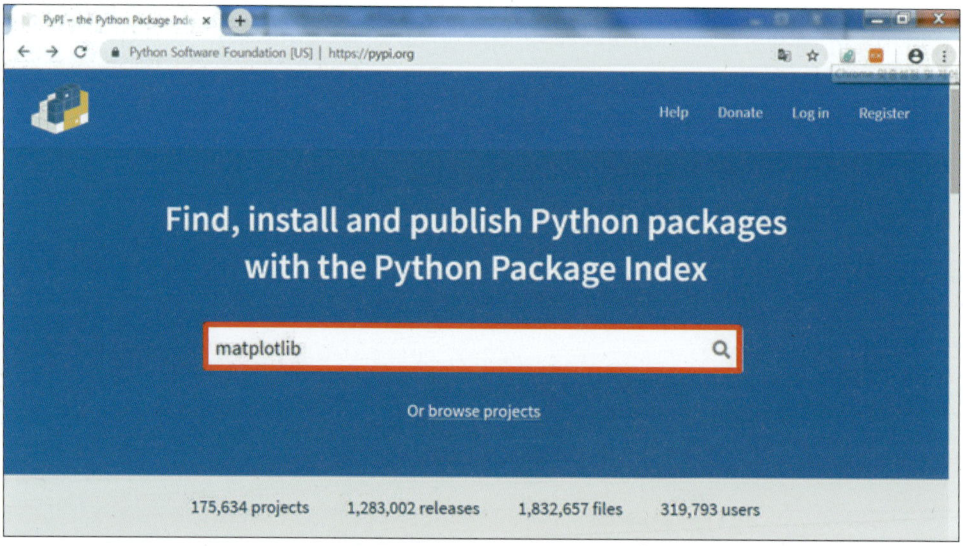

3. 최신 버전 선택 : 검색 버튼을 누르면 다음과 같이 버전 정보 창이 뜹니다. 맨 위에 올라와 있는 최신 버전을 클릭합니다.

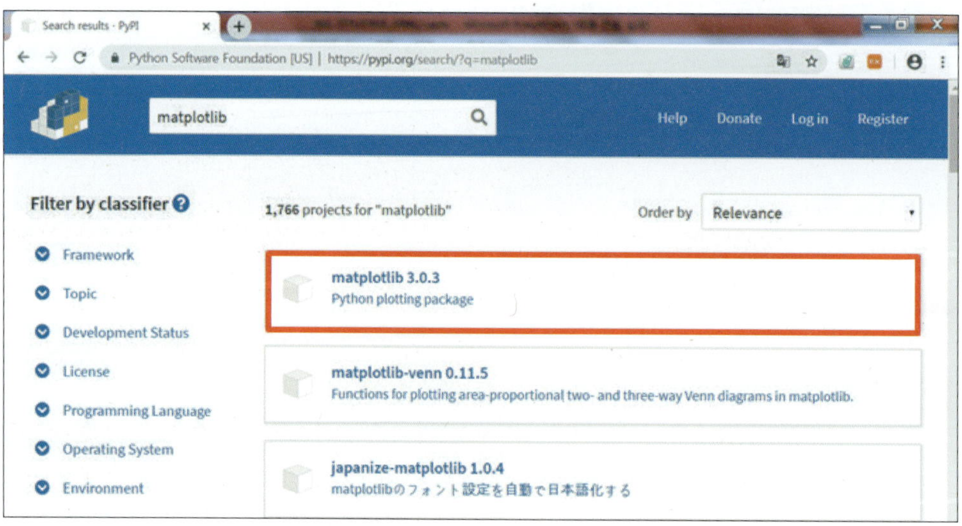

4. 최신 버전 선택 : 최신 버전을 클릭하면 패키지에 대한 상세 설명이 창 중앙에 나와 있으니 자세히 읽어 보시고 본인이 설치하고자 하는 패키지인지 확인합니다.

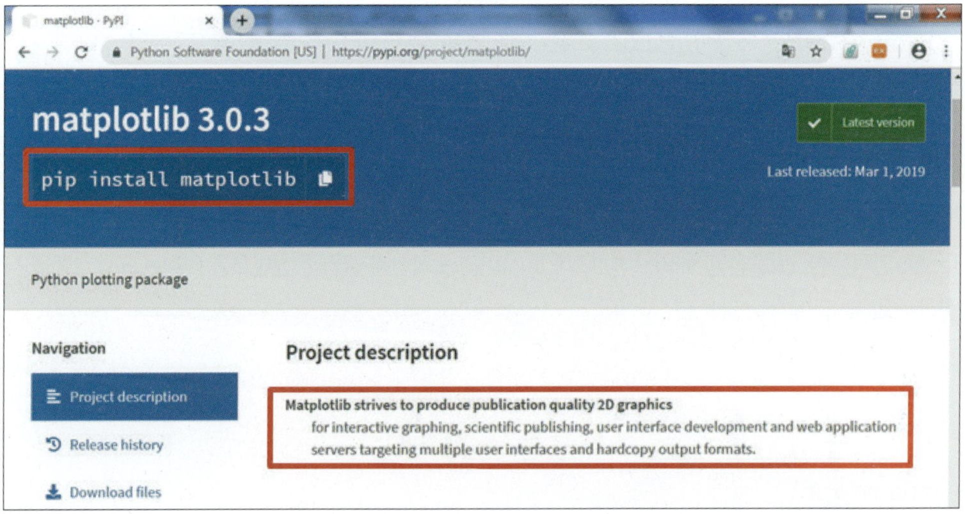

5. 설치 : 다음은 실제 설치 과정입니다. 패키지 설치 명령어를 입력 후, 엔터를 치면 pypi에서 다운로드 받아 자동으로 설치됩니다.

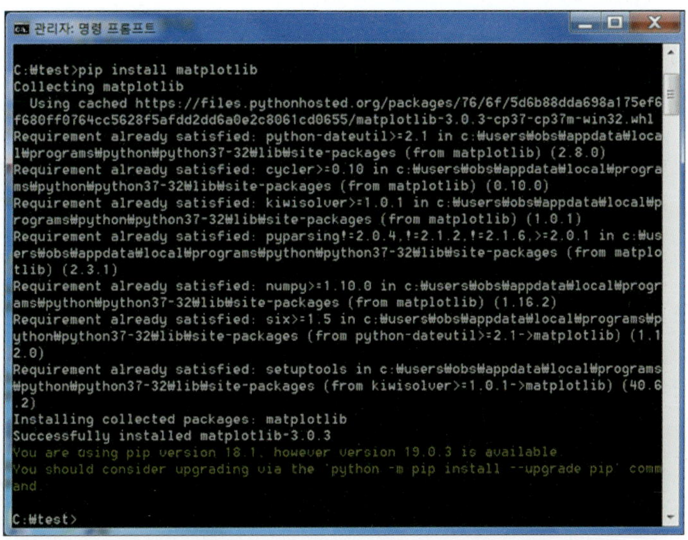

실습 문제

본 실습 문제에서 소개되는 리스트는 5장에서 자세히 배울 예정입니다. 리스트는 연속된 값들의 묶음으로 [요소값1, 요소값2, ...]로 표현됩니다. 또한, 출력 예시는 random함수를 사용하였으므로 프로그램 결괏값이 반드시 같을 필요는 없습니다.

실습 문제 1

민덕은 A 마트에서 행운의 추첨 기회를 얻었습니다. 추첨에 당첨되면 고가의 게임기를 무료로 받게 됩니다. 단, 민덕은 두 번 도전할 수 있으며 1에서 10 사이의 숫자만을 골라 추첨번호를 맞추는 프로그램을 작성하시오.

```
import random
op, outcome =  2, 0
n = random.randint(1, 10)
while op > 0 :
    guess = int(input("추첨번호 = "))
    if guess == n :
        outcome = 1
        break
    else :
        print("틀렸습니다.")
    op -= 1
if outcome == 1 :
    print("축하드립니다. 당첨입니다!!")
else :
    print("아쉽군요. 추첨번호는 '%d' 입니다." %n)
```

```
# 실행 예1
추첨번호 = 5
틀렸습니다.
추첨번호 = 4
틀렸습니다.
아쉽군요. 추첨번호는 '8' 입니다.
```

```
# 실행 예2
추첨번호 = 2
틀렸습니다.
추첨번호 = 3
축하드립니다. 당첨입니다!!
```

실습 문제 2

윷놀이는 네 개의 가락을 던져서 말을 움직여 노는 한국의 민속놀이입니다. 가락을 던져 나오는 숫자는 평평한 앞면(1)과 반달 모양의 뒷면(0) 개수에 따라서 달라집니다. 가락을 던져 나온 정보가 도(앞 1개, 한 칸 전진), 개(앞 2개, 두 칸 전진), 걸(앞 3개, 세 칸 전진), 윷(앞 4개, 네 칸 전진), 모(모두 뒷면, 다섯 칸 전진) 중 어느 것인지 판별하는 프로그램을 작성하시오. (단, 백도는 고려하지 않습니다.)

```
import random
num = 0
total = 0
yutnori = ""

for i in range(4) :
    num = random.randint(0, 1)
    total += num
    yutnori += str(num)

print("결과 :", yutnori)
if total == 0 :
    print("모 입니다. 앞으로 다섯 칸 전진!")
elif total == 1 :
    print("도 입니다. 앞으로 한 칸 전진!")
elif total == 2 :
    print("개 입니다. 앞으로 두 칸 전진!")
elif total == 3 :
    print("걸 입니다. 앞으로 세 칸 전진!")
elif total == 4 :
    print("윷 입니다. 앞으로 네 칸 전진!")
```

```
# 실행 예1
결과 : 0001
도 입니다. 앞으로 한 칸 전진!
```

```
# 실행 예2
결과 : 1111
윷 입니다. 앞으로 네 칸 전진!
```

실습 문제 3

여기 제비가 5개 있습니다. 제비에는 각자의 이름이 들어가 있는데, 이 중 하나를 뽑아 당첨된 사람은 심부름하러 가야 합니다. random 모듈 함수 중의 하나인 choice()함수를 사용하여 당첨자를 출력하는 프로그램을 작성하시오.

```
import random
person = ["Amin", "Sumin", "Uchan", "Anna", "Zoe"]
choice = random.choice(person)
print(choice, "심부름 당첨!")
```

```
# 실행 예1
Sumin 심부름 당첨!
```

```
# 실행 예2
Zoe 심부름 당첨!
```

실습 문제 4

인디언식 이름 짓기는 생년월일에 따라 주어지는 특정 단어들을 조합해 길고 독특한 이름을 만드는 놀이입니다. 랜덤하게 단어를 선택하고 조합하여 출력하는 프로그램을 작성하시오.

```
import random
first = ["시끄러운", "푸른", "어두운", "조용한", "웅크린", "백색", "지혜로운",
         "용감한", "날카로운", "욕심많은"]
last = ["늑대", "태양", "양", "매", "황소", "불꽃", "나무", "달빛", "말", "돼지",
        "하늘", "바람"]
word1 =  random.choice(first)
word2 = random.choice(last)
indian_name = word1 + " " + word2
print("당신의 이름 :", indian_name)
```

```
# 실행 예1
당신의 이름 : 시끄러운 돼지
```

```
# 실행 예2
당신의 이름 : 조용한 바람
```

실습 문제 5

세종학원에 다니는 10명의 학생은 서로의 수학 점수를 비교하여 피자 내기를 하려고 합니다. 학생 10명의 수학 점수를 무작위로 섞어 일렬로 늘어놓습니다. 그 후 가장 첫 번째 점수를 기준으로, 이보다 점수가 같거나 높은 학생들이 피자 비용을 부담하게 됩니다. 피자 비용을 부담하게 될 학생의 수를 출력하는 프로그램을 작성하시오.

출력 예시
수학 점수 : [55, 82, 72, 80, 48, 60, 46, 75, 66, 90]
55점 보다 높은 학생 수 : 7명

```
import random
s = [48, 80, 75, 55, 72, 66, 82, 46, 60, 90]
score = 0
random.shuffle(s)

for j in s:
    if s[0] < j:
        score += 1

print("수학 점수 :", s)

if score != 0:
    print("%d점 보다 높은 학생 수 : %d명" % (s[0], score))
else:
    print("엉엉 내가 제일 높다니")
```

```
# 실행 예1
수학 점수 : [66, 80, 75, 82, 46, 55, 48, 60, 90, 72]
66점 보다 높은 학생 수 : 5명
```

```
# 실행 예2
수학 점수 : [90, 60, 75, 46, 82, 66, 55, 48, 72, 80]
엉엉 내가 제일 높다니
```

한 줄 요약

1 (함수)는 고유 미션을 수행하는 명령어들의 모음에 이름을 붙인 것입니다.

2 (함수)는 전달 데이터를 처리하여 결괏값을 반환합니다.

3 (함수 호출)이란 함수 이름을 이용하여 함수를 실제로 사용하는 것입니다.

4 함수 호출시 함수에 전달되는 값을 (인수)라 합니다.

5 함수에서 인수 값을 전달받은 변수를 (매개변수)라 합니다.

6 함수가 호출된 곳으로 반환하는 값을 결괏값 또는 (반환값)이라고 합니다.

7 함수 내부에서 정의된 변수를 (지역변수)라고 합니다.

8 모든 함수에서 사용 가능한 변수를 (전역변수)라고 합니다.

9 (라이브러리)는 표준 라이브러리와 외부 라이브러리로 나눌 수 있습니다.

10 (표준) 라이브러리는 개발에 필요한 필수 기능을 제공합니다.

11 (외부) 라이브러리는 특수 용도에 적합한 기능을 제공합니다.

12 표준 라이브러리는 별도의 (설치) 과정이 필요 없습니다.

13 표준 라이브러리는 내장 함수와 외장 모듈(함수)로 나눌 수 있습니다.

14 로딩 과정이 필요 없는 빌트인 함수를 (내장 함수)라고 합니다.

15 import 문을 이용한 선언 과정이 필요한 빌트인 함수를 (외장 함수)라고 합니다.

16 (외부) 라이브러리는 설치 과정과 선언 과정 모두 필요한 라이브러리입니다.

17 대표적인 내장 함수와 외장 모듈은 다음과 같습니다.

구분	내장 함수	외장 모듈
주요 함수	- input, print - int, float, str, list - range - len, sum, min, max	- sys, os - time, calendar - random - webbrowser, tkinter

CHAPTER 5

리스트

학습 목표

프로그램의 규모가 커지고 처리해야 할 데이터양이 많아지면서 관계있는 대량의 데이터들을 그룹으로 묶어서 관리해야 할 필요가 있습니다. 변수들을 일일이 생성하면 변수의 수가 많아져서 프로그램을 관리하기가 어렵습니다.
리스트를 이용하면 대량의 데이터들을 한꺼번에 저장하고 처리할 수 있습니다. 이번 장에서는 리스트의 사용 방법과 다양한 고유함수들을 학습합니다.

학습 목차

5.1 리스트 기초 및 연산
5.2 리스트 탐색
5.3 리스트 정렬
5.4 리스트 고유 함수

CHAPTER

5 리스트

코드를 작성하면서 값을 저장할 때 변수를 사용하였습니다. 저장될 값의 개수가 많아지면 이에 비례하여 변수의 개수도 많이 필요합니다. 예를 들어 학생 10명의 성적 평균을 계산한다고 가정해봅시다. 평균을 계산하려면 먼저 각 학생들의 성적을 읽어서 어딘가에 저장해야 합니다. 학생이 10명이므로 10개의 변수가 필요합니다. 만약 학생이 50명이라면 어떻게 해야 할까요? 이런 식으로 변수를 생성하다 보면 코드가 아주 복잡해질 것입니다. 프로그램의 규모가 커지고 처리해야 할 데이터양이 많아질수록 관계되는 대량의 데이터들을 그룹으로 묶어서 관리해야 할 필요가 있습니다. 이런 경우 사용하는 효과적인 데이터의 형태가 리스트입니다.

등수	번호	이름	SW	OS	DB	Math	History	Avg.
1	3	오바마	A	B	A	B	A	3.6
2	7	메르켈	C	A	A	A	A	3.6
3	5	메이	B	B	B	B	B	3.0
4	4	시진핑	A	A	B	C	D	2.8
5	1	트럼프	C	B	A	C	D	2.4
6	8	아베	D	A	A	C	F	2.2
7	6	마크롱	B	B	C	D	F	1.8
8	2	푸틴	F	D	C	D	B	1.4

리스트는 다양한 데이터들이 저장되어 있는 연속된 상자라고 할 수 있습니다. 다른 프로그래밍 언어의 배열(array)과 달리 다양한 자료형들을 묶어서 저장할 수 있습니다. 리스트의 숫자 데이터의 경우, 저장된 숫자 데이터들의 최댓값, 최솟값을 구하거나 평균 및 정렬(sorting) 등의 다양한 기능들을 제공합니다. 리스트와 비슷한 기능을 제공하는 것으로 마이크로소프트(사)의 엑셀프로그램이 있습니다. 엑셀프로그램은 엑셀시트의 셀에 데이터의 타입과 상관없이 문자 데이터와 숫자 데이터를 연속적으로 저장할 수 있습니다. 특히, 성적처리를 할 때 성적(숫자) 데이터를 셀에 입력하여 저장하고 이 데이터들을 기반으로 성적들의 평균을 구하고 최댓값과 최솟값 구하기 뿐만 아니라 정렬기능을 사용하여 순위를 계산할 수 있습니다. 엑셀프로그램은 수치 연산의 처리와 결과 표출에 적합한 프로그램으로 편리성과 활용성으로 많은 인정을 받고 있습니다.

1) 리스트

리스트는 순서가 있는 연속된 데이터의 집합입니다. 리스트에 저장되는 데이터들은 숫자형(정수, 실수), 문자열 등 종류가 다양합니다. 파이썬의 리스트는 다른 프로그래밍 언어의 배열(array)과 달리 다양한 자료형들을 묶어서 저장할 수 있습니다.

이번 장에서 배우는 기본 리스트는 아래 그림과 같이 1차원 리스트입니다. 리스트는 다양한 고유함수들을 제공합니다. 이러한 고유함수들을 사용하여 리스트에 새로운 값을 추가, 수정, 변경, 삭제 등 다양한 처리가 가능합니다. 또한, 문자열처럼 인덱싱(indexing)과 슬라이싱(slicing)이 가능하므로 원하는 값들만을 쉽게 추출할 수 있습니다. 리스트 역시 덧셈 연산자(+)를 이용해서 더할 수 있고 곱셈 연산자(*)를 이용하여 반복할 수 있습니다.

〈 시험 점수에 대한 1차원 리스트 〉

85	65	99	100	90	80	70	60

이번 장에서는 1차원 리스트의 개념 및 연산, 탐색 및 정렬, 리스트의 고유함수에 대해 살펴보겠습니다.

〈 최댓값 및 최솟값 탐색 결과 〉

85	65	99	100	90	80	70	60

〈 오름차순 정렬 결과 〉

60	65	70	80	85	90	99	100

〈 내림차순 정렬 결과〉

100	99	90	85	80	70	65	60

1차원 리스트를 여러 개 묶어 사용하는 리스트를 2차원 중첩리스트라고 합니다. 즉, 리스트 안에 다른 리스트가 포함되어 있습니다. 2차원 중첩리스트와 리스트 외 다른 자료형 데이터들은 6장에서 학습합니다.

2) 리스트 자료형과 리스트 변수

데이터에는 숫자, 문자열도 있지만, 1, 2, 3, 4, 5, 6, 7과 같이 여러 숫자로 이루어진 데이터도 있습니다. 예를 들어 강의를 듣는 학생들의 성적을 개인별로 보면 숫자 1개로 주어지지만, 1반 전체 관점에서 보면 학생수에 해당하는 숫자의 조합으로 이루어진 데이터가 되는 것이죠. 파이썬은 이처럼 여러 개의 데이터 묶음을 하나의 데이터로 처리할 수 있도록 〈리스트〉 자료형을 제공하는 편리하고 효율적인 프로그래밍 언어입니다.

리스트 자료형은 모든 데이터가 순번을 가지고 하나의 변수로 활용될 수 있는 자료형입니다. 수강생들의 성적을 변수에 담고 싶을 때, 학생들 각각의 성적을 'score1, score2, ..., score100'처럼 만들지 않고 다음과 같이 scores 변수 1개로 모든 수강생의 성적을 담을 수 있습니다 (scores = [7, 6, 9, ..., 7, 7, 5]). 이처럼 리스트 자료형을 값으로 갖는 변수를 리스트 변수라고 합니다. 즉, 리스트 변수는 많은 데이터들을 하나로 묶어서 저장하여 효율적으로 관리할 수 있는 변수들의 모임이라 할 수 있습니다.

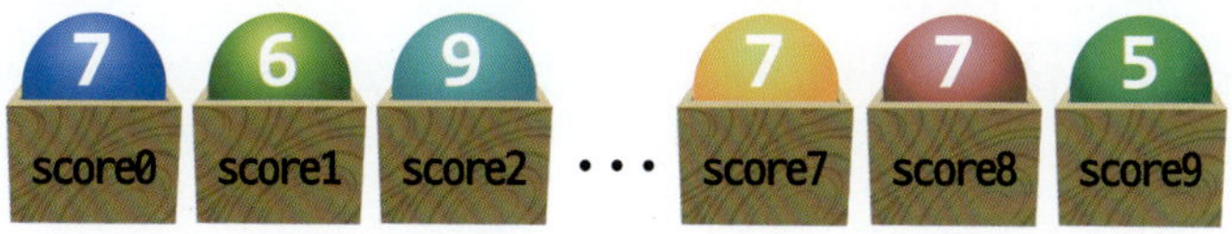

리스트 데이터는 [ ](대괄호)로 감싸져 있고, 각각의 값은 쉼표(,)로 구분됩니다. 또한 리스트 변수에 들어가는 값은 꼭 같은 자료형이 아니어도 됩니다. 즉, 다음과 같이 다른 자료형의 데이터도 포함될 수 있습니다 (student1 = ["홍길동", "1990-02-21", 90, 85, 100]). 리스트 변수에는 숫자와 문자의 조합뿐만 아니라 또 다른 리스트도 포함할 수 있습니다. 위의 student1 학생의 생년월일을 별도의 리스트 데이터로 표시할 수도 있습니다 (student1 = ["홍길동", [1990, 2, 21], 90, 85, 100]). 이처럼 리스트변수에는 여러 자료형을 함께 사용할 수도 있습니다.

리스트의 요소(항목)에 접근하기 위해서는 인덱스(첨자)를 사용할 수 있습니다. 위의 학생정보에서 이름을 파악하기 위해서는 student1[0]를, 국어성적은 student1[2]로 접근할 수 있습니다. 단, 리스트의 인덱스(첨자)는 0번부터 시작합니다.

5.1 리스트 기초 및 연산

1) 리스트 생성

리스트를 생성하는 방법은 다양합니다. 공백(비어 있는) 리스트를 생성할 때는 아래 코딩 예시와 같이 [ ] 기호를 사용하거나 생성자 함수 list()을 사용하여 생성할 수 있습니다. 요소를 가진 리스트를 생성할 때는 아래 코딩 예시의 list3와 같이 공백 리스트를 생성과 동시에 초기값을 사용하여 리스트를 생성할 수 있으며 코딩 예시의 list4와 같이 리스트 생성자(함수)와 동시에 range()함수를 사용하여 생성할 수도 있습니다.

코딩 예시

```
list1 = []                          # [ ] 기호를 사용하여 공백 리스트 생성
print("list1 :",list1)              # 리스트 출력

list2 = list()                      # 생성자(함수)를 사용하여 공백 리스트 생성
print("list2 :",list2)              # 리스트 출력

list3 = [80, 100, 90, 65]           # 요소를 가진 리스트 생성
print("list3 :",list3)              # 리스트 출력

list4 = list(range(3))              # range를 이용한 리스트 생성
print("list4 :",list4)              # 리스트 출력
```

```
list1 : []
list2 : []
list3 : [80, 100, 90, 65]
list4 : [0, 1, 2]
```

2) 리스트 요소 접근

리스트의 장점은 많은 양의 데이터를 하나의 이름으로 간편하게 사용하는 데 있습니다. 이를 위해서는 많은 양의 데이터 중에서 특정한 데이터를 참조하고 수정하는 방법을 익혀야 합니다. 일반적인 리스트의 생성 방법은 다음과 같습니다 (리스트명 = [요소값1, 요소값2, 요소값3, ...]). 예를 들면, a = [4, 6, 2, 5, 8, 1]의 경우 6개의 데이터를 1개의 리스트로 만들어 변수 a의 값으로 주어진 것이며, 첫번째 요소값이 4이고, 6은 두번째 요소값입니다.

인덱싱(Indexing)은 리스트에서 요소값 하나하나를 개별적으로 가리키는 방법을 의미합니다. 리스트 자료형은 각각의 요소값에 0번부터 시작하는 순번(인덱스)를 가지고 있습니다. 예를 들어, a = [4, 6, 2, 5, 8, 1]에서 리스트명은 a이며 첫 번째 요소값은 a[0]로 표현하며 값은 4입니다. 두 번째 요소값은 a[1]으로 표시되며 값은 6, 요소 a[2]의 값은 2, 요소 a[3]의 값은 5, 요소 a[4]의 값은 8, 요소 a[5]의 값은 1임을 의미합니다. 만약 리스트 길이를 넘어서는 인덱스에 접근할 때에는 오류가 발생하니 인덱스 사용에 주의해야 합니다.

코딩 예시

코드	결과	설명
a = ['John', 8, 5, 7]		# 요소를 가진 리스트 생성
print(a[0])	John	# 리스트 a의 1번째 요소의 값 출력
print(a[1])	80	# 리스트 a의 2번째 요소의 값 출력
print(a[2])	5	# 리스트 a의 3번째 요소의 값 출력
print(a[3])	70	# 리스트 a의 4번째 요소의 값 출력
print(a[4])	Index Error	# 리스트 범위 넘는 요소 접근 오류

3) 리스트 요소값 변경

리스트의 요소값을 변경하는 방법은 크게 2가지가 있습니다. 초기화를 통해 요소값 전체를 할당하거나 인덱스를 이용하여 특정 요소값을 변경하는 방법입니다. 초기화는 대괄호([,]) 안에 요소값을 직접 나열하는 방법이 일반적이며, * 연산자나 + 연산자를 이용하여 리스트를 연결하거나 반복하는 방법으로 편리하게 나열할 수도 있습니다.

a = [0] * 3은 0의 값을 3번 반복하는 초기화 연산입니다. 즉, a = [0, 0, 0]과 같은 의미입니다. +는 기존의 리스트를 연결하여 새로운 리스트를 생성합니다. b = [1, 2, 3] + [4, 5]는 두 개의 리스트를 연결하여 새로운 리스트 [1, 2, 3, 4, 5]를 생성해서 변수 b의 값으로 할당합니다.

리스트 데이터의 특정 요소값에 접근할 때는 "리스트-변수명[인덱스]" 형식을 사용하며, 특정 요소값을 변경하고자 할 때는 대입문을 사용하면 됩니다. 이는 변수에 저장된 값을 다른 값으로 변경하고자 할 때 대입문을 사용한 것과 같은 방식으로, 리스트 인덱스를 사용한 대입문으로 리스트 요소값을 변경하는 것입니다. 위에서 초기화한 리스트 변수 b의 3번째 요소값을 99로 수정하고자 하면 b[2] = 99라고 하면 됩니다.

코딩 예시

코드	결과	설명
`n = [0] * 3`		# 리스트 초기화
`print("n =", n)`	n = [0, 0, 0]	# 리스트 출력
`for i in range(0, 3) :`		# 3번 반복하여
`    n[i] = int(input())`	4 6 2	# 숫자 입력, 리스트 변경
`print("n =", n)`	n = [4, 6, 2]	# 리스트 출력

4) for 변수 in 리스트

리스트 데이터는 for 문과 결합하여 효과적인 코딩에 많이 활용되고 있습니다. 아래 표의 왼쪽 코드 예시는 range()함수를 사용하여 몇 번 반복할지 정하고 인덱스값을 활용하여 리스트의 각 요소에 접근하는, 즉 a[i] 형태로 접근하는 간접 접근 방식을 보여주고 있습니다. len()는 함수는 리스트의 길이를 반환하는 함수로 아래 표의 왼쪽 코드에서는 5를 넘겨줍니다.

이에 반해 아래표의 오른쪽 코드는 리스트의 크기를 사용하지 않고 각각의 요소를 직접 사용하는 코딩 방식입니다(i in a). i에 리스트 a의 요소를 순차적으로 직접 할당해 줍니다. 직관적으로 이해하기가 쉬울 뿐만 아니라 코드가 단순해지는 장점이 있는 코딩 방식입니다. 요소값의 변경이 없고 참조만 하는 경우라면 사용하기 좋은 방식이라 하겠습니다.

	리스트 간접 접근 방식	리스트 직접 접근 방식
정의	range를 이용하여 리스트에 접근	in을 이용하여 리스트에 접근

코딩 예시	`a = [4, 6, 2, 5, 8, 1]`
	`for i in range(len(a)):`
	`    print(a[i], end = " ")`
		`a = [4, 6, 2, 5, 8, 1]`
		`for i in a:`
		`    print(i, end = " ")`

결과	4 6 2 5 8 1	4 6 2 5 8 1
비교설명	range()함수를 이용하여 인덱스에 접근 후 리스트 요소 출력	in 연산자를 이용하여 리스트에 직접 접근 후 리스트 요소 출력

5) 리스트 연산자 종류

리스트는 인덱스를 통해 특정 요소에 접근이 가능하기 때문에 반복문을 이용한 간접 접근 방식이 널리 사용되고 있습니다. 파이썬에서는 다양한 연산자들과 함수도 추가로 제공하여 리스트 데이터 처리의 편리성을 더욱 높여주고 있습니다.

리스트는 덧셈 연산자(+)나 곱셈 연산자(*)를 이용하여 기존의 리스트를 연결하거나 반복하는 연산이 가능합니다. 리스트 초기화에 편리하게 사용할 수 있습니다.

특정 값이 리스트에 존재하는지 존재하지 않는지 검사하고 싶은 경우 in 혹은 not in 연산자를 이용할 수 있습니다. 결괏값은 참(True) 또는 거짓(False) 둘 중의 하나의 값을 반환합니다. 리스트에 특정 값이 있다는 것을 알게 되면, 같은 값이 몇 개나 있는지 확인할 수 있는 count( ), 리스트에서의 위치를 알려주는 index( ) 등의 내장함수와 결합하여 더욱 효과적인 리스트 데이터 처리가 가능합니다.

슬라이싱(:) 연산자는 리스트에서 여러 개의 요소값들을 한번에 추출하는 기법입니다. 슬라이싱의 형식은 변수명[시작_인덱스:끝_인덱스] 형식을 취합니다. '시작_인덱스'이상 '끝_인덱스' 미만의 리스트를 반환합니다 (끝_인덱스까지가 아닌, 미만임을 유의해야 합니다). 슬라이싱을 할 때 첫 시작부터 슬라이싱을 하거나 ([:3]), 끝까지 슬라이싱을 할 때에는([3:])에는 인덱스를 생략할 수 있습니다. 시작부터가 아니라 맨 마지막으로부터 슬라이싱을 할 때에는 인덱스를 음수를 사용하여 처리할 수 있습니다.

6) 리스트 연결 및 반복

리스트를 초기화하는데 편리하게 사용하는 연산자로 +와 *가 있습니다. 덧셈 연산자(+)는 리스트와 리스트를 연결하는 연산자로 반드시 리스트 자료에만 사용해야 합니다. 리스트 변수 a = [4, 6, 2]와 b = [5, 8, 1]이 있을 때, a + b의 결괏값은 두 리스트가 연결된 [4, 6, 2, 5, 8, 1] 이라는 새로운 리스트가 생성됩니다.

곱셈 연산자(*)를 사용하면 리스트의 반복이 되어, 한꺼번에 동일한 데이터값을 할당할 때 편리하게 사용합니다. [리스트 * 자연수]의 형태로만 사용해야 하며 리스트 요소를 자연수만큼 반복합니다. 예를 들어 [1, 2, 3] * 2이면 [1, 2, 3, 1, 2, 3] 이라는 새로운 리스트가 생성됩니다. 곱해지는 값으로 자연수만 가능한 관계로 [리스트 * 리스트]는 허용되지 않습니다.

코딩 예시

```
a = [4, 6, 2]                            # 리스트 변수 a 초기화
b = [5, 8, 1]                            # 리스트 변수 b 초기화
result = a + b                           # 리스트 연결 : 변수 a에 변수 b 연결
print(a, "+", b, "=", result)            # 리스트 출력
result = a * len(b)                      # 리스트 복사 : 변수 a를 3번 복사
print(a, "*", len(b), "=", result)       # 리스트 출력
```

```
[4, 6, 2] + [5, 8, 1] = [4, 6, 2, 5, 8, 1]
[4, 6, 2] * 3 = [4, 6, 2, 4, 6, 2, 4, 6, 2]
```

7) 리스트 요소 확인

[변수 in 리스트]는 특정 변수값이 리스트에 포함되었는지 아닌지 판단하는 연산자입니다. 즉, 변수값이 어떤 요소값과 같으면 참(True), 일치하는 리스트 요소값이 없으면 거짓(False)을 반환하여 리스트 안에 있는지 여부를 판별합니다.

[변수 not in 리스트]는 변수값이 리스트에 없는지 여부를 확인하는 연산자입니다. 요소값이면 거짓 (False), 요소값이 아니면 참 (True)을 반환합니다. in 연산자의 반대 결과를 반환합니다. not in 연산자가 없어도 리스트에 없는지 확인할 수 있는 방법은 있습니다. in 연산자를 사용하고 그 값을 Not으로 연산하여 동일한 결과를 얻을 수 있습니다만, 파이썬에서는 사용자의 편리성을 위해서 not in 연산자를 별도로 제공하고 있습니다.

코딩 예시

```
a = [4, 6, 2, 5, 8, 1]           # 리스트 변수 a 초기화

b = 7 in a                       # 7은 리스트 변수 a의 원소인가?
print(b)                         # 논리형 변수 b 출력

c = 7 not in a                   # 7은 리스트 변수 a의 원소가 아닌가?
print(c)                         # 논리형 변수 c 출력
```

```
False
True
```

8) 리스트 슬라이싱

슬라이싱은 리스트의 일부분을 가져오기 위해 제공하는 연산자입니다. 인덱스를 활용하여 문자열의 일부를 가져오는 방법입니다. 인덱스는 0번부터 시작한다는 것을 다시 한번 강조합니다. 리스트 요소에 접근할 때 0부터 양수를 주로 사용하지만, 음수도 인덱스로 지정할 수 있습니다. a[0], a[1]과 같이 사용할 때는 앞에서부터 리스트 요소를 참조한다면, 음수는 뒤에서부터 리스트 요소를 참조하게 됩니다. 인덱스 [0]은 맨 앞에 있는 첫 번째 요소를 참조하고, [−1]은 가장 마지막에 있는 요소를 참조합니다. 따라서 [−2]는 뒤에서 2번째 요소를 참조하게 됩니다.

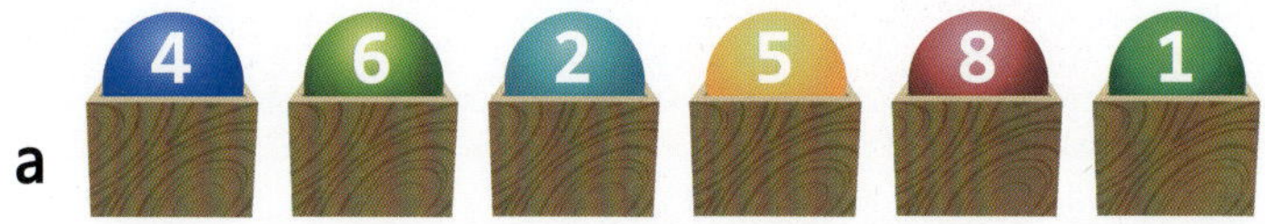

인덱스 1	i	0	1	2	3	4	5
인덱스 2	i	−6	−5	−4	−3	−2	−1
인덱스 요소	a[i]	4	6	2	5	8	1

코딩 예시

```
a = [4, 6, 2, 5, 8, 1]                     # 리스트 변수 a 초기화

print(a[-1])        1                      # 인덱스 -1 요소의 값 출력
print(a[-2])        8                      # 인덱스 -2 요소의 값 출력
print(a[-3])        5                      # 인덱스 -3 요소의 값 출력
print(a[-4])        2                      # 인덱스 -4 요소의 값 출력
print(a[-5])        6                      # 인덱스 -5 요소의 값 출력

print(a[-2:])       [8, 1]                 # 인덱스 -2~마지막 요소의 리스트 출력
print(a[:-2])       [4, 6, 2, 5]           # 인덱스 -5~-1 요소의 리스트 출력
print(a[-3:-1])     [5, 8]                 # 인덱스 -3~-2 요소의 리스트 출력

print(a[-1:-3])     []                     # 인덱스 -1~-3 요소의 리스트 출력
```

9) 문자열 슬라이싱

리스트가 순서 있는 연속된 상자들의 모임이라면 문자열은 순서 있는 연속된 문자들의 모임이라고 할 수 있습니다. 순서가 있다는 것은 인덱스를 통하여 요소에 접근 가능하고 슬라이싱을 통하여 요소들 일부분을 추출할 수 있다는 것입니다. 따라서 문자열도 슬라이싱이 가능합니다. 단, 리스트는 요소의 값을 변경할 수 있지만 문자열은 변경 불가능합니다.

a = 'apple mango'

인덱스 1	i	0	1	2	3	4	5	6	7	8	9	10
인덱스 2	i	-11	-10	-9	-8	-7	-6	-5	-4	-3	-2	-1
인덱스 요소	a[i]	a	p	p	l	e		m	a	n	g	o

문자열이 순서 있는 연속된 데이터의 모임이라는 점에서 리스트와 똑같기 때문에 앞서 살펴본 리스트 연산자들을(연결 +, 반복 *, 소속 in/not in, 슬라이싱 :) 문자열 데이터에도 동일하게 사용할 수 있습니다.

코딩 예시

코드	결과	설명
a = "apple" + " " + "mango"		# 문자열 연결
print(a)	apple mango	# 문자열 출력
print("apple" * 2)	appleapple	# 문자열 복사
print("apple" in a)	True	# a에 "apple" 존재하는가?
print("banana" in a)	False	# a에 "banana" 존재하는가?
print("mango" not in a)	False	# a에 "mango" 존재하지 않는가?
print(a[4])	e	# 인덱스 4 요소값(문자) 출력
print(a[8])	n	# 인덱스 8 요소값(문자) 출력
print(a[6:])	mango	# 인덱스 6~마지막 요소 출력
print(a[:5])	apple	# 인덱스 0~4 요소 문자열 출력
print(a[4:8])	e ma	# 인덱스 4~7 요소 문자열 출력

실습 문제 1

철수의 중간고사 성적은 국어 : 60, 수학 : 70, 영어 : 80, 기말고사 성적은 국어 : 90, 수학 80, 영어 : 100점입니다. 이때 철수의 모든 성적을 나타내는 리스트를 출력하는 프로그램을 작성하시오.
(출력 예시 : Result = [60, 70, 80, 90, 80, 100])

```
mid = [60, 70, 80]
final = [90, 80, 100]
result = mid + final
print("Result =", result)
```

```
Result = [60, 70, 80, 90, 80, 100]
```

실습 문제 2

고등학교 1학년을 마친 민제의 국어, 수학, 영어 점수는 81, 95, 85점입니다. 고등학교 3년동안 1학년때 받았던 성적을 그대로 받는다고 가정할 때 모든 점수와, 평균점수를 출력하는 프로그램을 작성하시오.

출력 예시 :

Total = [81, 95, 85, 81, 95, 85, 81, 95, 85]

Result = 87

```
total = [81, 95, 85] * 3
result = 0
for i in total:
    result += i
print("Total =", total)
print("Result =", result / len(total))
```

```
Total = [81, 95, 85, 81, 95, 85, 81,
        95, 85]
Result = 87.0
```

실습 문제 3

일주일 뒤에 고등학교를 졸업하는 민제의 학기당 평균 성적은 78, 81, 90, 85, 95, 97입니다. 민제는 첫 번째 학기의 성적과 마지막 학기의 성적을 비교해 보려고 합니다. 첫 번째 학기의 성적과 마지막 학기의 성적을 출력하는 프로그램을 작성하시오.

출력 예시 :

First = 78

Last = 97

```
grade = [78, 81, 90, 85, 95, 97]
first = grade[0]
print("First =", first)
last = grade[-1]
print("Last =", last)
```

➡

```
First = 78
Last = 97
```

실습 문제 4

리스트가 a = [1, 3, 5, 2, 4]와 b = [5, 7, 9, 4, 6] 와 같이 주어졌을 때, 리스트 b의 네 번째 값이 리스트 a의 요소값인지 요소값이 아닌지를 판별하여 요소값인 경우는 "True"를 출력하고 요소값이 아닌 경우는 "False"를 출력하는 프로그램을 작성하시오.

출력 예시 :

True

False

```
a = [1, 3, 5, 2, 4]
b = [5, 7, 9, 4, 6]
if b[3] in a :
    print("True")
else:
    print("False")
```

➡

```
True
```

5.2 리스트 탐색

이번 절에서는 일상생활에서 많이 사용하는 리스트 탐색에 대하여 공부하도록 하겠습니다. 리스트 탐색은 리스트를 순서대로 순회하면서 필요한 작업을 하는 것입니다. 리스트의 길이를 구할 수도 있고, 리스트의 각 요소들의 값을 합산할 수도 있습니다. 또한, 리스트에서 가장 큰 값인 최댓값을 구할 수도 있고, 가장 작은 값인 최솟값을 구할 수도 있습니다. 또한, 인덱스 값 구하기 및 빈도수 구하기 등 여러 가지 기능을 수행할 수 있습니다. 아래 그림에서 len()은 문자열 또는 리스트의 길이를 반환(return)하는 내장함수로 이번 장에서 자세히 배우겠습니다.

1) 리스트 순회

리스트 데이터를 찾아가는 순회 방법으로 인덱스를 이용한 간접 접근 방식이 일반적으로 사용됩니다. 특히 for 문을 활용하여 range()함수와 len()함수를 조합한 방식이 대표적으로 사용됩니다. 예를 들어 리스트 a = [4, 6, 2, 5, 8, 1]가 주어졌을 때, "for i in range(len(a))"를 활용해서 for 블록 내에서 i를 인덱스로 사용하는 a[i]를 이용하는 방식입니다. 리스트 a = [4, 6, 2, 5, 8, 1]의 순회 과정을 자세히 표현하면 아래와 같습니다.

리스트 길이	1	2	3	4	5	6
i	0	1	2	3	4	5
a[i]	4	6	2	5	8	1

2) 리스트 길이 구하기

리스트 길이와 합계 및 최댓값/최솟값을 구하는 코딩 작업은 반복문을 통해서 빈번하게 작성하는 일반적인 코딩 기술이라 할 수 있습니다. 이번 장에서 배울 리스트의 고유함수 len(), sum(), max(), min()을 사용하여 원하는 결괏값을 구할 수 있지만, 여러분 스스로 직접 코딩할 수 있도록 실습으로 익히는 것이 필요합니다. 따라서 len()함수를 사용하지 않고 리스트의 길이를 계산하는 코딩 방법부터 알아보도록 하겠습니다.

갯수를 구하는 일반적인 코딩 방법은 다음과 같습니다. 크기를 0으로 초기화한 후에, 반복문 내부에서 크기를 1씩 증가시키는 방법을 사용합니다. 아래 코딩 예시와 같이 리스트의 길이를 나타내는 length 변수를 반복문 전에 0으로 초기화하고, 리스트 순회하는 반복문 내에서 값을 1씩 증가시키면(length += 1) 됩니다. 반복문이 끝나고 출력문에서 사용하는 length값이 리스트의 개수를 나타냅니다. 리스트의 길이를 구하는 코딩을 직접 실습해 본 관계로 앞으로는 파이썬에서 제공하는 리스트의 고유함수 len()함수를 사용하도록 하겠습니다.

코딩 예시

```
a  = [4, 6, 2, 5, 8, 1]              # 리스트 초기화

length = 0                           # 길이 초기화
for i in a :                         # 리스트의 요소 개수만큼 반복하여
    length += 1                          # 길이 1 증가

print("Length =", length)            # 리스트 길이 출력
```

```
Length = 6
```

3) 리스트 총합

리스트 총합은 리스트를 구성하는 요소값들의 총합입니다. 리스트의 총합의 경우도 내장함수 sum()함수를 통하여 리스트 총합을 계산할 수 있습니다. 여기서는 sum() 함수를 사용하지 않고 리스트의 총합을 계산하는 코딩 방법을 알아보겠습니다.

합계를 구하는 일반적인 코딩은, 개수를 구하는 코딩과 유사합니다. 합계값을 0으로 초기화한 후에, 반복문 내부에서 1씩 증가하지 않고 요소값을 더하여 합계값을 계산하면 됩니다.

〈 리스트 총합 구하기 〉

단계	데이터 (a)						sum	수행 과정
	0	1	2	3	4	5		
1	4	6	2	5	8	1	4	변수 sum에 리스트의 첫 번째 값인 (a[0] = 4)를 대입
2	4	6	2	5	8	1	10	(sum = 4)에 두번째 값인(a[1] = 6)을 누적하여 덧셈
3	4	6	2	5	8	1	12	(sum = 10)와 세번째 값인(a[2] = 2)를 누적하여 덧셈
4	4	6	2	5	8	1	17	(min = 12)와 네번째 값인(a[3] = 5)를 누적하여 덧셈
5	4	6	2	5	8	1	25	(min = 17)와 다섯번째 값인 (a[4] = 8)을 누적하여 덧셈
6	4	6	2	5	8	1	26	(max = 25)와 여섯번째 값인 (a[5] = 1)을 누적하여 덧셈
7	4	6	2	5	8	1	26	모든 리스트를 탐색하였으므로 반복문 종료

아래의 코딩 예시와 같이 리스트의 총합 변수 sum을 반복문 전에 0으로 초기화하고, 리스트를 순회하는 반복문 내에서 리스트 요소값을 누적시키면(sum += i) 됩니다. 반복문이 끝나고 사용하는 sum의 값이 리스트의 총합입니다. 리스트의 길이와 마찬가지로 리스트의 총합도 앞으로는 직접 코딩하지 않고 sum()함수를 사용하도록 하겠습니다.

코딩 예시

```
a  = [4, 6, 2, 5, 8, 1]         # 리스트 초기화

sum = 0                         # 총합 초기화
for i in a :                    # 리스트의 요소 개수만큼 반복하여
   sum += i                        # 총합 누적

print("Sum =", sum)             # 리스트 총합 출력
```

```
Sum = 26
```

4) 리스트 최댓값

최댓값과 최솟값을 구하는 코딩은 리스트와 관련해서 많이 이용되는 부분이어서 여러분들이 직접 실습을 통해서 코딩 능력을 확보할 필요가 있습니다. 최댓값과 최솟값 구하는 패턴은 그 구성이 동일합니다. 반복문 전에 초기화하고, 반복문 내에서 값의 크기를 비교하며, 큰 값을 유지할 것이냐 작은 값을 유지할 것이냐의 차이만 있습니다. 최댓값 또한 내장함수 max()함수를 통하여 리스트 최댓값을 구할 수 있습니다.

리스트 최댓값(Maximum)을 구하는 과정을 검토해 보겠습니다. 리스트 a = [4, 6, 2, 5, 8, 1] 중에서 가장 큰(최대)값 8을 반환하는 코드입니다. 최댓값을 구하는 과정은 리스트 요소값의 크기를 비교하는 연산을 활용하면 됩니다. 아래 수행 과정을 바탕으로 설명해 보겠습니다.

〈 리스트에서 Max 값 찾기 〉

단계	데이터 (a)						max	수행 과정
	0	1	2	3	4	5		
1	4	6	2	5	8	1	4	변수 max에 리스트의 첫 번째 값인 (a[0] = 4)를 대입
2	4	6	2	5	8	1	6	(max = 4)와 두번째 값인(a[1] = 6)을 비교한 후 a[1] 값이 크므로 max에 a[1] 대입
3	4	6	2	5	8	1	6	(max = 6)과 세번째 값인(a[2] = 2)를 비교한 후 max 값이 크므로 max 유지
4	4	6	2	5	8	1	6	(max = 6)과 네번째 값인(a[3] = 5)를 비교한 후 max 값이 크므로 max 유지
5	4	6	2	5	8	1	8	(max = 6)과 다섯번째 값인 (a[4] = 8)를 비교한 후 a[4] 값이 크므로 max에 a[4] 대입
6	4	6	2	5	8	1	8	(max = 8)과 여섯번째 값인 (a[5] = 1)를 비교한 후 max 값이 크므로 max 유지
7	4	6	2	5	8	1	8	모든 리스트를 탐색하였으므로 반복문 종료

먼저 최댓값을 구할 리스트 데이터가 전체 개수와 함께 주어집니다. 총 6개의 리스트 데이터 a의 값이 [4, 6, 2, 5, 8, 1]로 주어져 있는 것이죠. 1단계는 처음 1개로 구성된 리스트(a[0]~a[0]=[4])에 대해서 최댓값을 구합니다. 이 경우 데이터가 1개뿐이므로 최댓값은 a[0]입니다. max이라는 최댓값 변수에 a[0](4)를 할당하면 됩니다. 즉, 1개의 리스트 데이터에 대한 최댓값을 찾아낸 것입니다.

2단계에서는 1단계의 리스트 데이터에 1개가 추가되었습니다. 2개로 구성된 리스트(a[0]~a[1]=[4, 6]) 중에서 최댓값을 찾아야 합니다. 그런데 마지막 요소 a[1]이 추가되기 전까지의 최댓값은 4이며, 그 결과는 max 변수에 할당되어 있습니다. 따라서 max값과 추가된 요소 (a[1]=6) 중 큰 값이 최댓값이 됩니다. 2단계에서 추가된 요소값이 6으로 기존의 max값보다 크므로, max 변수의 값에 새로운 최댓값(a[1]=6)을 할당합니다.

3단계는 3개로 구성된 리스트(a[0]~a[2]=[4, 6, 2])에 대해서 기존의 최댓값(max=6)과 추가된 요소값(a[2]=2)을 비교하여 새로운 최댓값을 정합니다. 3단계에서 추가된 값 요소값(a[2]=2)는 기존의 최댓값 6보다 작으므로 기존의 최댓값 6이 그대로 유지됩니다.

4단계, 5단계 역시 동일한 방식으로 진행하여, 리스트의 크기가 애초 주어진 리스트와 일치할 때 결정된 최댓값이 우리가 구하고자 하는 리스트의 최종 최댓값이 됩니다. 지금까지 설명을 바탕으로 하는 최댓값 코딩은 아래 예시를 참고하기 바랍니다.

코딩 예시

```
a = [4, 6, 2, 5, 8, 1]            # 리스트 초기화
max = a[0]                        # 최댓값을 리스트의 첫 번째 값으로 선언

for i in a :                      # 리스트의 요소 개수만큼 반복하여
    if max < i :                      # 현재 누적된 최댓값보다 i가 크면
        max = i                           # 최댓값을 i로 변경

print("Max =", max)               # 리스트 내의 최댓값 출력
```

```
Max = 8
```

5) 리스트 최솟값

리스트 최솟값을 구하는 기능은 최댓값을 구하는 과정과 비슷합니다. 반복문 전에 최솟값을 초기화하고, 반복문내에서 값의 크기를 비교하는 구성 패턴도 동일하며, 단지 최댓값 구하는 과정에서 큰 값을 유지하던 것과 반대로 작은 값을 유지하면 됩니다. 파이썬에는 리스트 내장함수로 min()이라는 최솟값을 구하는 기능을 제공하고 있습니다. min() 내장함수를 사용하지 않고 리스트의 최솟값을 구하는 방법을 알아보겠습니다.

리스트 최솟값(Minimum)을 구하는 기능을 구현해 보겠습니다. 리스트 a = [4, 6, 2, 5, 8, 1] 중에서 가장 작은(최소)값 1을 반환하는 코드입니다. 최솟값을 구하는 과정은 리스트 요소값의 크기를 비교하는 연산을 활용하면 됩니다. 아래 수행 과정을 바탕으

로 설명해 보겠습니다.

〈 리스트에서 Min 값 찾기 〉

단계	데이터 (a)						min	수행 과정
	0	1	2	3	4	5		
1	4	6	2	5	8	1	4	변수 min에 리스트의 첫 번째 값인 (a[0] = 4)를 대입
2	4	6	2	5	8	1	4	(min = 4)와 두번째 값인(a[1] = 6)을 비교한 후 a[1] 값이 작으므로 min 유지
3	4	6	2	5	8	1	2	(min = 4)와 세번째 값인(a[2] = 2)를 비교한 후 a[2] 값이 작으므로 min에 a[2] 대입
4	4	6	2	5	8	1	2	(min = 2)와 네번째 값인(a[3] = 5)를 비교한 후 min 값이 작으므로 min 유지
5	4	6	2	5	8	1	2	(min = 2)와 다섯번째 값인 (a[4] = 8)을 비교한 후 min 값이 작으므로 min 유지
6	4	6	2	5	8	1	1	(max = 2)와 여섯번째 값인 (a[5] = 1)를 비교한 후 a[5] 값이 작으므로 min에 a[5] 대입
7	4	6	2	5	8	1	1	모든 리스트를 탐색하였으므로 반복문 종료

먼저 최솟값을 구할 리스트 데이터가 전체 개수와 함께 주어집니다. 총 6개의 리스트 데이터 a의 값이 [4, 6, 2, 5, 8, 1]로 주어져 있는 것이죠. 1단계는 처음 1개로 구성된 리스트(a[0]~a[0]=[4])에 대해서 최솟값을 구합니다. 이 경우 데이터가 1개뿐이므로 최솟값은 a[0]입니다. min이라는 최솟값 변수에 a[0](4)를 할당하면 됩니다. 즉, 1개의 리스트 데이터에 대한 최솟값을 찾아낸 것입니다.

2단계에서는 1단계의 리스트 데이터에 1개가 추가되었습니다. 2개로 구성된 리스트(a[0]~a[1]=[4, 6]) 중에서 최솟값을 찾아야 합니다. 그런데 마지막 요소 a[1]이 추가되기 전까지의 최솟값은 4이며, 그 결과는 min변수에 할당되어 있습니다. 따라서 기존의 min값과 추가된 요소값(a[1]=6) 중 작은 값이 최솟값이 됩니다. 2단계에서 추가된 요소값(a[1])이 6으로 기존의 min값보다 크므로, 기존의 최솟값 4가 그대로 유지되어 2단계에서의 최솟값은 4 대로 유지되었습니다.

3단계는 3개의 리스트 데이터(a[0]~a[2]=[4, 6, 2])에 대해서 기존의 최솟값(min=4)과 추가된 요소값(a[2]=2)을 비교하여 새로운 최솟값을 정합니다. 추가된 값 2는 기존 최솟값 4보다 작으므로 min 변수의 값에 새로운 최솟값(a[2]=2)를 할당합니다. 4단계, 5단계 역시 동일한 방식으로 진행하여, 리스트의 크기가 애초 주어진 리스트와 일치할 때 결정된 최솟값이 우리가 구하고자 하는 리스트의 최종 최솟값이 됩니다. 지금까지 설명을 바탕으로 하는 최솟값 코딩은 아래 코딩 예시를 참고하기 바랍니다.

코딩 예시

```
a = [4, 6, 2, 5, 8, 1]              # 리스트 초기화

min = a[0]                          # 최솟값을 리스트의 첫 번째 값으로 선언

for a_i in a :                      # 리스트의 요소 개수만큼 반복하여
   if min > a_i :                      # 현재 누적된 최솟값이 i보다 크면
        min = a_i                         # 최솟값을 i로 변경

print("Min =", min)                 # 리스트 내의 최솟값 출력
```

```
Min = 1
```

시나리오 1 (1장 화물열차 시나리오 소개 부분을 참고하시오.)

광물 도매업자는 광산 정거장에서 다이아몬드(원가 100원), 루비(원가 50원), 사파이어(원가 70원) 3가지 종류의 보석의 구매 개수를 입력받아 다이아몬드는 a 화물칸에 루비는 b 화물칸에, 사파이어는 c 화물칸에 싣고 출발합니다. 도시 정거장에 도착하여 보석의 종류 수 만큼 반복하여 1가지 종류씩 모두 소매업자에게 2배로 판매합니다. 마지막으로, 은행 정거장에 도착하여 총 판매금액을 은행에 저축합니다. 광물 도매업자가 광물을 구매하여 은행에 판매금액을 저축하는 과정을 프로그램으로 작성하시오.

```
NUM_JEWEL = 3                          # 보석 종류 수 3으로 초기화
Cost = [100, 50, 70]                   # 보석별 원가 리스트에 저장
a = [0]*NUM_JEWEL                      # 보석 판매금액[0, 0, 0]으로 초기화
rate = 2                               # 변수 rate에 2(원가의 2배) 저장

for i in range(NUM_JEWEL) :            # 보석 종류 수 3 만큼 반복
    a[i] = int(input())                    # 보석종류별 구매개수 입력

for i in range(NUM_JEWEL) :            # 보석 종류 수 3 만큼 반복
    a[i] = a[i] * Cost[i] * rate           # 보석 판매금액 계산

total_sales = 0                        # 총 판매액 0으로 초기화
for i in range(NUM_JEWEL) :            # 보석 종류 수 3 만큼 반복
    total_sales += a[i]                    # 보석별 판매금액 누적

balance = 0                            # 잔액 0 저장
balance += total_sales                 # 총 판매액을 잔액에 합산
print("Balance = %d, Deposit = %d" %   # 잔액과 저축액 출력
(balance, total_sales))
```

```
3
4
5
Balance = 1700, Deposit = 1700
```

시나리오 2 (1장 화물열차 시나리오 소개 참고하시오.)

광물 도매업자는 광산 정거장에서 다이아몬드(원가 100원), 루비(원가 50원), 사파이어(원가 70원) 3가지 종류의 보석의 구매 개수를 입력받아 다이아몬드는 a 화물칸에 루비는 b 화물칸에, 사파이어는 c 화물칸에 싣고 출발합니다. 도시 정거장에 도착하여 보석의 종류 수 만큼 반복하여 루프를 돌면서 1가지 종류씩 모두 소매업자에게 2배로 판매합니다. 마지막으로, 은행 정거장에 도착하여 총 판매 금액을 은행에 저축하고 총 구매금액을 차감합니다. 광물 도매업자가 광물을 구매하여 은행에 판매금액을 저축하고 구매금액을 차감하는 과정을 프로그램으로 작성하시오.

```
NUM_JEWEL = 3                              # 보석 종류 수 3으로 초기화
Cost = [100, 50, 70]                       # 보석별 원가 리스트에 저장
a = [0] * NUM_JEWEL                        # 보석 판매금액[0, 0, 0]으로 초기화
rate = 2                                   # 변수 rate에 2(원가의 2배) 저장
total_cost, total_sales = 0, 0             # 총 구매비용 및 판매금액 0 초기화

for i in range(NUM_JEWEL) :                # 보석 종류 수 3 만큼 반복
    a[i] = int(input())                      # 보석종류별 구매개수 입력
    total_cost += a[i] * Cost[i]             # 총 구매비용 계산하여 누적

for i in range(NUM_JEWEL) :                # 보석 종류 수 3 만큼 반복
    a[i] = a[i] * Cost[i] * rate             # 보석종류별 판매금액 계산
    total_sales += a[i]                      # 보석종류별 판매금액 누적

balance = 0                                # 잔액 0으로 저장
balance += total_sales                     # 판매금액을 잔액에 합산

print("Balance = %d, Deposit = %d"         # 잔액과 저축액 출력
%(balance, total_sales))

balance -= total_cost                      # 잔액에서 구매금액 차감

print("Balance = %d, Withdraw = %d"        # 잔액과 출금액 출력
%(balance, total_cost))
```

```
3
4
5
Balance = 1700, Deposit = 1700
Balance = 850, Withdraw = 850
```

시나리오 3 광물 도매업자가 광산 정거장에서 다이아몬드(원가 100원), 루비(원가 50원), 사파이어(원가 70원) 3가지 종류의 보석의 구매 개수를 입력받아 다이아몬드는 a 화물칸에 루비는 b 화물칸에, 사파이어는 c 화물칸에 싣고 출발합니다. 도시 정거장에 도착하여 보석의 종류 수 만큼 반복하여 루프를 돌면서 1가지 종류씩 모두 소매업자에게 2, 3, 4배(한 바퀴 돌 때마다 1씩 증가)로 판매합니다. 마지막으로, 은행 정거장에 도착하여 총 판매금액을 은행에 저축하고 총 구매금액을 차감합니다. 광물 도매업자가 광물을 구매하여 판매금액을 은행에 저축하고 구매 금액을 차감하는 과정을 프로그램으로 작성하시오. (단, 운임 500 / 반복)

```
NUM_JEWEL = 3                                  # 보석 종류 수 3으로 초기화
Cost = [100, 50, 70]                           # 보석별 원가 리스트에 저장
a = [0] * NUM_JEWEL                            # 보석 판매금액 [0, 0, 0]으로 초기화
rate = 2   # 한 바퀴 돌 때마다 1 증가          # 변수rate에 2(원가의 2배) 저장
total_cost, total_sales = 0, 0                 # 구매비용과 판매금액 0으로 초기화

for i in range(NUM_JEWEL) :                    # 보석 종류 수 3 만큼 반복
    a[i] = int(input())                            # 보석종류별 구매개수 입력
    total_cost += a[i] * Cost[i]                   # 총 구매비용 누적
for i in range(NUM_JEWEL) :                    # 보석 종류 수 3 만큼 반복
    a[i] = a[i] * Cost[i] * rate                   # 보석종류별 판매금액 계산
    total_sales += a[i]                            # 보석종류별 판매금액 누적
    rate += 1                                      # 원가대비 배수를 1씩 증가
    total_cost += 500                              # 총 구매비용(반복마다 500더함) 누적

balance = 0                                    # 잔액을 0으로 저장
balance += total_sales                         # 판매금액을 잔액에 합산
print("Balance = %d, Deposit = %d"             # 잔액과 저축액 출력
%(balance, total_sales))
balance -= total_cost                          # 잔액에서 판매비용을 차감
print("Balance = %d, Withdraw = %d"            # 잔액과 출금액 출력
%(balance, total_cost))
```

```
3
4
5
Balance = 2600, Deposit = 2600
Balance = 250, Withdraw = 2350
```

시나리오 4 빌 게이츠는 회전초밥집에서 저녁 식사를 하였습니다. 빌 게이츠는 본인 앞으로 지나가는 초밥을 무조건 선택하여 먹는다고 가정합니다. 회전 초밥이 1회전 돌아갈 동안 다음 메뉴 순서대로 각각 하나씩 나올 때 빌 게이츠가 먹은 총 식사금액을 출력하는 프로그램을 작성하시오.

메뉴와 가격은 다음과 같습니다.
연어알(1000원), 도미(3000원), 계란말이(1000원), 새우(2000원), 김밥(1000원), 참치(5000원)

```
fish_name = ['salmon roe',                # 초밥 종류 리스트에 초기화
             'red sea bream',             (연어알: salmon roe, 도미: red sea bream,
             'egg roll', 'shrimp',         계란말이: egg roll,  새우: shrimp,
             'kimbab', 'tuna']             김밥: kimbab,  참치: tuna)

fish_price = [ 1000, 3000, 1000, 2000,    # 각 초밥별 가격 리스트에 초기화
             1000, 5000 ]

price = 0                                  # 식사금액 0으로 초기화

for i in range(len(fish_price)) :          # 초밥 종류 수 6 만큼 반복
    price += fish_price[i]                   # 식사금액 누적

print("Total price =", price)              # 식사금액 출력
```

```
Total price = 13000
```

시나리오 4-1 위 시나리오에서 만약 3회전 돌아갈 동안 먹은 총 식사금액을 출력하는 프로그램을 작성한다면 프로그램의 어느 부분을 수정하면 될까요?

```
for rotate in range(3) :                   # 총 회전 수 3 만큼 반복
    for i in range(len(fish_price)) :        # 초밥 종류 수 6 만큼 반복
        price += fish_price[i]                 # 식사 금액 누적
```

시나리오 5 빌 게이츠는 회전초밥집에서 저녁 식사를 하였습니다. 빌 게이츠는 본인 앞으로 지나가는 초밥 중에서 새우와 1,000원짜리는 먹지 않는다고 가정할 때, 회전초밥이 1회전 돌아갈 동안 다음 메뉴 순서대로 하나씩 나올 때 빌 게이츠가 먹은 총 식사금액을 출력하는 프로그램을 작성하시오.

메뉴와 가격은 다음과 같습니다.
연어알(1000원), 도미(3000원), 계란말이(1000원), 새우(2000원), 김밥(1000원), 참치(5000원)

```
fish_name = ['salmon roe',                  # 초밥 종류 리스트에 초기화
             'red sea bream',               (연어알: salmon roe, 도미: red sea bream,
             'egg roll', 'shrimp',           계란말이: egg roll,  새우: shrimp,
             'kimbab', 'tuna']               김밥: kimbab,  참치: tuna)

fish_price = [ 1000, 3000, 1000, 2000,      # 각 초밥별 가격 리스트에 초기화
             1000, 5000 ]

price = 0                                   # 식사 금액 0으로 초기화
for i in range(len(fish_price)) :           # 초밥 종류 수 6 만큼 반복
    if fish_name[i] == 'shrimp':                # 초밥이름이 새우이면
        continue                                    # 반복문 시작점으로 이동
    if fish_price[i] == 1000 :                  # 초밥가격이 1,000원이면
        continue                                    # 반복문 시작점으로 이동
    price += fish_price[i]                      # 식사금액 누적

# 출력                                      # 식사금액 출력
print("Total price =", price)
```

```
Total price = 8000
```

시나리오 6 빌 게이츠는 회전초밥집에서 저녁 식사를 하였습니다. 빌 게이츠는 본인 앞으로 지나가는 초밥 중에서 새우와 1,000원짜리는 먹지 않는다고 가정할 때, 회전 초밥이 1회전 돌아갈 동안 다음 메뉴 순서대로 각각 하나씩 나올 때 회전 초밥이 돌아가는 총 회전수를 입력받은 후, 빌 게이츠가 회전초밥이 돌아갈 동안 먹은 총 식사금액을 출력하는 프로그램을 작성하시오.

메뉴와 가격은 다음과 같습니다.
연어알(1000원), 도미(3000원), 계란말이(1000원), 새우(2000원), 김밥(1000원), 참치(5000원)

```
fish_name = ['salmon roe',                    # 초밥 종류 리스트에 초기화
             'red sea bream',                 (연어알: salmon roe, 도미: red sea bream,
             'egg roll', 'shrimp',             계란말이: egg roll,  새우: shrimp,
             'kimbab', 'tuna']                 김밥: kimbab,  참치: tuna)

fish_price = [ 1000, 3000, 1000, 2000,        # 각 초밥별 가격 리스트에 초기화
             1000, 5000 ]

price = 0                                     # 식사금액 0으로 초기화
rotate = int(input("Input rotate = "))        # 총 반복횟수 입력
for rt in range(rotate) :                     # 입력받은 반복횟수 만큼 반복(외부 반복)
    for i in range(len(fish_name)) :            # 초밥 종류 수만큼 반복 (내부 반복)
        if fish_name[i] == 'shrimp' :               # 초밥이름이 새우이면
            continue                                    # 반복문 시작점으로 이동
        if fish_price[i] == 1000 :                  # 초밥가격이 1000원이면
            continue                                    # 반복문 시작점으로 이동
        price += fish_price[i]                      # 식사금액 누적

print("Total price =", price)                 # 식사금액 출력
```

```
Input rotate = 5
Total price = 40000
```

시나리오 7 트럼프는 회전초밥집에서 저녁 식사를 하였습니다. 회전초밥은 무한히 회전하고, 트럼프는 본인 앞으로 회전하는 초밥을 무조건 먹는다고 가정합니다. 회전초밥이 1회전 돌아갈 동안 다음 메뉴 순서대로 하나씩 나올 때, 트럼프가 먹고 싶은 초밥의 개수를 입력받은 후 총 식사금액을 출력하는 프로그램을 작성하시오.

메뉴와 가격은 다음과 같습니다.
연어알(1000원), 도미(3000원), 계란말이(1000원), 새우(2000원), 김밥(1000원), 참치(5000원)

```
fish_name = ['salmon roe',                  # 초밥 종류 리스트에 초기화
             'red sea bream',               (연어알: salmon roe, 도미: red sea bream,
             'egg roll', 'shrimp',           계란말이: egg roll,  새우: shrimp,
             'kimbab', 'tuna']               김밥: kimbab,  참치: tuna)

fish_price = [ 1000, 3000, 1000, 2000,      # 각 초밥별 가격 리스트에 초기화
               1000, 5000 ]

num = int(input("Input # of sushi = "))     # 먹고 싶은 초밥 개수 입력

idx = -1                                    # 리스트 인덱스 -1로 초기화
count, price = 0                            # 초밥 개수, 금액 0으로 초기화
while True :                                # 조건식이 참(True)이므로 무한 반복
    idx += 1                                    # 리스트의 인덱스 1씩 증가
    idx %= len(fish_name)                       # 인덱스 0부터 5까지 1씩 증가
    price += fish_price[idx]                    # 식사금액 누적
    count += 1                                  # 초밥 개수 1씩 증가
    if count >= num :                           # 먹고 싶은 초밥 개수 이상이면
        break                                       # while문 종료(식사 종료)

print("Total price =", price)               # 식사금액 출력
```

```
Input # of sushi = 14
Total price = 30000
```

시나리오 8 트럼프는 회전초밥집에서 저녁 식사를 하였습니다. 회전초밥은 무한히 회전하고, 트럼프는 본인 앞으로 회전하는 초밥을 무조건 먹는다고 가정합니다. 회전초밥이 1회전 돌아갈 동안 다음 메뉴 순서대로 하나씩 나올 때 트럼프의 보유 현금을 입력받은 후, 보유 금액 한도 내에서 트럼프가 먹은 총 접시 수를 출력하는 프로그램을 작성하시오. 단, 트럼프가 먹은 식사금액이 보유 금액을 초과하면 식사를 중단합니다.

메뉴와 가격은 다음과 같습니다.
연어알(1000원), 도미(3000원), 계란말이(1000원), 새우(2000원), 김밥(1000원), 참치(5000원)

```
fish_name = ['salmon roe',                # 초밥 종류 리스트에 초기화
             'red sea bream',             (연어알: salmon roe, 도미: red sea bream,
             'egg roll', 'shrimp',         계란말이: egg roll,  새우: shrimp,
             'kimbab', 'tuna']             김밥: kimbab,  참치: tuna)

fish_price = [ 1000, 3000, 1000, 2000,    # 각 초밥별 가격 리스트에 초기화
             1000, 5000 ]

money = int(input("Input money = "))      # 보유 금액 입력

idx = -1                                  # 리스트 인덱스 -1로 초기화
count, price = 0                          # 초밥 개수, 금액 0으로 초기화
while True :                              # 참(True)이므로 무한 반복
    idx += 1                              # 리스트의 인덱스 1씩 증가
    idx %= len(fish_name)                 # 인덱스 0부터 5까지 1씩 증가
    if price + fish_price[idx] > money :  # 식대가 보유금액을 초과하면
        break                             # if 문 빠져나감(식사 종료)
    price += fish_price[idx]              # 식사금액 누적
    count += 1                            # 초밥 개수 1씩 증가

print("Total dishes =", count)            # 총 초밥 접시 수 출력
```

```
Input money = 28000
Total dishes = 13
```

시나리오 9 트럼프는 회전초밥집에서 저녁 식사를 하였습니다. 회전초밥이 1회전 돌아갈 동안 다음 메뉴 순서대로 하나씩 나옵니다. 본인이 선택한 초밥을 하나씩 먹는다고 가정할 때, 트럼프가 먹고 싶은 초밥의 개수와 초밥의 이름을 입력받은 후, 트럼프가 먹은 총 식사금액을 출력하는 프로그램을 작성하시오.

메뉴와 가격은 다음과 같습니다.
연어알(1000원), 도미(3000원), 계란말이(1000원), 새우(2000원), 김밥(1000원), 참치(5000원)

```
fish_name = ['salmon roe',                 # 초밥 종류 리스트에 초기화
             'red sea bream',              (연어알: salmon roe, 도미: red sea bream,
             'egg roll', 'shrimp',          계란말이: egg roll,  새우: shrimp,
             'kimbab', 'tuna']              김밥: kimbab,  참치: tuna)

fish_price = [ 1000, 3000, 1000, 2000,     # 각 초밥별 가격 리스트에 초기화
             1000, 5000 ]

num = int(input("Input # of sushi = "))    # 먹고 싶은 초밥 개수 입력

price = 0                                  # 식사 금액 0으로 초기화
for i in range(num) :                      # 먹고 싶은 초밥 개수만큼 반복
    name = input("name = ")                    # 초밥 이름 입력
    idx = -1                                   # 리스트 인덱스 -1로 초기화
    while True :                               # 참(True)이므로 무한 반복
        idx += 1                                   # 리스트의 인덱스 1씩 증가
        if name == fish_name[idx] :                # 초밥 이름이 같다면
            price += fish_price[idx]                   # 식사금액 누적
            break                                      # if 문 빠져나감

print("Total price =", price)              # 식사금액 출력
```

```
Input # of sushi = 2
name = tuna
name = shrimp
Total price = 7000
```

시나리오 10 "SW" 과목 성적은 출석(10%), 과제(30%), 시험(60%)로 구성됩니다. 수강 학생은 총 8명이며 학생들이 획득한 점수는 아래 표와 같이 자료구조 리스트에 존재합니다. 구성된 비율대로 환산하여 총합을 계산한 후, 총합이 90점 이상이면 "A"학점, 80점 이상이면 "B"학점, 70점 이상이면 "C"학점, 60점 이상이면 "D"학점, 60점 미만이면 "F"학점으로 학점이 결정됩니다. "SW" 과목을 수강하는 총 8명 학생들의 총합의 평균 점수, 총합의 최대 점수, 총합의 최소 점수를 출력하는 프로그램을 작성하시오.

〈 SW과목 성적 〉

학생번호	1	2	3	4	5	6	7	8
출석점수	90	80	100	70	80	90	100	90
과제점수	60	30	90	90	85	80	75	70
시험점수	85	60	99	100	90	80	70	60

```
NUM_STUDENT = 8                                    # 학생 수 초기화
Attend = [90, 80, 100, 70, 80, 90, 100, 90]        # 출석점수 리스트에 초기화
Assign = [60, 30, 90, 90, 85, 80, 75, 70]          # 과제점수 리스트에 초기화
Exam = [85, 60, 99, 100, 90, 80, 70, 60]           # 시험점수 리스트에 초기화
total, maximum, minimum = 0, 0, 0                  # 총합, 최댓값, 최솟값 초기화

for i in range(NUM_STUDENT) :                      # 학생 수 만큼 반복
    sum = Attend[i] * 0.1                          #   출석점수 * 0.1을 저장
    sum += Assign[i] * 0.3                         #   (과제점수 + 출석점수) 누적
    sum += Exam[i] * 0.6                           #   (시험 + 과제 + 출석)점수 누적
    total += int(sum)                              #   총합 점수 누적
    if sum > maximum :                             #   총합 점수가 최댓값보다 크면
        maximum = sum                              #     최댓값 수정
    if sum < maximum :                             #   총합 점수가 최댓값보다 작으면
        minimum = sum                              #     최솟값 수정

average = int(total/NUM_STUDENT)                   # 평균 점수 계산
print("Avg =", average)                            # 평균 점수 출력
print("Max =", maximum)                            # 최대 점수 출력
print("Min =", minimum)                            # 최소 점수 출력
```

```
Avg = 78
Max = 96
Min = 66
```

시나리오 11 한 학기가 끝나고 모든 과목의 학점이 "A", "B", "C", "D", "F" 중 하나로 결정됩니다. 총 5과목을 수강한 트럼프의 성적이 아래 표와 같이 자료구조 리스트에 존재합니다. 평균 학점을 소수 둘째 자리까지 출력하는 프로그램을 작성하시오. 단, 트럼프는 "SW"(3학점), "OS"(3학점), "DB"(3학점), "Math"(2학점), "History"(1학점)을 수강하였으며, 각 과목 성적에 이수학점을 반영하여 평균 학점을 계산하시오.

〈 트럼프 성적표 〉

과목명	SW	OS	DB	Math	History
성적	C	B	A	C	D
이수학점	3	3	3	2	1

```
NUM_SUBJECT = 5                                         # 수강과목 수 5로 초기화
Grade = ['C', 'B', 'A', 'C', 'D']                       # 과목별 등급 리스트에 초기화
Credit = [3, 3, 3, 2, 1]                                # 과목별 학점 리스트에 초기화
total_credit, total_grade = 0, 0.0                      # 총 이수학점 수, 총 등급 초기화

for i in range(NUM_SUBJECT) :                           # 수강 과목 수 5만큼 반복
    g = Grade[i]                                          # 등급리스트를 변수 g에 저장
    total_credit += Credit[i]                             # 과목별 학점 누적
if g == 'A' : total_grade += 4.0*Credit[i]              # A 이면 4.0 * 학점 누적
    elif g == 'B' : total_grade += 3.0*Credit[i]          # B 이면 3.0 * 학점 누적
    elif g == 'C' : total_grade += 2.0*Credit[i]          # C 이면 2.0 * 학점 누적
    elif g == 'D' : total_grade += 1.0*Credit[i]          # D 이면 1.0 * 학점 누적

grade = total_grade / total_credit                      # 평균 학점 계산
print("Trump = %4.2f" % grade)                          # 평균 학점 출력
```

```
Trump = 2.67
```

실습 문제

실습 문제 1

민제는 인터넷 검색으로 자신의 신장에 딱 맞는 건강한 체중을 찾아냈습니다. 이 적절한 무게를 가졌을 때의 자신이 궁금해진 민제는 작년의 체중 기록에서 해당 체중을 찾아본 뒤, 해당 월의 사진을 보고자 합니다.

민제의 작년 체중 기록이 리스트 weight = [74, 71, 76, 79, 75, 70, 68, 71, 69, 75, 77, 79]로 주어졌을 때, 찾고자 하는 체중을 입력받고 해당 체중을 최초로 기록한 달을 출력하는 프로그램을 작성하시오.

조건 1. 체중 기록은 1월부터 12월까지 차례대로 리스트에 들어가 있습니다.
조건 2. 해당하는 체중이 없다면 "일치하는 기록이 없습니다."를 출력합니다.

(입력 예시 : 체중 입력. : 70, 출력 예시 : 민제는 6월에 70kg)

```
weight = [74, 71, 76, 79, 75, 70, 68, 71, 69, 75, 77, 79]
month = -1

goal = int(input("체중 입력. : "))

for i in range(len(weight)) :
    if goal == weight[i] :
        month = i

if month == -1 :
    print("기록 불일치")
else:
    print("민제는 %d월에 %dkg" %(month+1, goal))
```

```
체중을 입력 : 70
```

```
민제는 6월에 70kg
```

실습 문제 2

민제는 건강을 위해 자신의 역대 체중을 기반으로 목표 체중을 정하기로 했습니다. 한 달에 한 번 기록한 작년의 체중기록이 리스트 weight = [74, 71, 76, 79, 75, 70, 68, 71, 69, 75, 77, 79]로 주어졌을 때, 민제의 최소 체중과 해당 체중이 최초로 측정된 달을 구하는 프로그램을 작성하시오.

조건 1. 체중 기록은 1월부터 12월까지 차례대로 리스트에 들어가 있습니다.

(출력 예시 : 목표체중은 작년 7월의 68kg입니다.)

```
weight = [74, 71, 76, 79, 75, 70, 68, 71, 69, 75, 77, 79]
min_, month = weight[0], 0
for i in range(len(weight)) :
    if min_ > weight[i] :
        min_ = weight[i]
        month = i
print("목표체중은 작년 %d월의 %dkg입니다." %(month+1,min_))
```

➡

```
목표체중은
작년 7월의
68kg입니다.
```

실습 문제 3

민제는 본인의 똑똑함을 자랑하고 싶습니다. 합리적인 자랑을 위해서는 근거가 뒷받침 되어야하기 때문에 지난 학기에 수강한 과목 중 성적이 90점 이상인 과목의 개수를 알고자 합니다. 민제의 지난학기 성적이 리스트 score = [88, 90, 89, 100, 96, 85, 100]로 주어졌을 때, 90점 이상을 받은 과목 개수를 출력하는 프로그램을 작성하시오.

(출력 예시 : 민제는 4개의 과목에서 고득점을 받았습니다.)

```
score = [88, 90, 89, 100, 96, 85, 100]
cnt = 0
for s in score :
    if s >= 90 :
        cnt += 1
print("민제는 %d개의 과목에서 고득점을
받았습니다." % cnt)
```

➡

```
민제는 4개의 과목에서 고득점을
받았습니다.
```

5.3 리스트 정렬

리스트 정렬은 리스트 데이터를 특정한 기준하에 순서대로 나열하는 기능을 의미하며, 보다 직관적으로 데이터를 보여주거나 일처리를 편하게 할 수 있도록 해줍니다. 예를 들어 성적이 높은 순서대로 정리되어 있거나, 학생 이름이 가나다순으로 정리되어 있는 경우 보다 쉽게 데이터를 검색하거나 처리할 수 있습니다. 본 절에서는 리스트 내의 요소값을 비교하여 정렬하는 방법에 대해 알아보겠습니다.

컴퓨터로 정렬하는 방법은 여러 가지가 있습니다. 사람이 이해하기에 가장 직관적이며 쉬운 방식으로 선택 정렬(Selection Sort) 알고리즘이 있습니다. 나열된 리스트 데이터 중에서 가장 작은 값 또는 가장 큰 값을 선택하여 앞 또는 끝으로 보내는 작업을 반복하여 최종적으로 크기 순서대로 정렬을 하는 방식입니다(오름차순, 내림차순). 선택 정렬 방식은 이해하기 쉽고 코딩이 간단하다는 장점이 있지만, 처리 속도가 가장 느린 것으로 알려져 있습니다.

선택 정렬 이외에도 코딩이 복잡하여 이해하기가 쉽지 않지만 처리 속도가 가장 빠른 것으로 알려진 퀵 정렬(Quick Sort), 난이도와 처리 속도가 중간 정도에 해당하는 거품 정렬(Bubble Sort) 등이 있습니다. 본 절에서는 선택 정렬 방식을 사용하여 설명하도록 하겠습니다.

리스트 정렬에는 크게 내림차순 정렬과 오름차순 정렬이 있습니다. 내림차순 정렬은 큰 것부터 작은 것 순서로 나열하는 것을 의미하며 오름차순 정렬은 작은 것부터 큰 것 순서로 나열하는 것을 말합니다.

1) 리스트 선택 오름차순 정렬

오름차순(Ascending order) 선택 정렬 기능을 구현해 보겠습니다. 리스트 a = [4, 6, 2, 5, 8, 1]에 대해서 숫자가 커지는 순서대로([1, 2, 4, 5, 6, 8]) 정리된 리스트를 만드는 코드입니다. 선택 정렬의 과정은 크게 2가지로 나눌 수 있습니다. 첫 번째는 주어진 리스트 중에서 최솟값을 찾아서(오름차순 정렬의 경우, 내림차순에서는 최댓값)

리스트의 맨 앞에 위치한 요소값과 교체하는(Swap) 과정이며, 두 번째는 맨 처음 위치를 뺀 나머지 리스트를 대상으로 같은 방법을 써서 리스트 데이터 전체가 정렬되도록 구성하는 과정입니다. 아래 수행 과정을 바탕으로 설명해 보겠습니다.

〈 리스트 오름차순 정렬 구하기 〉

단계	데이터 (a)						수행 과정
	0	1	2	3	4	5	
1	4	6	2	5	8	1	주어진 리스트 데이터 a = [4, 6, 2, 5, 8, 1] 오름차순선택 정렬 실행
2	1	6	2	5	8	4	이전 단계 구간[0~5]의 최솟값 (a[5] = 1)을 구간 첫 번째인 a[0]와 교환(Swap)
3	1	2	6	5	8	4	이전 단계 구간[1~5]의 최솟값 (a[2] = 2)을 구간 첫 번째인 a[1]와 교환(Swap)
4	1	2	4	5	8	6	이전 단계 구간[2~5]의 최솟값 (a[5] = 4)을 구간 첫 번째인 a[2]와 교환(Swap)
5	1	2	4	5	8	6	이전 단계 구간[3~5]의 최솟값 (a[3] = 5)을 구간 첫 번째인 a[3]와 교환(Swap)
6	1	2	4	5	6	8	이전 단계 구간[4~5]의 최솟값 (a[5] = 6)을 구간 첫 번째인 a[4]와 교환(Swap)
7	1	2	4	5	6	8	현재 남은 구간의 크기가 1이므로 선택 오름차순 정렬 종료

1단계는 정렬할 리스트 데이터가 전체 개수와 함께 주어집니다. 총 6개의 리스트 데이터 a의 값이 [4, 6, 2, 5, 8, 1]로 주어져 있는 것이죠. 2단계에서는 주어진 리스트 데이터(a[0]~a[5])에 대해서 최솟값을 찾아서 주어진 리스트의 맨 처음 요소값(a[0])과 교환합니다. a[5]에 있는 숫자 1이 가장 작은 최솟값이므로 해당 리스트의 처음 요소값(a[0]=4)과 교환됩니다. 즉, 1단계에서 주어진 리스트 a[0]~a[5]에 대해서 최솟값을 찾아서 맨 처음 요소값과 교환을 진행한 것이죠. 결과는 a[0]~a[5] = [1, 6, 2, 5, 8, 4]입니다.

다음 단계(3단계)에서는 리스트의 맨 처음 요소값(a[0]=1)을 제외한 나머지 리스트(a[1]~a[5] =[6, 2, 5, 8, 4])에 대해서 2단계와 동일한 작업을 반복합니다. 즉, a[1]~a[5] 중에서 가장 작은 최솟값(a[2]=2)과 3단계 리스트의 맨 처음 요소값

(a[1]=6)을 교환하는 것이죠. 그 결과 전체 리스트(a[0]~a[5]=[1, 2, 6, 5, 8, 4])는 처음 2개의 데이터가 가장 작은 값 순서대로 정렬되었습니다.

다음 4번째 단계는 3단계에서 정렬되고 남은 리스트 a[2]~a[5]=[6, 5, 8, 4]에 대해서, 즉 3개의 리스트 데이터에 대해서 최솟값을 찾아서 맨 처음 요소값(a[2])과 교환을 진행합니다. 5번째 단계에서도 2개의 리스트 데이터에 대해서 동일한 과정을 반복하며, 6번째 단계에서는 리스트 데이터가 1개 뿐이므로 그 자체로 정렬이 완성된 단계입니다. 따라서 위에서 계속한 반복된 단계적 작업을 실행할 필요없이 끝낼 수 있습니다. 단계별 진행 내용이 위의 표 수행과정에 구체적으로 설명되어 있습니다.

2) 리스트 첫 번째에 최솟값 넣기

선택 정렬은 단계별로 리스트의 크기를 줄여가면서 주어진 리스트의 최솟값을 찾아서 리스트의 맨 처음 요소값과 교체하는 과정을 반복하여 진행하고 있습니다. 이번에는 단계별 과정이 어떻게 세부적으로 진행되는지 살펴보겠습니다. 최솟값을 찾고 교환하기 위해서는 리스트 요소값들의 크기를 비교하는 연산과 두 개의 요소값을 교환하는 Swap 연산을 활용해야 합니다. 위에서 수행했던 오름차순 정렬 과정의 2번째 단계를 예로 들어 세부 과정을 살펴보겠습니다.

단계	데이터 (a)						세부 수행 과정
	0	1	2	3	4	5	
1	4	6	2	5	8	1	첫번째 (a[0] = 4)와 두번째 (a[1] = 6)의 크기를 비교한 후 첫번째 값이 작으므로 a[0] 유지
2	2	6	4	5	8	1	첫번째 (a[0] = 4)와 세번째 (a[2] = 2)의 크기를 비교한 후 세번째 값이 작으므로 a[0] 과 a[2] 교환
3	2	2	4	5	8	1	첫번째 (a[0] = 2)와 네번째 (a[3] = 5)의 크기를 비교한 후 첫번째 값이 작으므로 a[0] 유지
4	2	2	4	5	8	1	첫번째 (a[0] = 2)와 다섯번째 (a[4] = 8)의 크기를 비교한 후 첫번째 값이 작으므로 a[0] 유지
5	1	6	4	5	8	2	첫번째 (a[0] = 2)와 여섯번째 (a[5] = 1)의 크기를 비교한 후 여섯번째 값이 작으므로 a[0] 과 a[5] 교환

오름차순 정렬과정의 2번째 단계에서는 초기에 주어진 리스트(a[0]~a[5]=[4, 6, 2, 5, 8, 1])에 대해서 최솟값(a[5]=1)을 찾아서 맨 처음 요소값(a[0]=4)과 교환하는 결과를 만들었습니다. 이를 위해서는 2번째 요소값(a[1])부터 6번째 요소값(a[5])까지 반복하여, 첫 번째 요소값(a[0])과 비교하고 해당 요소값이 작은 경우 두 개의 요소값을 교환해 주면 됩니다. 위 표는 a[1]부터 a[5]까지 반복한 과정을 정리하여 보여주고 있습니다.

1단계에서는 a[1]의 값(6)이 a[0]의 값(4)보다 큰 관계로 리스트의 변동이 없이 그대로 유지됩니다. 2단계에서 a[2]의 값(2)이 a[0]의 값(4)보다 작은 관계로 맨 처음 요소값(a[0])과 교환이 발생합니다. 즉, 첫 번째와 3번째 요소값의 교환이 일어나고, 결과 리스트는 [2, 6, 4, 5, 8, 1]가 됩니다. 3번째, 4번째 단계의 요소 a[3], a[4]의 값(5, 8)은 새로운 a[0]의 값(2)보다 큰 관계로 요소값의 교환은 없습니다. 5단계의 a[5] 값(1)은 a[0]의 값(2)보다 작은 관계로 요소값의 교환이 발생합니다. 그 결과는 [1, 6, 4, 5, 8, 2]로 애초 주어진 리스트(a[0]~a[5]=[4, 6, 2, 5, 8, 1])에 대해서 최솟값을 찾아서 맨 처음 요소값과 교환을 진행한 결과가 된 것이죠. 이 과정에 대한 코딩은 아래 예시를 참고하기 바랍니다.

〈최솟값 탐색 및 교환〉 코딩 예시

```
a = [4, 6, 2, 5, 8, 1]                # 리스트 초기화
for j in range(1, len(a)) :           # 리스트의 요소 개수만큼 반복하여
    if a[j] < a[0] :                      # a[j]보다 a[0]이 크면
        tmp = a[0]                            # Swap(교환) 작업 시행
        a[0] = a[j]
        a[j] = tmp
print(a)                              # Swap(교환)이 완료된 리스트 출력
```

```
[1, 6, 4, 5, 8, 2]
```

위의 최종 결과 [1, 6, 4, 5, 8, 2]는 앞의 오름차순 정렬과정 2단계 완료 후 결과[1, 6, 2, 5, 8, 4]와 정확히 일치하지는 않습니다(정확히 일치하도록 코드를 조정할 수 있으나, 코드가 약간 복잡해지는 관계로 예시 코드처럼 단순화하여 작업했습니다). 그러나 이 결과를 이용하여 오름차순 정렬과정의 3단계, 4단계를 계속 진행하여도 최종적으로 동일한 결과를 얻는 관계로, 설명의 편리를 위해 [1, 6, 2, 5, 8, 4]로 표시했습니다. 여기에서 얻어진 수행 결과 [1, 6, 4, 5, 8, 2]를 이용해서 오름차순 정렬과정 3단계 이하를 진행해 보시기 바랍니다. 최종적으로 동일한 정렬 결과를 얻어서 진행 과정에 문제가 없음을 확인할 수 있을 것입니다.

3) 오름차순 정렬 전체 코딩

오름차순 정렬 전체에 대한 코딩은 위에서 작성한 〈최솟값 탐색 및 교환〉 과정의 예시 코드를 활용해서 구현합니다. 오름차순 1단계에서는 리스트 첫 번째 a[0]에 최솟값을 넣기 위해서 나머지 리스트 요소들(a[j])과 a[0]값을 비교하여 교환하는 과정으로 구성되어 있습니다. 이를 위해서 range 문이 1부터 시작되며, 비교문과 교환문에서는 a[0]이 사용되었습니다.

2단계에서는 주어진 리스트의 첫 번째 a[1]에 최솟값을 넣기 위해서 나머지 리스트 요소들(a[j])과 a[1]이 비교되어야 합니다. 이를 위해서 range 문이 2부터 시작되어야 하며, 비교문과 교환문에서는 a[1]이 사용되어야 합니다. 따라서 기존의 for 문 j–loop 외부에 새로운 for 문 i–loop를 추가하여야 합니다. 그리고 j–loop의 range 문의 값의 시작과 비교문 및 교환문의 a[0]를 i–loop의 변수 i와 연계되도록 조정해야 합니다. 따라서 range 문이 i+1부터 시작되며, 비교문 및 교환문의 대상이 a[i]로 조정되어야 합니다.

외부 for 문은 i–loop를 추가하였으며, 인덱스 값이 0부터 len(a)–1까지입니다. 오름차순 정렬과정의 마지막 단계에서 남은 리스트 데이터가 1개인 경우 최솟값 교환이 불필요했던 관계로 반복 횟수를 1번 줄인 것입니다.

오름차순 전체 코딩 예시

```
a = [4, 6, 2, 5, 8, 1]                      # 리스트 초기화

for i in range(len(a) - 1) :                # 리스트 요소 개수 - 1 만큼 반복하여
    for j in range(i + 1, len(a)) :         # 리스트 요소 개수 + 1부터 반복하여
        if a[j] < a[i] :                       # a[j]보다 a[i]이 크면
            tmp = a[i]                            # Swap(교환) 작업 시행
            a[i] = a[j]
            a[j] = tmp

print(a)                                    # Swap(교환)이 완료된 리스트 출력
```

```
[1, 2, 4, 5, 6, 8]
```

실행 예시

외부 반복문 횟수	i	j	a
0	-	-	[4, 6, 2, 5, 8, 1]
1	0	1 ~ 5	[1, 6, 4, 5, 8, 2]
2	1	2 ~ 5	[1, 2, 6, 5, 8, 4]
3	2	3 ~ 5	[1, 2, 4, 6, 8, 5]
4	3	4 ~ 5	[1, 2, 4, 5, 8, 6]
5	4	5	[1, 2, 4, 5, 6, 8]

4) 리스트 선택 내림차순 정렬

내림차순(Descending order) 선택 정렬 기능을 구현해 보겠습니다. 리스트 a = [4, 6, 2, 5, 8, 1]에 대해서 숫자가 작아지는 순서대로([8, 6, 5, 4, 2, 1]) 정리된 리스트를 만드는 코드입니다.

내림차순 선택 정렬의 과정도 오름차순과 마찬가지로 크게 2가지로 나눌 수 있습니다. 첫 번째는 주어진 리스트 중에서 최댓값을 찾아서 리스트의 맨 앞에 위치한 요소값과 교체하는(Swap) 과정이며, 두 번째는 맨 처음 위치를 뺀 나머지 리스트를 대상

으로 같은 방법을 써서 리스트 데이터 전체가 정렬되도록 구성하는 과정입니다. 아래 수행 과정을 바탕으로 설명해 보겠습니다.

〈 리스트 내림차순 정렬 구하기 〉

단계	데이터 (a)						세부 수행
	0	1	2	3	4	5	
1	4	6	2	5	8	1	주어진 리스트 데이터 a = [2, 6, 4, 5, 8, 1] 내림차순선택 정렬 실행
2	8	6	2	5	4	1	이전 단계 구간[0~5]의 최댓값 (a[4] = 8)을 구간 첫 번째인 a[0]와 교환(Swap)
3	8	6	2	5	4	1	이전 단계 구간[1~5]의 최댓값 (a[1] = 6)이 구간 첫 번째와 동일. 교환(Swap)없이 그대로 유지
4	8	6	5	2	4	1	이전 단계 구간[2~5]의 최댓값 (a[3] = 5)을 구간 첫 번째인 a[2]와 교환(Swap)
5	8	6	5	4	2	1	이전 단계 구간[3~5]의 최댓값 (a[4] = 4)을 구간 첫 번째인 a[3]와 교환(Swap)
6	8	6	5	4	2	1	이전 단계 구간[4~5]의 최댓값 (a[4] = 2)이 구간 첫 번째와 동일. 교환(Swap)없이 그대로 유지
7	8	6	5	4	2	1	현재 남은 구간의 크기가 1이므로 선택 오름차순 정렬 종료

1단계는 정렬할 리스트 데이터가 전체 개수와 함께 주어집니다. 총 6개의 리스트 데이터 [4, 6, 2, 5, 8, 1]이 변수 a의 값으로 주어졌습니다. 2단계는 앞 단계에서 주어진 리스트 데이터(a[0]~a[5])에 대해서 최댓값을 찾아서 주어진 리스트의 맨 처음 요소값(a[0])과 교환합니다. a[4]에 있는 숫자 8이 가장 큰 최댓값이므로 해당 리스트의 처음 요소값(a[0]=4)과 교환됩니다. 즉, 1단계에서 주어진 리스트 a[0]~a[5]에 대해서 최댓값을 찾아서 맨 처음 요소값과 교환을 진행한 것이죠. 결과는 a[0]~a[5] = [8, 6, 2, 5, 4, 1]입니다.

다음 단계(3단계)는 2단계 최종 리스트의 맨 처음 요소값(a[0]=8)을 제외한 나머지 리스트(a[1]~a[5] =[6, 2, 5, 4, 1])를 바탕으로 2단계와 동일한 작업을 반복합니다. 즉, a[1]~a[5] 중에서 가장 큰 최댓값(a[1]=6)과 3단계 리스트의 맨 처음 요소값(a[1]=6)을 교환합니다. 그런데, 이 경우는 맨 처음 요소값이 최댓값인 관계로 교환없이 결과가 그대로 유지됩니다. 〈최댓값 탐색 및 교환〉 과정에서 리스트의 요소값(a[j])이 맨처음 요소값(a[0])보다 큰 경우에만 교환이 발생하므로, 이 경우 최댓값의 교환없이 반복문이 끝나게 됩니다. 어쨌든 전체 리스트(a[0]~a[5]=[8, 6, 2, 5, 4, 1])는 처음 2개의 데이터가 가장 큰 값 순서대로 정렬하게 됩니다.

다음 4번째 단계는 3단계에서 정렬되고 남은 리스트 a[2]~a[5]=[2, 5, 4, 1]에 대해서, 즉, 4개의 리스트 데이터에 대해서 최댓값(a[3]=5)을 찾아서 맨 처음 요소값(a[2]=2)과 교환을 진행합니다. 5번째 단계에서도 3개의 리스트 데이터에 대해서, 6번째 단계에서는 2개의 리스트 데이터에 대해서 최솟값을 찾아서 맨 처음 요소값(a[3], a[4])와 교환을 진행합니다. 7번째 단계에서는 리스트 데이터가 1개 뿐이므로 그 자체로 정렬이 완성된 단계입니다. 따라서 위에서 계속한 반복된 단계적 작업을 실행할 필요없이 끝낼 수 있습니다. 단계별 진행 내용이 위의 표 수행과정에 구체적으로 설명되어 있습니다.

내림차순 정렬 전체에 대한 코드는 아래 코딩 예시를 참고해 주시기 바랍니다. 오름차순 전체에 대한 코드와 구성이 동일하며, 내부의 비교문에서 크기가 작은지 큰지에 따라서 오름차순이냐 내림차순이냐가 달라집니다. 리스트 첫 번째에 최댓값 넣기 코드도 최솟값 넣기 코드와 구성이 동일하며 내부의 비교문만 달라집니다. 최댓값 넣기부터 내림차순 전체에 대한 코드 순서로 테스트해 보고자 하는 경우는 앞의 오름차순 코딩 실습 내용을 참고하기 바랍니다.

내림차순 전체 코딩 예시

```
a = [4, 6, 2, 5, 8, 1]                  # 리스트 초기화
for i in range(len(a) - 1) :            # 리스트 요소 개수 - 1 만큼 반복하여
    for j in range(i + 1, len(a)) :     # 리스트 요소 개수 + 1 부터 반복하여
        if a[j] > a[i] :                    # a[j]가 a[i]보다 크면
            tmp = a[i]                          # Swap(교환) 작업 시행
            a[i] = a[j]
            a[j] = tmp

print(a)                                # Swap(교환)이 완료된 리스트 출력
```

```
[8, 6, 5, 4, 2, 1]
```

시나리오

시나리오 1 "SW" 과목을 가르치시는 교수님은 상대평가 방식으로 총합 점수를 기준으로 등수에 따라 학생들에게 점수를 주려고 합니다. 교수님은 "SW" 과목을 수강한 총 8명의 학생들에 대하여 획득한 총합 점수를 반복하여 입력받은 후, 입력받은 총합 점수를 내림차순으로 정렬하여 출력하는 프로그램을 작성하시오.

```
NUM_STUDENT = 8                              # 학생 수 8로 초기화
Score_SW = [0] * NUM_STUDENT                 # 총합점수 초기화
                                               [0, 0, 0, 0, 0, 0, 0, 0]

or i in range(NUM_STUDENT) :                 # 학생 수 8 만큼 반복
    Score_SW[i] = int(input("Score = "))       # 총합점수 입력

for i in range(NUM_STUDENT-1) :              # 외부 반복문 : 7번 반복(i: 0~6)
    for j in range(i+1, NUM_STUDENT) :         # 내부 반복문 : 7번 반복 (j: 1~7)
        if Score_SW[j] > Score_SW[i] :           # 더 크면 두 값을 교환
            tmp = Score_SW[i]                      # 더 작은값을 tmp에 저장
            Score_SW[i] = Score_SW[j]              # j번째 값을 i번째에 저장
            Score_SW[j] = tmp                      # tmp값을 Score_SW[j]에 저장

for i in range(NUM_STUDENT) :                # 학생 수 8만큼 반복
    print("%3d" %Score_SW[i])                   # 내림차순으로 출력
```

```
Score = 78
Score = 53
Score = 96
Score = 94
Score = 87
Score = 81
Score = 74
Score = 66
```

→

```
96
94
87
81
78
74
66
53
```

시나리오 2 "SW" 과목 성적은 출석(10%), 과제(30%), 시험 (60%) 비율로 구성됩니다. 한 학기 동안 수강한 총 8명의 학생들이 획득한 출석, 과제, 시험 점수를 각각 100점 만점 기준으로 입력받아 구성된 비율대로 환산하여 종합 점수를 계산하였습니다. "SW" 과목을 가르치시는 교수님은 상대평가 방식으로 종합 점수를 기준으로 등수에 따라 상위 25% 이내 "A", 50% 이내 "B", 75% 이내 "C", 기타 "D" 학점을 주기로 결정하였습니다. 교수님은 "SW" 과목을 수강한 총 8명의 학생들에 대하여 학생 번호와 종합 점수를 반복하여 입력받은 후, 입력받은 종합 점수를 내림차순으로 정렬하여 학생 번호, 종합 점수, 학점을 출력하는 프로그램을 작성하시오.

```
NUM_STUDENT = 8                                    # 학생 수 8로 초기화
Identity = [1] * NUM_STUDENT                       # 번호 [1,1,1,1,1,1,1,1] 로 초기화
Score_SW = [0] * NUM_STUDENT                       # 종합 [0,0,0,0,0,0,0,0] 로 초기화

for i in range(NUM_STUDENT) :                      # 학생 수 8 만큼 반복
    Identity[i] = int(input("Identity = "))          # 학생 번호 입력
    Score_SW[i] = int(input("Score = "))             # 종합 입력

for i in range(NUM_STUDENT-1) :                    # 외부 반복문 : 7번 반복
    for j in range(i + 1, NUM_STUDENT) :             # 내부 반복문 : 7번 반복
        if Score_SW[j] > Score_SW[i] :                 # 더 크면 두 값을 교환
            tmp = Score_SW[i] #성적                      # 작은값을 tmp에 저장
            Score_SW[i] = Score_SW[j]                    # 큰값을 Score_SW[i]에 저장
            Score_SW[j] = tmp                            # tmp값을 Score_SW[j]에 저장
            tmp = Identity[i]  #학번                     # 작은값을 tmp에 저장
            Identity[i]= Identity[j]                     # 큰값을 Identity[i]에 저장
            Identity[j]= tmp                             # tmp값을 Identity[j]에 저장

Grade_SW = ['A'] * NUM_STUDENT                     # 8명 학생 학점 A로 초기화

for i in range(NUM_STUDENT) :                      # 학생 수 8 만큼 반복
    if i + 1 <= NUM_STUDENT * 0.25 :                 # 25% 이내이면
        Grade_SW[i] = 'A'                              # A 학점
    elif i + 1 <= NUM_STUDENT * 0.50 :               # 50% 이내이면
        Grade_SW[i] = 'B'                              # B 학점
    elif i + 1 <= NUM_STUDENT * 0.75 :               # 75% 이내이면
        Grade_SW[i] = 'C'                              # C 학점
```

```
    else :                                              # 75% 밖이면
        Grade_SW[i] = 'D'                                   # D 학점

for i in range(NUM_STUDENT) :                       # 학생 수 8 만큼 반복
    print("%d %3d %s"                                   # 번호, 총합, 학점 출력
        % (Identity[i], Score_SW[i], Grade_SW[i]))
```

```
Identity = 1
Score = 78
Identity = 2
Score = 53
Identity = 3
Score = 96
Identity = 4
Score = 94
Identity = 5
Score = 87
Identity = 6
Score = 81
Identity = 7
Score = 74
Identity = 8
Score = 66
```

```
3 96 A
4 94 A
5 87 B
6 81 B
1 78 C
7 74 C
8 66 D
2 53 D
```

실습 문제 1

반 학생들의 학번과 각 학생의 수학 점수가 리스트 a = [21, 48, 70, 9, 38, 75]와 리스트 b = [90, 77, 94, 61, 85, 100]로 각각 주어졌을 때, 학번과 해당되는 점수를 학번 순으로 오름차순 정렬한 후 출력하는 프로그램을 작성하시오.

출력 예시 :

9 61

21 90

38 85

48 77

70 94

75 100

```
a = [21, 48, 70, 9, 38, 75]
b = [90, 77, 94, 61, 85, 100]

for i in range(len(a) - 1) :
    for j in range(i + 1, len(a)) :
        if a[j] < a[i] :
            b[i], b[j] = b[j], b[i]
            a[i], a[j] = a[j], a[i]

for i in range(len(a)) :
    print(a[i], b[i])
```

```
9 61
21 90
38 85
48 77
70 94
75 100
```

실습 문제 2

반 학생들의 학번과 각 학생의 수학 점수가 리스트 a = [21, 48, 70, 9, 38, 75]와 리스트 b = [90, 77, 94, 61, 85, 100]로 각각 주어졌을 때, 학번과 해당되는 점수를 학번 순으로 내림차순 정렬한 후 출력하는 프로그램을 작성하시오.

출력 예시 :

75 100

70 94

21 90

38 85

48 77

9 61

```
a = [21, 48, 70, 9, 38, 75]
b = [90, 77, 94, 61, 85, 100]

for i in range(len(a) - 1) :
    for j in range(i + 1, len(a)) :
        if a[j] > a[i] :
            b[i], b[j] = b[j], b[i]
            a[i], a[j] = a[j], a[i]

for i in range(len(a)) :
    print(a[i], b[i])
```

```
75 100
70 94
21 90
38 85
48 77
9 61
```

실습 문제 3

반 학생들의 학번과 각 학생의 수학 점수가 리스트 student = [21, 48, 70, 9, 38, 75]와 리스트 score = [90, 77, 94, 61, 85, 100]로 각각 주어졌을 때, 함수를 이용하여 학번과 해당되는 점수를 수학점수의 오름차순으로 정렬한 후 출력하는 프로그램을 작성하시오. 단, score값, num값을 매개변수로 전달받은 후 점수의 오름차순을 구한 결괏값과 점수에 해당되는 출전 번호를 반환하는 함수를 작성하시오.

출력 예시 :

75 100

70 94

21 90

38 85

48 77

9 61

```
def score_sort(a, b) :
    for i in range(len(a) - 1) :
        for j in range(i + 1, len(a)) :
            if a[j] < a[i] :
                b[i], b[j] = b[j], b[i]
                a[i], a[j] = a[j], a[i]
    return a, b

a = [21, 48, 70, 9, 38, 75]
b = [90, 77, 94, 61, 85, 100]

a,b = score_sort(a, b)

for i in range(len(a)) :
    print(a[i], b[i])
```

```
9 61
21 90
38 85
48 77
70 94
75 100
```

5.4 리스트 고유 함수

아래는 파이썬에서 기본적으로 제공하는 리스트 관련 고유 함수(내장함수)를 정리한 표입니다. 리스트의 고유함수를 사용할 때에는 다음과 같은 형식을 취합니다. 리스트명.함수명(인수1, 인수2, ...).

용도	함수	설명	비고
추가	append()	리스트의 마지막 위치에 새로운 값을 추가	append는 고정된 위치, insert는 지정된 위치이므로 append는 인수가 1개 insert는 2개 필요
	insert()	리스트의 지정된 위치에 새로운 값을 추가	
삭제	pop()	리스트의 지정 위치에 존재하는 값을 삭제	pop은 위치를 지정해주므로 해당 위치만 삭제하지만, remove는 같은 값이 여러 개 존재할 경우 최초로 등장하는 요소만 삭제
	remove()	리스트의 지정 값을 삭제	
변경	reverse()	리스트의 순서를 역순으로 변경	reverse는 리스트의 기존 순서를 지키며 역순으로 변경하지만, sort는 리스트의 기존 순서를 지키지 않고 사전 순으로 변경함
	sort()	리스트의 순서를 사전 순으로 변경	

append()함수와 insert()함수는 리스트에 새로운 요소를 추가하는 고유함수입니다. append는 리스트 맨 마지막에 값을 추가하고, insert는 원하는 위치에 값을 추가합니다. 지정 위치는 2번째 인수 값으로 주어지며, 위치 값이 리스트 요소 개수보다 큰 경우에는 append와 마찬가지로 마지막에 추가됩니다.

pop()함수와 remove()함수는 리스트의 요소값을 삭제하는 고유함수입니다. pop은 리스트의 맨 마지막 요소값를 삭제하고 remove는 위치가 아닌 특정한 값을 삭제합니다. 따라서 삭제할 값이 리스트에 없는 경우 오류가 발생하며, 리스트에 특정된 요소값이 여러 개가 있다면 인덱스가 가장 작은 요소값이 삭제됩니다.

reverse()함수와 sort()함수는 리스트를 재 배열하는 고유 함수입니다. reverse는 리스트를 역순으로 나열하고 sort는 리스트를 크기순(작은 것에서 큰 것 순서)으로 나열합니다. sort 적용 후에 reverse를 조합하면 반대 순서로도(크기가 큰 것에서 작은

순으로) 정렬할 수 있습니다.

위와 같이 리스트 자료형에는 고유함수의 형태로 많은 기능을 이미 제공하고 있어서, 우리는 제공된 고유함수를 잘 사용하면 됩니다. 코드를 작성할 때 처음부터 모두 작성하는 것이 아니라 이미 제공된 기능을 통합하고 요구사항에 맞게 수정하는 방식으로 코드를 작성하는 경우가 많아졌습니다. 코드를 작성할 때 직접 구현하는 것은 최후의 선택 방법입니다.

1) 요소값 추가 및 삽입

append()함수는 리스트 맨 마지막에 요소값을 새롭게 추가하는 함수입니다. 예로 a = [4, 6, 2, 5]로 주어진 상태에서, a.append(8)는 리스트의 맨 마지막에 값 8을 추가하여 [4, 6, 2, 5, 8]로 변경됩니다. 리스트는 모든 자료형을 가질 수 있기 때문에 추가되는 값이 숫자가 아니어도 상관 없습니다.

insert()함수는 리스트 내의 원하는 위치에 새로운 요소값을 추가하는 함수입니다. 원하는 위치를 첫번째 인수값으로 먼저 제시하고, 추가할 요소값을 2번째 인수값으로 전달합니다. a.insert(2, 3)는 원하는 위치(인덱스 2)에 값 3를 추가하여 a가 [4, 6, 3, 2, 5]로 변경됩니다.

코딩 예시

```
n = [4, 6, 2, 5]                      # 리스트 초기화
n.append(8)                           # 리스트 끝에 값 8 추가
print("n.append(8) =", n)             # 변경 리스트 출력
n.insert(2, 3)                        # 리스트 인덱스 2에 값 3 추가
print("n.insert(2, 3) =", n)          # 변경 리스트 출력
```

```
n.append(8) = [4, 6, 2, 5, 8]
n.insert(2, 3) = [4, 6, 3, 2, 5, 8]
```

2) 요소값 삭제

pop()함수는 리스트의 맨 마지막 요소값을 삭제하는 함수입니다. 예로 a = [4, 6, 2, 5]로 주어진 상태에서, a.pop()은 마지막 요소 5를 삭제하고 그 값을 함수의 반환값으로 넘겨줍니다. 위치를 지정해서 삭제할 수도 있습니다. a.pop(2)는 리스트의 원하는 위치(인덱스 2)에 해당되는 요소인 a[2]를 삭제하여 a의 값이 [4, 6, 5]로 변경됩니다.

remove()함수는 리스트에서 특정 값을 삭제하는 함수입니다. 리스트에서 해당 항목이 어느 위치에 있는지 몰라도 됩니다. 따라서 a.remove(6)은 리스트 a에서 6을 값으로 갖는 요소인 a[1]을 삭제하여 a의 값이 [4, 2, 5]로 변경됩니다. 6이 여러 개 있는 경우, 첫 번째 6만 삭제됩니다.

코딩 예시

```
n = [4, 6, 2, 5]                      # 리스트 초기화
n.pop(1)                              # n[1] 요소값 6 삭제
print("n.pop(1) =", n)                # 변경 리스트 출력
n.remove(2)                           # 리스트 요소값 2 삭제
print("n.remove(2) =", n)             # 변경 리스트 출력
```

```
n.pop(1) = [4, 2, 5]
n.remove(2) = [4, 5]
```

3) 리스트 역순 및 정렬

reverse()함수는 리스트의 요소들을 역순으로 변경하는 함수입니다. 예로 a = [4, 6, 2, 5]로 주어진 상태에서, a.reverse()는 리스트 a의 요소들을 역순으로 변경하여 a의 값이 [5, 2, 6, 4]으로 변경됩니다. sort()함수와 조합해서 리스트를 크기의 역순으로 정렬할 수 있습니다. 이를 이용하여 요소값들을 비교하여 재배열해주는 알고리즘을 구현하지 않아도 쉽게 리스트를 정렬할 수 있습니다.

sort()함수는 리스트를 크기의 오름차순으로 정렬해 주는 함수로, 리스트 자체를 수

정하게 됩니다. a.sort()를 실행하면 a의 값이 [2, 4, 5, 6]로 변경됩니다. sort()함수 자체에서 내림차순으로 정렬하는 방법도 제공하고 있습니다. a.sort(reverse=True) 라고 입력해주면 [6, 5, 4, 2]로 값이 변경됩니다.

코딩 예시

```
n = [4, 6, 2, 5]                      # 리스트 초기화
n.reverse()                           # 리스트 역순으로
print("n.reverse() =", n)             # 변경 리스트 출력
n.sort()                              # 리스트 오름차순 정렬
print("n.sort() =", n)                # 변경 리스트 출력
```

```
n.reverse() = [5, 2, 6, 4]
n.sort() = [2, 4, 5, 6]
```

4) sort() vs sorted()

리스트의 고유함수 sort()와 sorted()는 크기 순서대로 정렬해 주는 동일한 기능을 수행합니다. 차이점은 원본 리스트의 변경이 있는지 아닌지 여부입니다. sort()는 원본 리스트를 변경하여 정렬시키는 반면에 sorted()는 원본 리스트는 그대로 두고 정렬된 새로운 리스트를 넘겨줍니다. 예를 들어 a = [4, 6, 2, 5]로 주어진 상태에서, b = sorted(a)를 적용하면 리스트 a의 값은 그대로 유지하고 새로운 리스트 b에 a를 정렬시킨 [2, 4, 5, 6] 값이 제공되게 됩니다. sorted()함수도 내림차순으로 정렬하는 방법을 동일하게 제공하고 있습니다. sorted(a, reverse=True) 라고 입력해주면 [6, 5, 4, 2]로 값이 변경됩니다.

코딩 예시

```
n = [4, 6, 2, 5]              # 리스트 초기화
s = n.sort()                  # 리스트 정렬 (리스트 고유함수)
print("n.sort =", s)          # 리스트 정렬 반환 리스트 출력
s = sorted(n)                 # 리스트 정렬 (내장함수)
print("sorted(n) =", s)       # 리스트 정렬 반환 리스트 출력
```

```
n.sort = None
sorted(n) = [2, 4, 5, 6]
```

5) 리스트 고유 함수 적용

코딩 예시

리스트가 n = [4, 6, 2, 5]로 주어졌을 때, 다음 실행 순서를 따르는 프로그램을 작성하시오. (단, 각 단계마다 리스트 변수 n를 출력한다.)

1) 리스트 마지막에 새로운 요소 값 3를 추가하시오.
2) 리스트 인덱스 2 위치에 요소 값 3를 삽입하시오.
3) 리스트 인덱스 3 위치에 있는 요소를 삭제하시오.
4) 리스트에서 값이 6인 요소를 삭제하시오.
5) 리스트를 역순으로 나열하시오.
6) 리스트를 오름차순으로 정렬하시오.
7) 리스트를 내림차순으로 정렬하시오. (6번 상태에 이어서)

```
n = [4, 6, 2, 5]
print("n =", n)

n.append(3)
print("n =", n)

n.insert(2, 3)
print("n =", n)

n.pop(3)
print("n =", n)
```

```
n = [4, 6, 2, 5]

n = [4, 6, 2, 5, 3]

n = [4, 6, 3, 2, 5, 3]

n = [4, 6, 3, 5, 3]
```

```python
n.remove(6)
print("n =", n)

n.reverse()
print("n =", n)

n.sort()
print("n =", n)

n.reverse()
print("n =", n)
```

```
n = [4, 3, 5, 3]

n = [3, 5, 3, 4]

n = [3, 3, 4, 5]

n = [5, 4, 3, 3]
```

시나리오

시나리오 1 "SW"과목을 가르치시는 교수님은 상대평가 방식으로 총합 점수를 기준으로 등수에 따라 학생들에게 점수를 주려고 합니다. 교수님은 "SW"과목을 수강한 총 8명의 학생들에 대하여 획득한 총합 점수를 반복하여 입력받은 후, 입력받은 총합 점수를 내림차순으로 정렬하여 출력하는 프로그램을 작성하시오. 단, 리스트 고유함수 sort()를 사용하여 구현하시오.

```
NUM_STUDENT = 8                                # 학생 수 8로 초기화
Score_SW = [0] * NUM_STUDENT                   # 성적 총합 0으로 초기화

for i in range(NUM_STUDENT) :                  # 학생 수 8 만큼 반복
    Score_SW[i] = int(input("Score = "))         # 성적총합 입력

Score_SW.sort(reverse=True)                    # 성적 내림차순 정렬

for i in range(NUM_STUDENT) :                  # 학생 수 8만큼 반복
    print("%3d" %Score_SW[i])                    # 성적 내림차순으로 출력
```

```
Score = 78
Score = 53
Score = 96
Score = 94
Score = 87
Score = 81
Score = 74
Score = 66
```

```
96
94
87
81
78
74
66
53
```

시나리오 2 "SW"과목을 가르치시는 교수님은 상대평가 방식으로 종합 점수를 기준으로 등수에 따라 학생들에게 점수를 주려고 합니다. 교수님은 "SW"과목을 수강한 모든 학생들에 대하여 획득한 종합 점수를 반복하여 입력받은 후, 입력받은 종합 점수를 오름차순으로 정렬하여 출력하는 프로그램을 작성하시오. 단, 리스트 고유함수 sort()를 사용하여 구현하시오.

```
NUM_STUDENT = 8                              # 학생 수 8로 초기화
Score_SW = [0] * NUM_STUDENT                 # 성적총합 0으로 초기화

for i in range(NUM_STUDENT) :                # 학생 수 8 만큼 반복
    Score_SW[i] = int(input("Score = "))         # 성적총합 입력

Score_SW.sort()                              # 성적 오름차순 정렬

for i in range(NUM_STUDENT) :                # 학생 수 8만큼 반복
    print("%3d" %Score_SW[i])                    # 성적 내림차순으로 출력
```

```
Score = 78
Score = 53
Score = 96
Score = 94
Score = 87
Score = 81
Score = 74
Score = 66
```

➡

```
53
66
74
78
81
87
94
96
```

실습 문제

실습 문제 1

요소값 k=3이고 리스트 p=[2, 3, 5, 7]로 각각 주어졌을 때, 요소값 k가 리스트 p의 요소값인지를 판별하는 프로그램을 작성하시오.

(출력 예시 : 3 in [2, 3, 5, 7] = True)

```
def myIn(k, p) :
    for i in p :
        if i == k :
            return True
    return False
n, a = 3, [2, 3, 5, 7]
result = myIn (n, a)
print(n, "in", a, "=", result)
```

```
3 in [2, 3, 5, 7] = True
```

실습 문제 2

요소값 k=3이고 리스트 p=[2, 3, 5, 7]로 각각 주어졌을 때, 요소값 k가 리스트 p의 요소가 아닌지를 판별하는 프로그램을 작성하시오. 단, k값과 p값을 매개변수로 전달받은 후 k가 p의 요소값이 아닌지를 구한 결괏값이 참이면 True 거짓이면 False를 반환하는 함수를 작성하여야 한다.

(출력 예시 : 3 not in [2, 3, 5, 7] = False)

```
def myNotIn(k, p) :
    for i in p :
        if i == k :
            return False
    return True
n, a = 3, [2, 3, 5, 7]
result = myNotIn (n, a)
print(n, "not in", a, "=", result)
```

```
3 not in [2, 3, 5, 7] = False
```

실습 문제 3

리스트가 k=[3, 4, 5, 1, 2]로 주어졌을 때, 리스트 k의 길이를 구하는 프로그램을 작성하시오. 단, k값을 매개변수로 전달받은 후 k의 길이를 구한 결괏값을 반환하는 함수를 작성하여야 한다.

(출력 예시 : Length of [3, 4, 5, 1, 2] = 5)

```
def myLen(k) :
    result = 0
    for i in k :
        result = result + 1
    return result

a = [3, 4, 5, 1, 2]
result = myLen (a)
print("Length of", a, "=", result)
```

```
Length of [3, 4, 5, 1, 2] = 5
```

실습 문제 4

리스트가 k=[3, 4, 5, 1, 2]로 주어졌을 때, 리스트 k의 요소값들의 총합을 구하는 프로그램을 작성하시오. 단, k값을 매개변수로 전달받은 후 k의 요소값들의 총합을 구한 결괏값을 반환하는 함수를 작성하여야 한다.

(출력 예시 : Sum of [3, 4, 5, 1, 2] = 15)

```
def mySum(k) :
    result = 0
    for i in k :
        result = result + i
    return result

a = [3, 4, 5, 1, 2]
result = mySum (a)
print("Sum of", a, "=", result)
```

```
Sum of [3, 4, 5, 1, 2] = 15
```

실습 문제 5

리스트가 k=[3, 4, 5, 1, 2]로 주어졌을 때, 리스트 k의 최솟값을 구하는 프로그램을 작성하시오. 단, k값을 매개변수로 전달받은 후 k의 최솟값을 구한 결괏값을 반환하는 함수를 작성하여야 한다.

(출력 예시 : Min of [3, 4, 5, 1, 2] = 1)

```
def myMin(k) :
    result = k[0]
    for i in k :
        if i < result :
            result = i
    return result

a = [3, 4, 5, 1, 2]
result = myMin(a)
print("Min of", a, "=", result)
```

```
Min of [3, 4, 5, 1, 2] = 1
```

실습 문제 6

리스트가 k=[3, 4, 5, 1, 2]로 주어졌을 때, 리스트 k의 최댓값을 구하는 프로그램을 작성하시오. 단, k값을 매개변수로 전달받은 후 k의 최댓값을 구한 결괏값을 반환하는 함수를 작성하여야 한다.

(출력 예시 : Max of [3, 4, 5, 1, 2] = 5)

```
def myMax(list) :
    result = list[0]
    for i in list :
        if i > result :
            result = i
    return result

a = [3, 4, 5, 1, 2]
result = myMax (a)
print("Max of", a, "=", result)
```

```
Max of [3, 4, 5, 1, 2] = 5
```

실습 문제 7

리스트와 요소값이 k=[3, 4, 5, 1, 2]와 e=2로 각각 주어졌을 때, 요소값을 리스트에 추가하는 프로그램을 작성하시오. 단, k값과 e값을 매개변수로 전달받은 후 리스트의 고유함수들 중 하나인 함수 append()를 사용하지 않고 추가한 결괏값을 반환하는 함수를 작성하여야 한다.

(출력 예시 : Result = [3, 4, 5, 1, 2, 2])

```
def myAppend (k, e) :
    k = k + [e]
    return k

e = 2
k = [3, 4, 5, 1, 2]
result = myAppend(k, e)
print("Result =", result)
```

➡

```
Result = [3, 4, 5, 1, 2, 2]
```

실습 문제 8

리스트와 인덱스값이 k=[3, 4, 5, 1, 2]와 idx=2로 각각 주어졌을 때, 리스트 k의 인덱스 2번에 해당되는 요소값을 삭제하는 프로그램을 작성하시오. 단, k값과 idx값을 매개변수로 전달받은 후 리스트의 고유함수들 중 하나인 함수 pop()을 사용하지 않고 해당되는 요소값을 삭제한 결괏값을 반환하는 함수를 작성하여야 한다.

(출력 예시 : Result = [3, 4, 1, 2])

```
def myPop (list, idx) :
    b = []
    for i in range(len(list)) :
        if i != idx :
            b.append(list[i])
    return b
e = 2
k = [3, 4, 5, 1, 2]
result = myPop(k, e)
print("Result =", result)
```

➡

```
Result = [3, 4, 1, 2]
```

실습 문제 9

리스트가 k=[3, 4, 5, 1, 2]와 같이 주어졌을 때, 요소값들의 순서를 역순으로 정렬하는 프로그램을 작성하시오. 단, k값을 매개변수로 전달받은 후 리스트의 고유함수들 중 하나인 함수 reverse()를 사용하지 않고 역순으로 정렬한 결괏값을 반환하는 함수를 작성하여야 한다.

(출력 예시 : Result = [2, 1, 5, 4, 3])

```
def myReverse (k) :
    b = []
    for i in range(len(k)) :
        b.append(a[len(k)-i-1])
    return b

a = [3, 4, 5, 1, 2]
result = myReverse(a)
print("Result =", result)
```

➡

```
Result = [2, 1, 5, 4, 3]
```

실습 문제 10

리스트가 k = [3, 4, 5, 1, 2]와 같이 주어졌을 때, 리스트 k의 첫 번째 요소값을 삭제하는 프로그램을 작성하시오. 단, k값을 매개변수로 전달받은 후 리스트의 고유함수들 중 하나인 함수 pop()을 사용하지 않고 삭제한 결괏값을 반환하는 함수를 작성하여야 한다.

(출력 예시 : Result = [4, 5, 1, 2])

```
def myPopTop(k) :
    b = []
    for i in range(1, len(k)) :
        b.append(k[i])
    return b

k = [3, 4, 5, 1, 2]
result = myPopTop(k)
print("Result =", result)
```

➡

```
Result = [4, 5, 1, 2]
```

한 줄 요약

1 기존 (변수)는 오직 하나의 값만을 저장할 수 있습니다.

2 (리스트) 변수는 다수의 데이터 값을 하나의 이름으로 저장합니다.

3 변수가 하나의 상자라면 (리스트) 변수는 연속된 상자들의 모임입니다.

4 (리스트)는 다양한 데이터형들을 저장할 수 있습니다.

5 리스트는 (인덱스)로 리스트 요소값에 접근 가능합니다.

6 리스트 인덱스의 시작 번호는 (0)번입니다.

7 인덱스를 통하여 리스트 요소값에 접근하는 것을 (인덱싱)이라 합니다.

8 리스트 (순회)는 리스트의 요소들을 순서대로 탐색하는 것입니다.

9 리스트 (탐색)은 리스트의 길이, 최댓값, 최솟값 등을 구하는 것입니다.

10 리스트의 (길이, 총합)은 리스트의 크기 및 요소값들의 총합을 말합니다.

11 리스트의 (최댓값)은 리스트의 요소값 중에서 가장 큰 값입니다.

12 리스트의 (최솟값)은 리스트의 요소값 중에서 가장 작은 값입니다.

13 리스트의 (정렬)은 리스트를 특정한 기준으로 나열하는 것을 의미합니다.

14 (내림차순) 정렬은 리스트를 큰 것부터 작은 것으로 나열하는 것입니다.

15 (오름차순) 정렬은 리스트를 작은 것부터 큰 것으로 나열하는 것입니다.

16 (문자열)과 리스트의 공통점은 "순서 있는 상자의 묶음"이라는 것입니다.

문자열	리스트

`a = 'python'`
`print(a[0])`
`a[0] = 'P' # (X) : Type Error`
	`a = ['p', 'y', 't', 'h', 'o', 'n']`
	`print(a[0])`
	`a[0] = 'P' # (O)`

CHAPTER 6

자료구조형 데이터

학습 목표

규모가 크고 복잡한 데이터를 효율적으로 저장 및 관리하기 위해서는 어떤 자료구조를 사용하느냐가 중요합니다.
이번 장에서는 중첩리스트를 비롯하여 튜플, 딕셔너리, 집합 등의 다양한 자료구조형 데이터형에 대한 개념을 이해하고, 각 자료구조형 데이터형들을 사용하는 방법을 학습합니다.

학습 목차

CHAPTER

6 자료구조형 데이터

앞서 코딩이란 실생활의 문제들을 논리적으로 해결하는 과정이라고 비유를 했습니다. 해결해야 할 문제들이 복잡하고 다양해질수록 프로그램의 규모도 커지고 처리해야 할 데이터양도 증가하게 됩니다. 규모가 크고 복잡한 데이터를 효율적으로 저장 및 관리하기 위해서는 어떤 자료구조를 사용하느냐가 중요합니다.

컴퓨터과학에서 자료구조(Data Structure)란 효율적으로 데이터에 접근 및 수정을 가능케 하는 자료의 저장, 조직, 관리 등을 말합니다. 즉, 자료구조는 데이터값의 모임, 또 데이터 간의 관계, 그리고 데이터에 적용할 수 있는 함수나 명령을 의미합니다. 효과적으로 설계된 자료구조는 실행시간 또는 메모리 용량과 같은 자원을 최소한으로 사용하면서 연산을 실행하도록 해줍니다. (출처: 위키백과, https://ko.wikipedia.org)

영화 인턴(낸시 마이어스 감독, 2015)은 창업 1년 반 만에 직원 220명의 성공신화를 이룬 의류 인터넷쇼핑몰 CEO인 줄스(배역: 앤 해서웨이)가 정리정돈을 잘 하는 70세 벤(배역: 로버트 드 니로)을 시니어 인턴으로 채용하면서 이야기는 시작됩니다. 사무실 테이블에 산처럼 쌓여가는 잡동사니 더미가 신경이 쓰였던 줄스는 어느 날 아침 책상을 깨끗하게 정리한 사람이 벤임을 알고 그에게 조금 마음을 열게 됩니다. 이 일을 계기로 벤은 줄스의 운전기사이자 비서의 보조 일을 하게 되는데 풍부한 경험과 연륜으로 맡은 일들을 완벽하게 해냅니다. 또한 직원들에게 멘토로서 친구의 역할까지 완벽하게 해내며 CEO 줄스에게 없어서는 안 될 친구가 됩니다. 시니어 인턴 벤을 보면 정리정돈을 잘 하는 사람이 일도 잘 한다는 것을 알 수 있습니다. 데이터 정리도 마찬가지입니다. 우리는 빅데이터 시대에 살고 있으며 데이터의 규모도 커지고 처리해야 할 데이터양도 증가하고 있습니다. 규모가 큰 프로그램을 작성하면서 데이터 정리를 잘 하려면 자료구조 형태로 데이터를 저장해야 합니다. 자료구조 형태로 저장된 데이터는 접근 및 수정이 용이해서 데이터 관리가 수월해집니다. 실제로 개발 경력이 많은 고급개발자일수록 이러한 노하우를 가지고 데이터를 관리하면서 코딩을 합니다.

출처 : 네이버 영화, 인턴, https://movie.naver.com/movie/bi/mi/basic.nhn?code=118917

파이썬의 강점은 여러 가지 편리한 자료구조(중첩리스트, 튜플, 딕셔너리, 집합 등)들을 제공한다는 점입니다. 이러한 자료구조들이 언어 수준에서 지원되기 때문에 빠르게 코드를 작성할 수 있습니다. 코드를 작성할 때 처리해야 할 데이터에 맞는 자료구조를 선택함으로써 질 높은 프로그램을 만들 수 있으며 CPU(중앙처리장치)나 메모리와 같은 컴퓨터 자원을 효율적으로 사용할 수 있습니다.

최근 빅데이터 기술로 인하여 방대한 데이터의 효율적 처리를 위한 자료구조의 중요성이 점점 증가하고 있습니다. 빅데이터란 기존 데이터베이스 관리도구의 능력을 넘어서는 대량(수십 테라바이트)의 정형 또는 심지어 데이터베이스 형태가 아닌 비정형의 데이터 집합을 포함한 데이터로부터 가치를 추출하고 결과를 분석하는 기술입니다.

다양한 종류의 대규모 데이터에 대한 생성, 수집, 분석, 표현을 그 특징으로 하는 빅데이터 기술의 발전은 다변화된 현대사회를 더욱 정확하게 예측하여 효율적으로 작동케 하고 개인화된 현대사회 각 구성원마다 맞춤형 정보를 제공, 관리, 분석 가능케 하며 과거에는 불가능했던 기술을 실현시키고 있습니다.

본 교재에서는 빅데이터와 같은 고급 기술은 다루지 않고 중첩리스트, 튜플, 딕셔너리, 집합과 같은 기본적인 자료구조형 데이터 타입만을 다루도록 하겠습니다. 이러한 자료구조들은 비슷한 기능들도 있지만 사용법이 모두 다릅니다. 이번 장에서 배울 자료구조형 데이터는 복잡하고 어려운 문제를 해결하는 과정에서 자료구조를 설계할 때 기본 데이터로 사용됩니다.

이번 장에서는 앞에서 살펴본 1차원 리스트를 간단하게 복습합니다. 중첩 리스트, 튜플, 딕셔너리, 집합 등의 자료구조형 데이터의 개념 및 사용방법을 다루도록 하겠습니다.

1) 자료구조형 데이터

1장 코딩기초에서 숫자형 데이터 타입으로 정수형 데이터와 실수형 데이터에 대하여 살펴보았습니다. 숫자형 데이터는 오직 하나의 데이터 (정수 혹은 실수)를 저장합니다. 문자열 데이터는 순서가 있는 연속된 문자들의 집합으로 하나의 문자는 변경이 불가능합니다. 순서가 있다는 것은 인덱싱과 슬라이싱이 가능하다는 것을 의미합니다.

2장 조건문에서 논리형 데이터 타입을 배웠습니다. 명제나 조건식을 판별하여 나온 결괏값은 논리형 데이터인 참이나 거짓, 즉 True 또는 False입니다. 이와 같이 논리형 데이터는 참과 거짓 두 가지로 표현합니다.

5장에서 살펴본 리스트는 1차원 리스트입니다. 리스트는 아래 그림처럼 1차원 배열이라 할 수 있습니다. 리스트는 순서가 있는 연속된 데이터의 집합으로 요소들은 변경이 가능합니다. 요소들이 순서가 있기 때문에 인덱싱과 슬라이싱이 가능합니다. 리스트 탐색 및 정렬 등에 많이 이용됩니다.

수학	85	60	99	100	90	80	70	60

중첩 리스트는 리스트 안에 리스트가 존재하는 자료구조로 이 장에서는 리스트 안에 하나의 리스트만 포함되어 있는 2차원 중첩리스트에 대하여 살펴보겠습니다. 차이점은 리스트가 1차원 배열이라면 중첩리스트는 아래 그림처럼 2차원 이상의 배열이라 할 수 있습니다.(6.1 참고)

국어	90	80	100	70	80	90	100	90
영어	60	30	90	90	85	80	75	70
수학	85	60	99	100	90	80	70	60

중첩 리스트는 요소를 추가하거나 수정해야 하는 경우에 사용하는 반면, 튜플은 주로 수정 없이 참조할 때 사용합니다. 따라서 튜플은 요소값의 변경과 삭제가 불가능한 리스트의 한 종류라 할 수 있습니다.(6.2 참고)

딕셔너리는 그 이름처럼 사전과 비슷한 특징을 가집니다. 사전에는 단어가 있고, 그 단어에 대한 설명이 1:1로 대응됩니다. 이와같이 딕셔너리에는 단어에 해당하는 key, 설명에 해당하는 value가 짝을 이루어 존재합니다. 또한 key는 유일한 값을 가져야 하지만 value는 중복될 수 있습니다.(6.3 참고)

집합은 중고교 시절 수학시간에 배운 집합과 의미가 동일합니다. 집합은 중복되는 원소가 없는 순서 없는 그룹을 의미하며 많은 집합연산과 집합 고유함수를 지원합니다.(6.4 참고)

6.1 중첩 리스트

1) 리스트

앞서 5장에서 리스트에 대하여 공부하였습니다. 이번 절에서는 앞에서 살펴본 리스트를 간단하게 복습한 후 중첩 리스트에 대하여 살펴보도록 하겠습니다.

리스트는 대량의 데이터를 한꺼번에 저장하고 처리할 때 사용합니다. 다시 말해 인덱스를 이용하여 대량의 데이터를 관리하는데 용이합니다. 리스트도 문자열처럼 인덱싱과 슬라이싱이 가능합니다. 파이썬에서 리스트의 요소에 접근할 때 인덱스를 사용합니다. 인덱스(index)란 리스트에서 요소의 위치(번호)입니다.

예를 들면, 선생님들이 학생들의 출석을 체크할 때 이름 대신 각 학생들의 출석번호로 학생들의 출석을 호명할 수 있습니다. 이러한 번호와 같은 개념이 인덱스입니다. 다음과 같이 8명의 학생에 대한 번호 및 점수 데이터가 표로 제시되어 있다고 가정하면, 우리는 점수 데이터를 아래와 같이 리스트를 이용하여 저장할 수 있습니다. 단, 리스트 요소에 접근할 때 첫 번째 요소의 인덱스는 0부터 시작한다는 점을 반드시 숙지하시기 바랍니다.

슬라이싱(slicing)은 리스트에서 한 번에 여러 개의 요소를 추출하는 기법을 말합니다. 슬라이싱을 할 때 score[m:n]와 같이 적으면 인덱스 m부터 시작하여 요소들을 추출하다가 인덱스 n−1번째 요소들까지 추출합니다.

코딩 예시

```
score = [85, 60, 99, 100, 90, 80, 70, 60]   # 학생 8명의 점수를 리스트에 저장

print(score[0], score[3], score[7])         # 첫 번째, 네 번째, 여덟 번째 값 출력
print(score[1:3])                           # score[1]부터 score[2]까지 값 출력
print(score[3:7])                           # score[3]부터 score[6]까지 값 출력
```

```
85 100 60
[60, 99]
[100, 90, 80, 70]
```

5장 리스트에서 살펴보았듯이 인덱스를 사용하여 리스트 내의 특정한 요소를 찾을 수 있습니다. 또한 리스트의 길이, 총합, 최솟값을 혹은 최댓값을 구하거나 리스트를 구성하고 있는 요소들을 정렬하는 작업 등을 쉽게 처리할 수 있습니다.

다음 예시를 통하여 리스트의 최솟값을 구하는 과정을 복습해 보겠습니다. 리스트 요소값이 현재 최솟값보다 작으면 현재 최솟값을 요소값으로 치환하는 과정을 리스트 요소 개수만큼 반복하여 실행함으로써 리스트의 최솟값을 구할 수 있습니다.

코딩 예시

```
score = [85, 60, 99, 100, 90, 80, 70, 60]   # 학생 8명의 점수 리스트

min = score[0]                              # 첫 번째 요소값으로 최솟값 초기화
for i in score :                            # 리스트 요소 개수 8 만큼 반복하여
    if i < min :                                # 요소값이 최솟값보다 작으면
        min = i                                     # 최솟값을 요소값으로 치환

print("Min =", min)                         # 최솟값 출력
```

```
Min = 60
```

실행 예시

반복 횟수	0	1	2	3	4	5	6	7	8
i	-	85	60	99	100	90	80	70	60
i < min	-	False	True	False	False	False	False	False	False
min	85	85	60	60	60	60	60	60	60

2) 중첩리스트 구조

5장에서 배웠던 리스트에 대해 앞서 복습했습니다. 중첩리스트는 리스트 안에 리스트가 존재하는 자료구조로, 이 장에서는 리스트 안에 하나의 리스트만 포함되어 있는 2차원 중첩리스트에 대하여 살펴보겠습니다.

1차원 리스트에서는 8명의 학생들에 대한 한 과목 점수만을 저장했다면, 아래 표처럼 중첩 리스트는 세 과목의 점수를 동시에 저장할 수 있습니다. 각 학생들의 국어, 영어, 수학 점수가 각각 1차원 리스트로 구성되며, 3개의 1차원 리스트들이 다시 하나의 2차원 중첩리스트로 구성됩니다.

국어	90	80	100	70	80	90	100	90
영어	60	30	90	90	85	80	75	70
수학	85	60	99	100	90	80	70	60

```
score = [ [90, 80, 100, 70, 80, 90, 100, 90],     # 국어
          [60, 30, 90, 90, 85, 80, 75, 70],       # 영어
          [85, 60, 99, 100, 90, 80, 70, 60] ]     # 수학
```

중첩 리스트도 리스트와 마찬가지로 인덱싱 및 슬라이싱 기법을 적용할 수 있습니다.

코딩 예시

```
score = [ [90, 80, 100, 70, 80, 90, 100, 90],     # 학생 8명의 국어, 영어, 수학 점수를
          [60, 30, 90, 90, 85, 80, 75, 70],         중첩 리스트 score에 저장
          [85, 60, 99, 100, 90, 80, 70, 60] ]

                                                  # 행과 열 모두 인덱스 0번부터 시작
print(score[0])                                   # 첫 번째 행 리스트 출력
print(score[2])                                   # 세 번째 행 리스트 출력
print(score[0][1:3])                              #첫 번째 행의 1번~2번 요소값 출력
print(score[2][3:7])                              #세 번째 행의 3번~6번 요소값 출력
```

```
[90, 80, 100, 70, 80, 90, 100, 90]
[85, 60, 99, 100, 90, 80, 70, 60]
[80, 100]
[100, 90, 80, 70]
```

3) 중첩 리스트 요소 탐색

앞서 리스트 탐색 응용문제인 최솟값을 구하는 예제를 살펴보았습니다. 중첩리스트에 포함되어 있는 각 리스트에서 최솟값을 구하는 문제를 살펴보겠습니다. 즉, 각 과목(각 리스트)에서 최솟값을 중첩리스트 탐색을 통하여 구해보도록 하겠습니다. 아래 표는 8명 학생들의 국어, 영어, 수학 점수를 나타낸 것입니다.

국어	90	80	100	70	80	90	100	90
영어	60	30	90	90	85	80	75	70
수학	85	60	99	100	90	80	70	60

본 예제는 3개의 리스트가 하나의 중첩리스트를 구성하고 있습니다. 3개의 각 리스트마다 최솟값을 구해야 하므로 먼저 각 리스트의(과목의) 첫 번째 요소값을 최솟값으로 초기화합니다. 행 부분은 외부 반복문으로, 열 부분은 내부 반복문으로 하여 중첩 반복문으로 반복 실행합니다.

코딩 예시

```
score = [ [90, 80, 100, 70, 80, 90, 100, 90],     # 학생 8명의 세 과목 점수를 중첩
          [60, 30, 90, 90, 85, 80, 75, 70],         리스트에 저장
          [85, 60, 99, 100, 90, 80, 70, 60] ]

for i in range(3) :                               # 과목 개수 3 만큼 반복하여
    min = score[i][0]                                # 첫 번째 요소값으로 초기화

    for j in range(8) :                              # 학생 수 8 만큼 반복하여
        if score[i][j] < min :                       # 요소값이 최솟값보다 작으면
            min = score[i][j]                           # 최솟값을 요소값으로 치환

    print("Min[%d] = %d" %(i, min))                  # 각 과목의 최솟값 출력
```

```
Min[0] = 70
Min[1] = 30
Min[2] = 60
```

앞서 중첩 리스트에 포함되어 있는 각 리스트 최솟값을 구하는 문제를 살펴보았습니다. 이번에는 중첩 리스트에서 최댓값을 구하는 문제를 살펴보겠습니다. 즉, 각 과목(각 리스트)에서 최댓값을 중첩리스트 탐색을 통하여 구해보도록 하겠습니다. 아래 표는 8명 학생들의 국어, 영어, 수학 점수를 나타낸 것입니다.

국어	90	80	100	70	80	90	100	90
영어	60	30	90	90	85	80	75	70
수학	85	60	99	100	90	80	70	60

본 예제는 3개의 리스트가 하나의 중첩리스트를 구성하고 있습니다. 3개의 각 리스트마다 최댓값을 구해야 하므로 먼저 각 리스트의(과목의) 첫 번째 요소값을 최댓값으로 초기화합니다. 행 부분은 외부 반복문으로, 열 부분은 내부 반복문으로 하여 중첩 반복문으로 반복 실행합니다.

코딩 예시

```
score = [ [90, 80, 100, 70, 80, 90, 100, 90],     # 학생 8명의 점수 중첩 리스트
          [60, 30, 90, 90, 85, 80, 75, 70],
          [85, 60, 99, 100, 90, 80, 70, 60] ]

for i in range(3) :                               # 과목 개수 3 만큼 반복하여
    max = score[i][0]                                 # 첫 번째 요소값으로 초기화

    for j in range(8) :                               # 학생 수 8 만큼 반복하여
        if score[i][j] > max :                        # 요소값이 최댓값보다 크면
            max = score[i][j]                           # 최댓값을 요소값으로 치환

    print("Max[%d] = %d" %(i, max))                   # 각 과목의 최댓값 출력
```

```
Max[0] = 100
Max[1] = 90
Max[2] = 100
```

아래 실행 예시는 중첩 리스트에서 최댓값을 구하는 과정에서 변수값의 변화를 보여줍니다.

실행 예시

외부 반복	내부 반복	i	j	score[i][j]	score[i][j] > max	max
0	0	-	-	-	-	-
1	1	0	0	90	True	90
1	2	0	1	80	False	90
1	3	0	2	100	True	100
1	4	0	3	70	False	100
1	5	0	4	80	False	100
1	6	0	5	90	False	100
1	7	0	6	100	False	100
1	8	0	7	90	False	100
2	9	1	0	60	True	60
2	10	1	1	30	False	60
2	11	1	2	90	True	90
2	12	1	3	90	False	90
2	13	1	4	85	False	90
2	14	1	5	80	False	90
2	15	1	6	75	False	90
2	16	1	7	70	False	90
3	17	2	0	85	True	85
3	18	2	1	60	False	85
3	19	2	2	99	True	99
3	20	2	3	100	True	100
3	21	2	4	90	False	100
3	22	2	5	80	False	100
3	23	2	6	70	False	100
3	24	2	7	60	False	100

시나리오 1 모든 과목의 성적은 "A", "B", "C", "D", "F" 중 하나로 결정된다고 했을 때, 평균 학점을 기준으로 우수 학생에게 장학금을 수여하려고 합니다. 7명의 학생들의 학번과 5과목의 과목별 이수학점이 리스트에 초기화되어 있으며, 각 과목별 취득 성적이 이중 리스트에 초기화되어 있습니다. 각 과목별 성적과 이수학점을 반영하여 평균학점을 계산한 후, 학생들의 학번과 학번별 평균학점을 소수 둘째짜리까지 출력하는 프로그램을 작성하시오.

〈 과목별 취득 성적 및 이수학점 〉

학생 번호	SW (3학점)	OS (3학점)	DB (3학점)	Math (2학점)	History (1학점)
1	C	B	A	C	D
2	F	D	C	D	B
3	A	B	A	B	A
4	A	A	B	C	D
5	B	B	B	B	B
6	B	B	C	D	F
7	C	A	A	A	A

```
Student, Subject = 6, 5                    # 학생 및 과목 수 초기화
Identity = [1, 2, 3, 4, 5]                 # 학번 리스트에 초기화
Credit = [3, 3, 3, 2, 1]                   # 과목별 학점 리스트에 초기화
Grade = [                                  # 취득 성적 이중 리스트
        ['C', 'B', 'A', 'C', 'D'],           # 1번 학생 성적 리스트
        ['F', 'D', 'C', 'D', 'B'],           # 2번 학생 성적 리스트
        ['A', 'B', 'A', 'B', 'A'],           # 3번 학생 성적 리스트
        ['A', 'A', 'B', 'C', 'D'],           # 4번 학생 성적 리스트
        ['B', 'B', 'B', 'B', 'B'],           # 5번 학생 성적 리스트
        ['B', 'B', 'C', 'D', 'F'],           # 6번 학생 성적 리스트
        ['C', 'A', 'A', 'A', 'A']            # 7번 학생 성적 리스트
       ]

Grade_Avg = [0.00]*Student                 # 평균 학점 0.00으로 초기화
```

```
for i in range(Student) :                          # 학생 수 7 만큼 반복
    total_credit = 0                                  # 이수 학점 0으로 초기화
    total_grade = 0.0                                 # 총합 성적 0.0으로 초기화

    for j in range(Subject) :                          # 과목 수 5 만큼 반복
        total_credit += Credit[j]                         # 이수 학점 누적
        if Grade[i][j] == 'A' :                           # 'A' 학점이면
            total_grade += 4.0*Credit[j]                     # 4.0*학점 총점누적
        elif Grade[i][j] == 'B' :                         # 'B' 학점이면
            total_grade += 3.0*Credit[j]                     # 3.0*학점 총점누적
        elif Grade[i][j] == 'C' :                         # 'C' 학점이면
            total_grade += 2.0*Credit[j]                     # 2.0*학점 총점누적
        elif Grade[i][j] == 'D' :                         # 'D' 학점이면
            total_grade += 1.0*Credit[j]                     # 1.0*학점 총점누적

    Grade_Avg[i] = total_grade / total_credit         # 평균 학점 계산 및 저장

for i in range(Student) :                          # 학생 수 7 만큼 반복
    print("%d = %.2f"                                 # 학번과 평균 학점 출력
        %(Identity[i], Grade_Avg[i]))
```

```
1 = 2.67
2 = 1.17
3 = 3.58
4 = 3.17
5 = 3.00
6 = 2.17
7 = 3.50
```

실습 문제 1

학생 수와 학생별 국어, 영어, 수학 점수를 입력받고, 학생별 평균 점수를 구하는 프로그램을 작성하시오. 단, 입력으로 주어지는 점수는 0과 100 사이의 양의 정수만 가능하며, 평균 점수는 round()함수를 사용하여 소수점 셋째 자리에서 반올림하여 계산합니다. (예를 들면, round(85.777, 2)는 결괏값이 85.78입니다.)

입력 예시	출력 예시
학생 수 : 2 1번째 학생 3과목 점수 : 60 66 80 2번째 학생 3과목 점수 : 76 78 87	1번째 학생 평균 점수 : 68.67 2번째 학생 평균 점수 : 80.33

```
score = []
n = int(input("학생 수 : "))
for i in range(n):
    s = input(str(i+1)+"번째 학생 3과목 점수 : ").split(' ')
    score.append(s)
print()
for i in range(n) :
    total = 0
    for j in range(3) :
        total += int(score[i][j])
    avg = round(total/3, 2)
    print(str(i+1) + "번째 학생 평균 점수 :", avg)
```

```
학생 수 : 2
1번째 학생 3과목 점수 : 61 63 61
2번째 학생 3과목 점수 : 75 79 77

1번째 학생 평균 점수 : 61.67
2번째 학생 평균 점수 : 77.0
```

실습 문제 2

학생 수와 학생별 국어, 영어, 수학 점수를 입력받아 총점이 가장 높은 학생의 평균 점수를 구하는 프로그램을 작성하시오. 단, 입력으로 주어지는 점수는 0과 100 사이의 양의 정수만 가능하며, 평균 점수는 round()함수를 사용하여 소수점 셋째 자리에서 반올림하여 계산합니다. (예를 들면, round(85.777, 2)는 결괏값이 85.78입니다.)

입력 예시	출력 예시
학생 수 : 2 1번째 학생 3과목 점수 : 60 66 80 2번째 학생 3과목 점수 : 76 78 87	총점이 가장 높은 학생 평균 점수 : 77.0

```
score = []
n = int(input("학생의 수 : "))
for i in range(n) :
    s = input(str(i+1)+"번째 학생 3과목 점수 : ").split(' ')
    score.append(s)
for i in range(n) :
    total = 0
    for j in range(3) :
        total += int(score[i][j])
    score[i].append(total)
max_idx, max_value = 0, score[0][3]
for i in range(n) :
    if max_value < score[i][3] :
        max_idx, max_value = i, score[i][3]
avg = round(max_value/3, 2)
print("총점이 가장 높은 학생 평균 점수 :", avg)
```

```
학생 수 : 2
1번째 학생 3과목 점수 : 61 63 61
2번째 학생 3과목 점수 : 75 79 77
총점이 가장 높은 학생 평균 점수 : 77.0
```

6.2 튜플

앞서 배운 리스트와 중첩 리스트를 잘 이해하고 있다면, 튜플은 쉽게 이해할 수 있습니다. 리스트는 요소값의 생성, 삭제, 수정이 가능하지만 튜플은 요소값을 변경할 수 없습니다. 튜플은 요소값의 변경과 삭제가 불가능한 리스트의 한 종류라 할 수 있습니다.

예를 들어, 각 도시의 위도값과 경도값을 튜플 자료구조로 관리하면 유용합니다. 튜플의 요소값이 도시의 이름, 위도와 경도로 바뀌지 않는 값이기 때문에 실수로 값을 변경하거나 삭제하는 것을 방지할 수 있습니다.

도시	위도	경도
London	50	0
Seoul	37	126
a[i]	40	-73

리스트는 [](대괄호) 안에 요소를 생성하고, 튜플은 ()(소괄호)를 사용합니다. 튜플은 요소값을 바꿀 수 없다는 점만 제외하면 리스트와 동일하게 인덱싱과 슬라이싱 작업을 할 수 있습니다.

코딩 예시

```
geo = ( ('London',    50,    0),       # 세 개의 도시와 각 도시의 위도 및
        ('Seoul',     37,  126),       #   경도 값을 중첩 튜플로 저장
        ('New York', 40,   -73) )
                                       # 행과 열 모두 인덱스 0부터 시작 !!!
print(geo[0])                          # 0행 튜플 출력
print(geo[1])                          # 1행 튜플 출력

print(geo[0][0])                       # 0행 0번 요소값 출력
print(geo[1][1])                       # 1행 1번 요소값 출력
print(geo[2][0:2])                     # 2행 0번 ~ 1번 요소값 출력
```

```
('London', 50, 0)
('Seoul', 37, 126)
London
37
('New York', 40)
```

1) 튜플의 사용

아래 예시를 통하여 튜플의 사용 예를 살펴보겠습니다. 튜플 temp30은 서울의 30년 동안 각 달의 평균 기온을 나타낸 것입니다. 이 요소값들은 실제 계산된 값이므로 변경이 불가하기 때문에 요소의 변경과 삭제가 불가능한 튜플 자료형이 적합합니다.

리스트 temp2018은 2018년도 서울의 매달 평균 기온을 저장한 것입니다. 리스트 temp2018의 경우, 추후 잘못된 정보가 발견되면 리스트이므로 수정이 가능합니다.

아래 코딩 예시는 2018년도 매달 평균 기온이 최근 30년 동안의 평균 기온보다 높으면 평균 기온이 올라가고 있음을 출력하고 그렇지 않으면 평균 기온이 내려가고 있음을 출력하는 코드입니다. 먼저, 차이값을 초기화하고 12번 반복하여 temp2018 리스트와 temp30 튜플의 값을 참조하여 차이값을 누적시킨 후 차이값을 이용하여 평균 기온이 올라가고 있는지 내려가고 있는지를 판별하여 출력합니다.

코딩 예시

```
temp30 = (0.0, 1.1, 5.9, 12.2, 17.2, 21.2,          # 30년 평균 기온 튜플
          24.5, 25.1, 20.5, 14.3, 7.6, 1.5)

temp2018 = [0.5, 2.0, 6.7, 12.7, 18.6, 21.7,        # 2018년 평균 기온 리스트
            24.4, 25.2, 20.5, 15.0, 10.0, 3.5]

diff = 0.0                                          # 차이값 초기화
for i in range(12) :                                # 1년 12달 만큼 반복하여
    diff += temp2018[i] - temp30[i]                 #   # 차이값을 누적

if diff > 0 :                                       # 차이값이 0 보다 크면
    print("Higher average temperature!")            #   # 2018년 온도가 더 높음
else :                                              # 차이값이 0 이하이면
    print("Lower average temperature!")             #   # 2018년 온도가 더 낮음
```

```
Higher average temperature!
```

실습 문제 1

튜플이 myTuple = (1, 9, 7, 3, 2, 4, 8, 5, 6)과 같이 주어졌을 때, myTuple을 오름차순으로 정렬한 새로운 튜플 resultTuple을 만들어 출력하는 프로그램을 작성하시오.

(출력 예시 : resultTuple = (1, 2, 3, 4, 5, 6, 7, 8, 9))

```
myTuple = (1, 9, 7, 3, 2, 4, 8, 5, 6)
myList = list(myTuple)
myList.sort()
resultTuple = tuple(myList)
print("resultTuple =", resultTuple)
```

```
resultTuple = (1, 2, 3, 4, 5, 6, 7, 8, 9)
```

실습 문제 2

학생 수와 학생별 국어, 영어, 수학 점수를 입력받아 총점이 가장 높은 학생의 평균 점수를 구하는 프로그램을 작성하시오. 단, 입력으로 주어지는 점수는 0과 100 사이의 양의 정수만 가능하며, 평균 점수는 함수 round()를 사용하여 소수점 셋째 자리에서 반올림하여 계산합니다. (예를 들면, round(85.777, 2)는 결괏값이 85.78입니다.)

입력 예시	출력 예시
정수 입력 : 2	b = (1, 2, 3, 4, 5, 1, 2, 3, 4, 5) b 내 3의 개수 : 2

```
a = (1, 2, 3, 4, 5)
n = int(input("정수 입력 : "))
b = a * n
print("b =", b)
print("b 내 3의 개수 :", b.count(3))
```

```
정수 입력 : 2
```

```
b = (1, 2, 3, 4, 5, 1, 2, 3, 4, 5)
b 내 3의 개수 : 2
```

실습 문제 3

튜플이 myTuple = (1, 2, 3, 4, 5, 6, 7, 8, 9)와 같이 주어졌을 때, 슬라이싱 할 부분의 시작 위치값과 끝 위치값을 사용자로부터 입력받아 슬라이싱 한 결괏값을 튜플 resultTuple을 만들어 출력하는 프로그램을 작성하시오.

입력 예시	출력 예시
시작 위치 : 2 끝 위치 : 7	슬라이싱 한 튜플 : (3, 4, 5, 6, 7)

```
my_tuple = ( 1, 2, 3, 4, 5, 6, 7, 8, 9 )
start = int(input("시작 위치 : "))
end = int(input("끝 위치 : "))
result_tuple = my_tuple[start : end]
print("슬라이싱 한 튜플 :", result_tuple)
```

```
시작 위치 : 2
끝 위치 : 7
슬라이싱 한 튜플 : (3, 4, 5, 6, 7)
```

실습 문제 4

튜플이 myTuple = (1, 9, 7, 3, 2, 4, 8, 5, 6)과 같이 주어졌을 때, myTuple을 오름차순으로 정렬한 새로운 튜플 resultTuple을 만들어 출력하는 프로그램을 작성하시오.

(출력 예시 : resultTuple = (1, 2, 3, 4, 5, 6, 7, 8, 9))

```
myTuple = (1, 9, 7, 3, 2, 4, 8, 5, 6)
myList = list(myTuple)
myList.sort()
resultTuple = tuple(myList)
print("resultTuple =", resultTuple)
```

```
resultTuple = (1, 2, 3, 4, 5, 6, 7, 8, 9)
```

6.3 딕셔너리

본 절에서는 딕셔너리 자료형에 대해서 살펴보겠습니다. 딕셔너리는 키(Key)와 값(Value)을 한 쌍으로 저장하는 자료구조입니다. 딕셔너리는 키(key)를 통해 값(value)를 얻습니다. 예를 들면, 키(Key)가 'university'이라면 값(value)은 '대학'이 됩니다.

앞서 살펴본 리스트와 튜플의 경우, 리스트는 [](대괄호), 튜플은 ()(소괄호)를 사용하여 생성했습니다. 딕셔너리는 {}(중괄호)를 사용하여 생성합니다.

자료 구조	생성 예시
리스트	['OS', 'AI', 'CG', 'DB']
튜플	('Operating System', 'Artificial Intelligence')
딕션너리	{ 'OS' : 'Operating System', 'AI' : 'Artificial Intelligence' }

아래 dic이라는 딕셔너리가 있습니다. dic은 키(key)로 OS, AI, CG, DB를 가지며, 각각에 대응하는 값(value)으로 Operating System, Artificial Intelligence, Computer Graphics, Data Base를 가집니다. 키와 값을 1:1로 대응시켜 묶어 놓은 것이 딕셔너리 자료구조입니다.

키 (Key)	값 (Value)
'OS'	'Operating System'
'AI'	'Artificial Intelligence'
'CG'	'Computer Graphics'
'DB'	'Data Base'

```
dic = { 'OS' : 'Operating System',        'AI' : 'Artificial Intelligence',
        'CG' : 'Computer Graphics',       'DB' : 'Data Base' }
```

1) 딕셔너리의 사용

본 절에서는 딕셔너리의 사용법에 대해 살펴보겠습니다. 딕셔너리에서는 딕셔너리를 구성하는 항목에 대해 추가, 수정(변경), 삭제가 가능합니다.

딕셔너리 생성 예시

딕셔너리는 { }를 사용하여 생성합니다.

```
dic = { 'OS' : 'Operating System',          'AI' : 'Artificial Intelligence',
        'CG' : 'Computer Graphics',         'DB' : 'Data Base' }
```

딕셔너리 추가 예시

```
# 딕셔너리이름[새로운키] = 값
dic['HCI'] = 'Human-Computer Interaction'
```

```
dic = { 'OS' : 'Operating System', 'AI' : 'Artificial Intelligence',
        'CG' : 'Computer Graphics', 'DB' : 'Data Base',
        'HCI': 'Human - Computer Interaction' }
```

딕셔너리 수정 예시

```
# 딕셔너리이름[기존키] = 새로운값
dic['DB'] = 'DataBase' # Data Bese → DataBase
```

```
dic = { 'OS' : 'Operating System', 'AI' : 'Artificial Intelligence',
        'CG' : 'Computer Graphics', 'DB' : 'DataBase',
        'HCI': 'Human - Computer Interaction' }
```

딕셔너리 삭제 예시

```
# del 딕셔너리이름[새로운키]
del dic['CG']
```

```
dic = { 'OS' : 'Operating System', 'AI' : 'Artificial Intelligence',
        'CG' : 'Computer Graphics', 'HCI': 'Human - Computer Interaction' }
```

실습 문제 1

딕셔너리 형태로 주어진 로그인 정보(아이디, 패스워드)는 아래와 같습니다. 아이디와 패스워드를 입력받아 아이디나 패스워드가 불일치한 경우는 "ID or PW Mismatch!", 둘 다 일치한 경우는 "Login Success"를 출력하는 프로그램을 작성하시오.

```
info = { 'id':'software', 'pw':'python' }
id = input("Input ID : ")
pw = input("Input PW : ")
if id != info['id'] or pw != info['pw'] :
    print("ID or PW Mismatch!")
else :
    print("Login Success")
```

```
Input ID : software
Input PW : pithon
```

```
ID or PW Mismatch!
```

실습 문제 2

딕셔너리 형태로 주어진 학생 정보(이름, 나이, 주소)는 아래와 같습니다. 원하는 정보를 입력 받고, 입력 받은 정보가 key로 존재한다면 해당되는 값을, 존재하지 않으면 "없는 정보입니다."를 출력하는 프로그램을 작성하시오.

```
user_info = { 'name':'David', 'age':21, 'address':'서울시 광진구' }
key = input("원하는 정보 : ")
if key in user_info :
    print(key, ':', user_info[key])
else :
    print("없는 정보입니다.")
```

```
# 실행 예1
원하는 정보 : age
age : 21
```

```
# 실행 예2
원하는 정보 : gender
없는 정보입니다.
```

실습 문제 3

딕셔너리 형태로 주어진 학생 정보(이름, 나이, 주소)는 위의 실습문제 #2와 동일합니다. 먼저 추가 혹은 변경할 횟수 N을 입력받고, 이후 N개의 추가 혹은 변경하기 위한 학생 정보(key와 value)를 입력받아 수정 완료된 학생의 모든 정보를 출력하는 프로그램을 작성하시오.

입력 예시	출력 예시
수정 횟수 입력 : 1 수정 #1 추가하거나 변경할 key 입력 : studentID key 에 대한 값 value 입력 : 20011012	사용자 정보 name : David age : 20 address : 서울시 광진구 studentID : 20011012

```
user_info = { 'name':'David', 'age':20, 'address':'서울시 광진구' }
N = int(input("수정 횟수 입력 : "))
for i in range(N) :
    print("수정 #%d" %(i+1))
    key = input("추가하거나 변경할 key 입력 : ")
    value = input("key 에 대한 값 value 입력 : ")
    user_info[key] = value
print("사용자 정보")
for info in user_info :
    print(info,":", user_info[info])
```

```
수정 횟수 입력 : 1
수정 #1
추가하거나 변경할 key 입력 : studentID
key 에 대한 값 value 입력 : 14011024
사용자 정보
name : David
age : 20
address : 서울시 광진구
studentID :  20011012
```

6.4 집합

집합(set)은 중복되는 원소가 없으며 순서가 없는 그룹을 의미합니다. 리스트에서는 원소 값들이 중복되어도 상관이 없기 때문에 리스트 a = [1, 2, 3, 1, 2, 3]을 출력하면 그대로 출력됩니다. 그러나 집합은 특성상 중복을 허용하지 않기 때문에 집합 b = {1, 2, 3, 1, 2, 3}을 출력하면 {1, 2, 3} 만을 원소값으로 가지게 됩니다.

```
a = [ 1, 2, 3, 1, 2, 3 ]
print("a =", a)

b = { 1, 2, 3, 1, 2, 3 }
print("b =", b)
```

➡

```
# 리스트 : 중복 허용
a = [ 1, 2, 3, 1, 2, 3 ]

# 집합 : 중복 원소 제거
b = { 1, 2, 3 }
```

집합은 리스트로 변경 가능하며 리스트 또한 집합으로 변경 가능합니다. 리스트를 집합으로 변환시키기 위해서는 set()함수를 사용합니다. 집합을 리스트로 변환시키기 위해서는 list()함수를 사용합니다.

중복되는 원소들을 제거한 리스트를 만들고 싶다면, 중복 원소를 허용하지 않는다는 집합의 특성을 활용합니다. 즉, 리스트 a를 set()함수를 사용하여 집합으로 변환시켜 중복원소를 제거한 후, 이를 다시 list()함수를 사용하여 리스트로 변환시키면 됩니다.

코딩 예시

```
a = [ 1, 2, 3, 1, 2, 3 ]        # 중복 허용 리스트
print("a =", a)                 # 리스트 출력

b = set(a)                      # 리스트를 집합으로 변경
print("b =", b)                 # 집합 출력

a = list(b)                     # 집합을 리스트로 변경
print("a =", a)                 # (중복 제거) 리스트 출력
```

```
a = [ 1, 2, 3, 1, 2, 3 ]
b = { 1, 2, 3 }
a = [ 1, 2, 3 ]
```

1) 집합연산 및 고유함수

집합 자료 구조형은 여러 가지 수학적 집합연산 및 고유함수를 사용할 수 있습니다. 집합의 이러한 특성은 매우 유용하게 사용됩니다. 예를 들어, 어떤 리스트에서 중복된 요소 값을 제거하고 하나만 남겨야 하는 경우, for 문을 사용하여 리스트 내 첫 번째 요소부터 마지막 요소까지 일일이 다 체크를 해서 중복된 요소를 제거해야 하지만, 집합 자료구조를 이용하면 중복 요소값을 쉽게 제거할 수 있습니다. 또한, 두 리스트의 교집합, 합집합, 차집합 등 집합에 관련된 연산을 쉽게 처리할 수 있습니다. 집합연산 및 고유함수는 아래 표를 통해 살펴보겠습니다.

〈 집합 연산 〉

A = {1, 2, 4}, B = {1, 2, 6}일 때

집합 연산	의미	코딩 예시	결과
in	원소인가?	2 in A	True
not in	원소가 아닌가?	6 not in A	True
&	교집합	A & B	{1, 2}
¦	합집합	A ¦ B	{1, 2, 4, 6}
-	차집합	A – B	{4}

〈 집합 고유 함수 〉

A = {1, 2, 4}, B = {1, 2, 6}일 때

집합 고유함수	의미	코딩 예시	결과
add	원소 추가	A.add(5)	A = {1, 2, 4, 5}
remove	원소 제거	A.remove(1)	A = {2, 4}
intersection	교집합	A.intersection(B)	{1, 2}
union	합집합	A.union(B)	{1, 2, 4, 6}
difference	차집합	A.difference(B)	{4}

2) 집합 연산 예시

다음 코딩 예시를 통하여 집합 연산 사용 예를 살펴보겠습니다. 코딩 예시에서는 소프트웨어학과(SW)와 컴퓨터사이언스학과(CS)의 대표적인 과목 4개를 뽑아 각 학과별로 리스트를 만들었습니다. 집합 연산을 연습하기 위해 이 두 리스트들을 모두 집합으로 변환한 후 다양한 집합 연산을 실행합니다.

코딩 예시

```
SW = [ 'SW', 'OS', 'DB', 'DS' ]           # 소프트웨어학과 과목 리스트
CS = [ 'SW', 'AI', 'CG', 'HCI' ]          # 컴퓨터사이언스학과 과목 리스트

SW = set(SW)                              # SW 리스트를 SW 집합으로 변환
print(SW)                                 # 집합 SW 출력
CS = set(CS)                              # CS 리스트를 CS 집합으로 변환
print(CS)                                 # 집합 CS 출력

a = 'OS' in SW                            # 'OS' 가 SW학과 과목인가요?
print(a)                                  # 결과 출력

a = 'OS' not in CS                        # 'OS' 가 CS학과 과목이 아닌가요?
print(a)                                  # 결과 출력

print(SW & CS)                            # SW학과 CS학과 공통 과목 출력

print(SW | CS)                            # SW학과 CS학과 통합 과목 출력

print(SW - CS)                            # SW에만 있고 CS에 없는 과목 출력
```

```
{'SW', 'OS', 'DB', 'DS'}
{'SW', 'AI', 'CG', 'HCI'}
True
True
{'SW'}
{'OS', 'CG', 'DS', 'AI', 'SW', 'HCI', 'DB'}
{'DB', 'OS', 'DS'}
```

3) 집합 고유 함수 예시

다음 예시를 통하여 집합 고유함수 사용 예를 살펴보겠습니다. 이번 예시도 집합 연산 예시와 마찬가지로 소프트웨어학과(SW)와 컴퓨터사이언스학과(CS)의 대표적인 과목 4개를 뽑아 각 학과별로 리스트를 만들었습니다. 집합 고유함수를 연습하기 위해 이 두 리스트들을 모두 집합으로 변환한 후 다양한 집합 고유함수를 실행합니다.

코딩 예시

```
SW = [ 'SW', 'OS', 'DB' ]                    # 소트프웨어학과 과목 리스트
CS = [ 'SW', 'AI', 'CG', 'DS', 'HCI' ]       # 컴퓨터사이언스학과 과목 리스트

SW = set(SW)                                 # SW 리스트를 SW 집합으로 변환
print(SW)                                    # 집합 SW 출력
CS = set(CS)                                 # CS 리스트를 CS 집합으로 변환
print(CS)                                    # 집합 CS 출력

SW.add('DS')                                 # 'DS'과목을 SW 집합에 추가
print(SW)                                    # 집합 SW 출력
CS.remove('DS')                              # 'DS'과목을 CS 집합에서 삭제
print(CS)                                    # 집합 CS 출력

print(SW.intersection(CS))                   # SW학과 CS학과 공통 과목 출력

print(SW.union(CS))                          # SW학과 CS학과 통합 과목 출력

print(SW.difference(CS))                     # SW에만 있고 CS에 없는 과목 출력
```

```
{'SW', 'OS', 'DB'}
{'SW', 'AI', 'CG', 'DS', 'HCI'}
{'SW', 'OS', 'DB', 'DS'}
{'SW', 'AI', 'CG', 'HCI'}
{'SW'}
{'OS', 'CG', 'DS', 'AI', 'SW', 'HCI', 'DB'}
{'DB', 'OS', 'DS'}
```

시나리오 1 새 학기가 시작되면서 Trump, Putin, Obama의 각 수강신청 과목을 입력받은 후, 다음 내용들을 집합(set)으로 출력하는 프로그램을 작성하시오. 단, 수강신청 가능한 과목은 6과목인 'CG', 'OS', 'AI', 'SW', 'DB', 'DS'이다.

1) Trump가 수강 신청한 모든 과목
2) Putin이 수강 신청한 모든 과목
3) Obama가 수강 신청한 모든 과목
4) 세 명이 수강 신청한 모든 과목과 세 명이 공통으로 수강 신청한 공통 과목
5) Trump만 수강 신청한 과목
6) Putin만 수강 신청한 과목

```
Trump = set(input("Input Subjects (T) = ").split())    # Trump 수강과목 입력 (집합)
Putin = set(input("Input Subjects (P) = ").split())    # Putin 수강과목 입력 (집합)
Obama = set(input("Input Subjects (O) = ").split())    # Obama 수강과목 입력 (집합)

all = Trump | Putin | Obama                            # 모든 과목 추출
common = Trump & Putin & Obama                         # 공통 과목 추출
print("all = %s, common = %s" %(all, common))          # 모든/공통 과목 출력

onlyTrump = Trump - (Putin | Obama)                    # Trump만 선택한 과목 추출
onlyPutin = Putin - (Trump | Obama)                    # Putin만 선택한 과목 추출
onlyObama = Obama - (Trump | Putin)                    # Obama만 선택한 과목 추출
print("onlyTrump =", onlyTrump)                        # Trump만 선택한 과목 출력
print("onlyPutin =", onlyPutin)                        # Putin만 선택한 과목 출력
```

```
Input Subjects (T) = SW DB OS
Input Subjects (P) = DS SW CG
Input Subjects (O) = AI DB SW
all = {'CG', 'OS', 'AI', 'SW', 'DB', 'DS'}, common = {'SW'}
onlyTrump = {'OS'}
onlyPutin = {'CG', 'DS'}
```

시나리오 2 새 학기가 시작되면서 'SW', 'DB', 'OS', 'DS', 'AI', 'CG', 'SE', 'HCI'의 8과목이 개설되었고 자료구조 집합(Set)에 초기화되어 있습니다. Trump, Putin, Obama를 포함한 총 8명의 학생의 수강신청 과목을 입력받습니다. 1명도 수강신청 하지 않은 과목은 폐강됩니다. 8명 학생이 수강신청 한 과목을 각각 출력하시오. 또한, 1명 이상의 학생이 수강신청 한 과목과 폐강된 과목을 출력하는 프로그램을 작성하시오. (단, 자료구조 집합형태로 출력하시오.)

```
subjects_all = {'SW','DB', 'OS', 'DS',                 # 개설 과목 (집합)
                'AI', 'CG', 'SE', 'HCI'}
subjects_selected = set()                              # 수강 신청 과목 (집합)

MAX_STUDENT = 8                                        # 학생 수 8로 초기화
for i in range(MAX_STUDENT) :                          # 학생 수 8만큼 반복
    subject = input("Input Subjects = ").split()         # 수강 과목 입력
    subject = set(subject)                               # 집합으로 변경
    subjects_selected |= subject                         # 수강 신청 과목에 추가

subjects_deleted = subjects_all - subjects_selected    # 폐강 과목 추출

print("Selected Subjects =", subjects_selected)        # 수강 과목 출력
print("Deleted Subjects =", subjects_deleted)          # 폐강 과목 출력
```

```
Input Subjects = SW DB OS
Input Subjects = DS AI
Input Subjects = DS SW CG
Input Subjects = SW OS DS CG
Input Subjects = CG SE
Input Subjects = AI DB SW
Input Subjects = OS DS
Input Subjects = SW

Selected Subjects = {'DB', 'SW', 'OS', 'AI', 'CG', 'DS', 'SE'}
Deleted Subjects = {'HCI'}
```

실습 문제 1

9가지 종류(1 ~ 9)가 있는 카드가 있습니다. 카드는 숫자별로 4개씩 존재합니다. 학생 A와 학생 B가 처음 받은 7개의 카드 숫자를 입력받은 후, 학생 A와 B 둘 다 가지고 있는 카드 목록과 두 명 모두 가지고 있지 않은 카드 목록을 순서와 상관없이 출력하는 프로그램을 작성하시오. (단, 카드 숫자는 문자열로 입력받아야 하므로 split()함수를 사용하고 문자열 사이 한 칸 공백을 두어야 하며, 카드 목록이 존재하지 않을 경우 빈 집합을 출력합니다.)

입력 예시	출력 예시
학생 A 카드 : 1 2 3 4 5 6 7 학생 B 카드 : 1 1 1 4 4 4 9	학생 A와 B 공통 카드 : {'1', '4'} 뽑히지 않은 카드 : {'8'}

```
Allcard = ['1', '2', '3', '4', '5', '6', '7', '8', '9']

cardA = input("학생 A 카드 : ").split()
cardB = input("학생 B 카드 : ").split()

cardC = set(cardA) & set(cardB)
cardD = set(Allcard) - (set(cardA) | set(cardB))

print("학생 A와 B 공통 카드 :", cardC)
print("뽑히지 않은 카드 : ", cardD)
```

```
# 실행 예1
학생 A 카드 : 1 2 3 4 5 6 7
학생 B 카드 : 1 1 1 4 4 4 9
학생 A와 B 공통 카드 : {'1', '4'}
뽑히지 않은 카드 : {'8'}
```

```
# 실행 예2
학생 A 카드 : 2 3 3 3 5 6 6
학생 B 카드 : 1 4 4 8 8 7 7
학생 A와 B 공통 카드 : set()
뽑히지 않은 카드 :  {'9'}
```

실습 문제 2

로또 6/45는 45개의 번호들 중 중복되지 않게는 6개의 번호를 추첨하는 복권입니다. 추첨된 로또 번호와 구매한 로또의 개수를 사용자로부터 입력받고 등수를 판별하는 프로그램을 작성하시오. 단, 추첨된 로또 번호와 구매한 로또 번호를 비교하여 모두 일치하면 1등, 5개 일치하면 2등, 4개 일치하면 3등, 3개 일치하면 4등, 2개 이하는 꽝으로 정합니다. (단, 로또 번호는 split()함수를 사용하여 문자열로 입력받고 문자열 사이 한 칸 공백을 두어야 합니다.)

```
win_lotto = input("win lotto = ").split()
n=int(input("lotto 개수 = "))

for i in range(n) :
    my_lotto = input("my lotto %d = " %(i+1)).split()
    common_lotto = set(my_lotto) & set(win_lotto)
    print(common_lotto)
    num = len(common_lotto)
    if num < 3 :
        print("꽝")
    else :
        print(7-num, "등 당첨!")
```

⬇

```
win lotto = 2 20 28 30 31 32
lotto 개수 = 3
my lotto 1 = 2 20 28 33 35 37
{'20', '28', '2'}
4 등 당첨!
my lotto 2 = 2 20 33 35 37 39
{'20', '2'}
꽝
my lotto 3 = 2 20 28 30 33 37
{'20', '28', '30', '2'}
3 등 당첨!
```

실습 문제 3

아래와 같은 문장들이 주어졌을 때, 중복을 허용한 총 단어 개수와 중복을 제거한 총 단어 개수를 출력하고, 가장 많이 나온 단어와 단어의 횟수를 출력하는 프로그램을 작성하시오. 단, "."을 제거한 후 개수를 세시오.

```
str_python = "Life is too short. You need Python. Python is an interpreted high-level programming language. It provides constructs that enable clear programming. Python code tends to be shorter than comparable codes. Python is a multi-paradigm programming language."

str1 = str_python.split()
for i in range(len(str1)) :
    str1[i] = str1[i].replace(".", "")
num1 = len(str1)
print("총 단어 개수(중복허용) =", num1)

str2 = set(str1)
str2 = list(str2)
num2 = len(str2)
print("총 단어 개수(중복제거) =", num2)
max_count = 0
max_words = ""
for i in range(len(str2)) :
    count = str1.count(str2[i])
    if count > max_count :
        max_count = count
        max_words = str2[i]

print("최대 등장 단어 =", max_words)
print("최대 등장 횟수 =", max_count)
```

```
총 단어 개수(중복허용) = 36
총 단어 개수(중복제거) = 28
최대 등장 단어 = Python
최대 등장 횟수 = 4
```

한 줄 요약

1 (리스트)는 인덱스를 이용하여 대량의 데이터를 관리하기에 용이합니다.

2 (중첩리스트)는 리스트 안에 또 다른 리스트가 포함되어 있는 구조입니다.

3 리스트 또는 중첩리스트의 각 요소에 접근하기 위해서는 (인덱스)를 이용합니다.

4 중첩리스트 요소를 탐색하기 위해서는 (중첩 반복문)을 이용합니다.

5 (리스트)는 하나의 행만 존재하는 1차원 배열이라 할 수 있습니다.

6 2차원 중첩리스트는 (행과 열)로 이루어진 2차원 배열이라 할 수 있습니다.

7 (튜플)은 요소 값의 변경과 삭제가 불가능한 리스트의 한 종류입니다.

8 튜플은 요소 값의 수정이 불가능하고 오로지 (참조)만 가능합니다.

9 리스트 또는 튜플의 일부분을 자르는 과정을 (슬라이싱)이라 합니다.

10 (딕셔너리)는 키와 값을 한 쌍으로 저장하는 자료구조입니다.

11 (집합)은 중복되는 원소가 없는 순서 없는 그룹입니다.

12 리스트를 (집합)으로 변경 시 중복 원소는 하나만 남습니다.

13 집합 (고유함수)를 이용하여 다양한 집합 연산이 가능합니다.

14 본 교재에서 살펴본 데이터 및 자료구조의 특징들은 다음과 같습니다.

자료구조 (데이터의 유형)	저장 데이터	요소 변경	순서	고유함수
정수형 데이터	정수	O	X	X
실수형 데이터	실수	O	X	X
문자열 데이터	문자열	X	O	O
논리형 데이터	True/False	O	X	X
리스트	제한 없음	O	O	O
중첩리스트	제한 없음	O	O	O
튜플	제한 없음	X	O	O
딕셔너리	제한 없음	O	X	O
집합	제한 없음	O	X	O

CHAPTER 7

파일

학습 목표

파일은 앞서 배운 표준 입출력의 번거로움 및 결과데이터를 저장할 수 없는 단점을 해결할 수 있는 입출력 방법입니다.

이번 장에서는 파일 입출력의 개념을 이해하고, 파일 종류에 따른 다양한 파일 입출력 관련 함수들을 학습합니다.

학습 목차

CHAPTER

7 파일

코드를 작성하면서 변수에 어떤 값을 저장하거나 실행시켜야 하는 명령문들은 모두 메모리에 존재합니다. 메모리는 휘발성(volatile)이므로 컴퓨터 전원이 꺼지면 메모리에 저장되어 있던 내용들은 지워지고 그동안 작업했던 데이터는 모두 사라집니다. 따라서 코드를 실행하는 도중에 어떤 데이터를 저장하고자 한다면 하드디스크나 USB 메모리와 같은 저장매체에 파일 형태로 저장하여야 합니다. 저장 매체에 저장된 파일들은 전원이 꺼져도 그 정보는 계속 저장된 상태를 유지할 수 있습니다.

파일은 텍스트, 음원, 사진 이미지, 영상 비디오 등 다양한 형태가 있습니다. 아날로그 시대에는 음원은 카세트테이프 혹은 레코드판에 저장되었고 사진은 필름에 영상비디오 데이터는 비디오 테이프 등에 저장되었습니다.

파일 저장과 저장 매체를 많이 활용한 영화 미션 임파서블 5를 살펴보도록 하겠습니다. 미션 임파서블 5 (크리스토퍼 맥쿼리 감독, 2015년)는 주인공 에단 헌트(배역:톰 크루즈)와 에단 헌트가 속한 IMF 팀원들이 그들을 파괴하려는 고도의 훈련을 받은 국제적인 테러 조직 신디케이트에 맞서 역대 가장 불가능한 미션을 수행한다는 이야기입니다. 특히, 이 영화는 최첨단 과학기술과 디지털 재생장치와 같은 현실적으로 불가능한 기술들이 많이 나옵니다. 에단 헌트가 새로운 미션을 받기 위해서 영국의

한 레코드 가게의 점원과 암호로 접선하게 되고 새로운 미션 메시지가 담겨 있는 레코드판을 건네받습니다. 레코드판에서 나오는 3차원 홀로그램 등과 같은 디지털 데이터는 새로운 디지털 저장 및 재생 장치가 필요하며 에단 헌트가 레코드판을 디지털 재생장치로 듣는 장면이 나옵니다. 아날로그 형식인 레코드판에서 나오는 3차원 홀로그램 등과 같은 디지털 데이터의 재생은 현대 기술로는 불가능한 내용이며 영화에서만 나올 수 있는 모순된 새로운 디지털 저장 및 재생장치라고 할 수 있습니다. 새로운 미션 메시지가 테러 조직인 신디케이트에서 보낸 메시지라는 것을 알게 되는 순간 신디케이트의 핵심 요원이 나타나서 레코드 가게의 점원을 총으로 사살하고 에단 헌트를 가스실에서 생포하는데 성공하게 됩니다. 중요한 미션 정보를 레코드판에 저장하고 해킹 프로그램과 같은 중요한 정보가 담긴 USB 메모리를 사용하는 장면이 영화 중간에 자주 나옵니다. 영화에서 중요한 정보를 레코드판이나 USB 메모리에 저장하여 사용하듯이 우리가 파이썬 프로그램을 작성하고 실행하는 도중에 중요한 데이터를 저장하고자 할 때는 하드디스크나 USB 메모리와 같은 컴퓨터 저장장치에 파일 형태로 저장할 수 있습니다. 이러한 저장장치들은 컴퓨터 전원이 꺼져도 파일의 내용이 지워지지 않고 영구적으로 보관할 수 있으며 휴대하기 편리한 장점이 있습니다.

출처 : 네이버 영화, 미션 임파서블:로그네이션, https://movie.naver.com/movie/bi/mi/basic.nhn?code=95541

데이터 저장과 관련하여 요즘 각광받고 있는 클라우드 스토리지(Cloud Storage) 기술은 인터넷 상의 "어딘가"에 위치하는 저장 공간에 내 정보(콘텐츠)를 보관해 두고,

이것을 내가 필요할 때 내가 가지고 있는 각종 단말기를 통해서 불러올 수 있는 기술입니다.

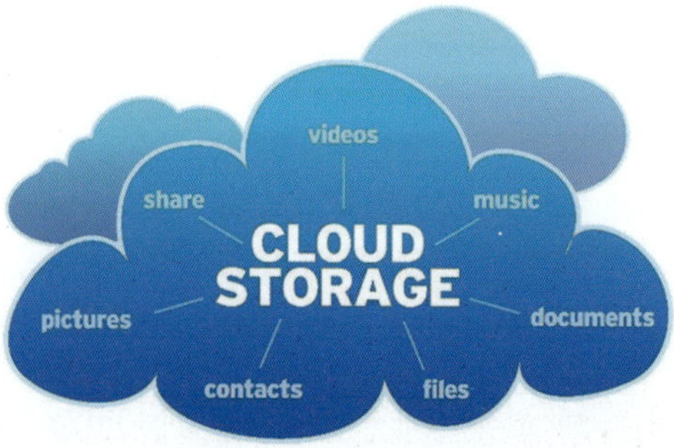

출처 : [Genaro Network 분석] 분산형 스토리지 클라우드 서비스, https://steemit.com/kr/@bigthumbsup/genaro-network

또한, 요즘과 같은 빅데이터 시대에는 대규모 데이터를 처리할 수 있는 스토리지가 필요합니다. 클라우드 파일 스토리지는 필요한 파일 시스템을 지원하고 용량뿐만 아니라 성능도 확장할 수 있으므로 기존 빅데이터 워크플로우에 쉽게 통합할 수 있는 파일 공유 솔루션을 제공하는 데 적합합니다.

1) 파일

파일은 우리가 작성하고 있는 파이썬 프로그램뿐만 아니라 음악, 그림, 동영상 등 종류가 다양합니다. 이러한 파일들은 하드디스크, CD, USB 메모리 등과 같은 컴퓨터 저장매체에 저장됩니다. 현재 작업하고 있는 데이터를 파일에 저장하고 이러한 파일들을 모아 놓은 것이 폴더입니다. 변수, 함수가 이름을 가지고 있듯이 파일과 폴더는 찾기 쉽고 관리하기 편리하도록 의미있게 이름을 정하는 것이 좋습니다.

파일은 텍스트 파일(text file)과 이진 파일(binary file) 두 가지 종류로 나눌 수 있습니다. 텍스트 파일(text file)은 사람이 읽을 수 있는 글자로 구성된 파일로써 메모장으로 작성한 파일과 한글 파일 등이 있습니다. 이진 파일(binary file)은 사람이 읽을 수는 없으나 컴퓨터는 읽을 수 있는 비트(bit) 단위로 의미가 있는 파일로써 이미지 파일과 실행(EXE)파일 등이 있습니다.

파일 입출력은 콘솔(화면, 키보드)의 표준 입출력과 비슷합니다만 키보드 대신 파일을 읽어서 내용을 입력하고 화면 대신 파일에 내용을 출력하는 것은 다릅니다. 또한, 파일 입출력은 표준 입출력과 달리 두 가지 작업(파일 열기와 파일 닫기)을 추가로 해야 합니다. 파일에 저장된 데이터를 읽거나 데이터를 파일에 저장하기 위해서는 먼저 파일을 열어야 하며 파일이 열리면 파일에서 데이터를 읽거나 쓸 수 있습니다. 파일과 관련된 작업들이 모두 종료되면 반드시 파일을 닫아야 오류가 발생하지 않습니다.

파이썬에서는 파일 입출력과 관련된 다양한 함수와 모듈들을 제공하므로 파일 입출력 코딩을 쉽고 편리하게 할 수 있습니다. 예를 들면, 파일을 열 때 open()함수를 사용합니다. open()함수의 두 번째 매개변수는 파일을 여는 용도에 따라 선택할 수 있는 네 가지 모드(읽기 모드, 쓰기 모드 등)를 제공하므로 용도에 맞게 선택하여 사용할 수 있습니다.

이번 장에서는 클라우드 파일 스토리지와 같은 고차원 기술은 본 교재의 범위를 벗어나므로 다루지 않고 가장 기본적인 저장 방법인 컴퓨터의 하드디스크 또는 USB 메모리에 저장된 파일에서 데이터를 읽는 방법과 데이터를 파일에 저장하는 방법, 즉 파일 입출력에 관해서 자세히 살펴보도록 하겠습니다.

2) 표준 입출력과 파일 입출력과의 비교

앞서 작성했던 표준 입출력 코드는 키보드에서 데이터를 입력받고, 실행결과는 모니터 화면으로 출력되었습니다. 그런데 키보드 입력은 코드를 실행할 때마다 매번 입력해야 하는 불편함이 있고, 모니터 화면 출력은 실행 창(Python shell)을 닫으면 실행 결괏값이 모두 사라집니다. 실수로 실행 창을 닫게 되면 해당 코드를 다시 실행시키고 동일한 키보드 입력을 반복해야 하는 번거로움이 있습니다. 이러한 문제는 저장하고자 하는 데이터를 컴퓨터 저장매체(하드 디스크, USB 메모리 등)에 파일 형태로 저장함으로써 해결할 수 있습니다.

파일 입출력은 표준 입출력과 달리 파일에서 데이터를 읽고 파일에 데이터를 저장하기 때문에 영구히 보존할 수 있습니다.

표준 입출력 코드는 입력은 키보드로부터, 실행결과는 모니터 화면을 통해 출력되었기 때문에 입출력을 위한 추가적인 작업이 필요가 없었습니다. 그러나 파일 입출력은 어떤 파일로부터 입력 데이터를 읽고, 어떤 파일로 실행결과를 저장해야 하는지를 명시해야 하는 등 추가적인 작업 과정을 거치게 됩니다.

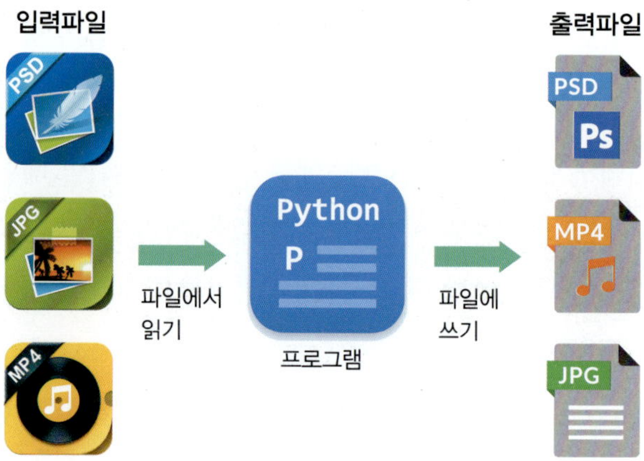

3) 파일의 종류

파일은 저장된 데이터 형식에 따라 텍스트(text) 파일과 이진(binary) 파일로 나눌 수 있습니다.

텍스트 파일은 사람이 인식할 수 있는 문자를 담고 있는 파일로 특별한 응용 프로그램 없이 메모장과 같은 텍스트 편집 프로그램으로 파일 내용을 볼 수 있습니다. 따라서 텍스트 파일로 저장되는 모든 데이터는 문자 형식으로 변환되어 저장됩니다.

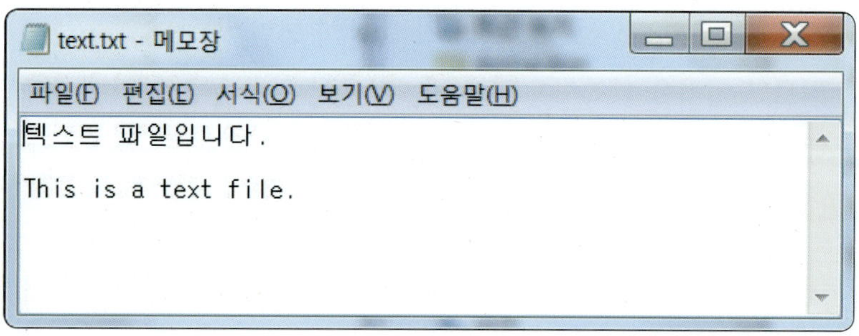

이진 파일은 컴퓨터가 인식할 수 있는 데이터를 가진 파일로 특정 응용 프로그램을 이용해야만 사용자가 파일 내용을 확인할 수 있습니다. 그러므로 이진 파일을 텍스트 편집 프로그램을 통해 열면, 사람이 인식할 수 없는 이상한 문자들이 표시되어 파일의 내용확인이 불가능합니다.

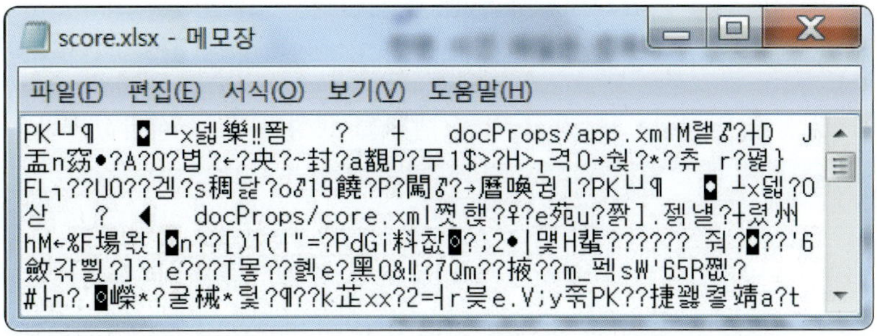

이진 파일은 텍스트 파일과 달리 행으로 분리되지 않기 때문에 행의 끝을 표시할 필요가 없으며, 널 문자(Null)나 개행 문자(\n) 같은 문자들도 일반 데이터로 취급됩니다. 또한 이진 파일로 저장되는 모든 데이터는 어떤 변환도 거치지 않고 그대로 파일에 저장되기 때문에 텍스트 파일에 비해 저장 공간을 적게 차지하며, 입출력 속도도 빠릅니다.

```
000fe0  8C AC 20 00 04 C7 90 C7  CC B8 5C B8 20 00 08 AE  .. .......₩. ...
000ff0  20 00 35 00 2C 00 30 00  30 00 30 00 2C 00 30 00   .5.,.0.0.0.,.0.
001000  30 00 30 00 D0 C6 20 00  0F BC 20 00 74 C7 D0 C5  0.0... ... .t...
001010  20 00 00 B3 58 D5 EC C5  20 00 18 BC 8C C1 A5 C7   ...X... .......
001020  20 00 80 BD F8 BC 20 00  A1 C1 EC B2 20 00 E4 B2   ..... ..... ...
001030  4C C7 A0 B0 80 BD 30 D1  20 00 E4 B2 20 00 1A AC  L.....0. ... ...
001040  94 B2 20 00 A0 B0 4C AE  C0 C9 20 00 F0 C5 20 00  .. ...L... ... .
001050  32 00 30 00 25 00 58 C7  20 00 44 BE 28 C7 5C B8  2.0.%.X. .D.(.₩.
001060  20 00 C4 AC B0 C0 5C D5  20 00 C8 B3 44 C7 20 00   .....₩. ...D. .
001070  C0 C9 09 AE 58 D5 7C B7  2E 00 0D 00 0A 00 33 00  ....X.|.......3.
001080  2E 00 20 00 8C C1 A1 C1  44 BE A9 C6 40 C7 20 00  .. .....D...@. .
001090  18 BC 8C C1 3C D5 E0 AC  28 00 D0 C6 E0 AC 29 00  ....<...(.....).
0010a0  00 AC 20 00 80 BD F4 B2  5C D5 E4 B2 2E 00 0D 00  .. .....₩.......
0010b0  0A 00 7C B7 94 B2 20 00  10 D3 B0 AC 44 C7 20 00  ..|... .....D. .
0010c0  6C AD 68 D5 2E 00 0D 00  0A 00 0D 00 0A 00 18 BC  l.h.............
0010d0  8C C1 20 00 AD CC 6C AD  D0 C6 78 C7 0D 00 0A 00  .. ...l...x.....
0010e0  31 00 2E 00 0D 00 0A 00  32 00 2E 00 0D 00 0A 00  1.......2.......
0010f0  33 00 2E 00 0D 00 0A 00  0D 00 0A 00 85 C7 9D C9  3...............
001100  29 BC 95 BC 20 00 0D 00  0A 00 31 00 2E 00 20 00  )... .....1... .
001110  0D 00 0A 00 32 00 2E 00  20 00 0D 00 0A 00 0D 00  ....2... .......
```

7.1 파일 입출력

1) 파일 열기

파일을 생성하기 위해서는 먼저 파일을 열어야 합니다. 파일을 여는 함수는 open()이며 두 개의 매개변수를 가집니다. 첫 번째 매개변수는 "파일이름(filename)"이며 두 번째 매개변수는 "파일을 여는 모드(mode)"입니다. 즉, open()함수는 '파일 이름'과 '파일 열기 모드'를 입력값으로 받고 파일 객체를 생성한 후에 결괏값으로 파일 객체를 반환합니다.

파일이 열리면 파일 입출력의 메소드를 이용하여 파일로부터 데이터를 읽거나 실행결과를 파일에 저장하며 파일과 관련된 작업이 모두 종료되면 파일을 닫아야 합니다. 파일 객체가 가지고 있는 close()함수를 호출하여 파일을 닫습니다.

다음 소스코드를 작성해서 저장한 후 실행시키면 코드를 실행한 폴더(디렉토리)에 새로운 파일 "test.txt"이 생성된 것을 확인할 수 있습니다.

```
fr = open("test.txt", "r")                    # test.txt 파일 열어 파일 객체 fr을 반환
fr.close()                                    # test.txt 파일 닫기
```

만약, "test.txt"라는 파일을 "C:\Exer" 이라는 폴더(디렉토리)에 읽기 모드로 생성하고 싶다면 fr=open("C:\Exer\test.txt", "r")로 작성하면 됩니다. 혹은 fr=open("C:\\Exer\\test.txt", "r")로 작성해도 결과는 같습니다. 여기서, 파일객체 fr은 변수 이름을 정하듯이 사용자가 마음대로 정하면 됩니다.

open()함수는 현재 작업 폴더에서 해당 파일을 찾습니다. 이러한 경우 함수 인자로는 파일 이름만 표기하면 됩니다. 한편 해당 파일이 현재 작업 폴더에 존재하지 않는 경우에는 함수 인자 부분에 파일 위치를 절대경로 혹은 상대경로 형식으로 표기해야 합니다.

절대경로 형식은 드라이브명부터 해당 파일이 있는 위치까지 전체 경로를 표시합니

다. 반면, 상대경로 형식은 현재 작업 폴더를 기준으로 해당 파일이 있는 위치까지의 경로를 표시합니다. 상대경로 형식에서 현재 작업 폴더 기준으로 상위 폴더로 이동해야 하는 경우에는 ".."를 사용하고, 하위 폴더로 이동해야 할 경우에는 하위 폴더명을 바로 사용합니다.

open()함수는 첫 번째 함수 인자인 열어야 하는 파일을 먼저 찾습니다. 그런데 실행 방법이나 실행 환경 및 설정에 따라 해당 파일의 위치를 지정해 주어야 합니다.

open()함수의 파일의 위치 지정 방법	
현재 폴더	현재 작업 폴더에 해당 파일이 존재하는 경우 → fr = open("test.txt", "r")
절대 경로	절대경로 형식 표기 → fr = open("C:\\exer\\test.txt", "r")
상대경로	상대경로 형식 표기 (상위폴더로 이동하는 경우) → fr = open("..\\Up\\test.txt", "r") 상대경로 형식 표기 (하위폴더로 이동하는 경우) → fr = open("Down\\test.txt", "r")

open()함수의 두 번째 매개변수는 파일을 여는 모드(방식)로써 "r", "w", "a", "r+"가 있습니다. 각 모드의 의미는 아래와 같습니다.

대입문 형태	코딩 예시	결과
"r"	읽기 모드 (read mode)	• 파일을 읽기만 할 때 사용 • 파일의 처음부터 읽음 • 반드시 해당 파일이 존재해야 함 • 생략 가능함 → 사용 예) fr = open("test.txt", "r")
"w"	쓰기 모드 (write mode)	• 파일에 내용을 쓸 때 사용 • 파일의 처음부터 씀 • 파일이 없는 경우, 빈 파일이 새로 생성됨 • 같은 이름의 파일이 존재하는 경우, 기존의 내용은 지워지고 새로운 내용으로 파일을 생성함 → 사용 예) fw = open("test.txt", "w")

"a"	추가 모드 (append mode)	• 파일의 마지막에 새로운 내용을 추가할 때 사용 • 파일의 끝에 씀 • 파일이 없는 경우, 빈 파일이 새로 생성됨 • 같은 이름의 파일이 존재하는 경우, 기존 파일의 마지막 부분에 내용을 추가함 → 사용 예) fa = open("test.txt", "a")
"r+"	읽기와 쓰기 모드	• 파일을 읽고 쓸 때 사용하는 모드 → 사용 예) frw = open("test.txt", "r+")

2) 파일 닫기

파일을 읽거나 파일에 실행결과를 저장하는 작업이 끝나면, 프로그램 종료 전에 열린 파일을 close()함수를 사용하여 반드시 닫아주어야 합니다. close()함수는 닫을 파일 객체의 close()메소드를 호출하는 형태로 사용합니다.

```
fr = open("test.txt", "w")        # test.txt 파일 열어(쓰기모드) 파일 객체 받아오기
fr.close()                        # test.txt 파일 닫기
```

위에서 살펴본 것처럼 파일 입출력 시, 파일 쓰기를 마치기 위해서는 반드시 명시적으로 파일 닫기를 해 주어야 하지만, 파일 열기에서 with 구문을 같이 사용하면 close() 메소드를 호출하지 않아도 자동으로 파일을 닫아줍니다.

```
with open("test.txt", "w") as fw : # test.txt 파일 열어(쓰기모드) 파일 객체 받아오기
    fw.write("This is test!")      # test.txt 파일에 쓰기 후 파일 닫기
```

코딩 예시

```
with open("test.txt", "w") as fw :  # test.txt 파일 (쓰기모드) 파일 객체 받아오기
    fw.write("This is test!")           # 파일에 문자열 저장
                                    # 파일 자동 닫힘

with open("test.txt", "r") as f :   # test.txt 파일 (읽기모드) 파일 객체 받아오기
    text = f.read()                     # 파일 문자열을 읽어서 text 변수에 저장
                                    # 파일 자동 닫힘

print(text)                         # 문자열 출력
```

```
This is test!
```

현재 작업하고 있는 폴더(디렉토리)를 "C:\Curr"이라고 가정해봅시다. 폴더(디렉토리)의 구조가 아래와 같을 때 파일들을 여는 방법에 대하여 살펴보겠습니다. 아래 코딩 예시를 실행 후 폴더(디렉토리) 구조는 우측과 같이 변경됩니다.

코딩 예시

```
C:\
    Curr\
        p1.txt
        Sub1\
            p3.txt
        Sub2\
            p4.txt
    p5.txt
    Next\
        p6.txt
```

➡

```
C:\
    Curr\
        p1.txt
        Sub1\
            p3.txt
        Sub2\
            p4.txt
    p5.txt
    p7.txt
    Next\
        p6.txt
```

```
# 현재 폴더(디렉토리)의 파일 열기
fr = open("p1.txt", "r")                    # 현재 폴더에서 파일 (C:\\Curr\p1.txt)열기
fr.close()                                  # 파일 닫기

# 하위 폴더(디렉토리)에 있는 파일 열기
fr = open("Sub1\\p3.txt", "r")              # 하위폴더의 파일(C:\\Curr\Sub1\\p3.txt) 열기
fr.close()                                  # 파일 닫기
fr = open("Sub2\\p4.txt", "r")              # 하위폴더의 파일(C:\\Curr\Sub2\\p4.txt) 열기
fr.close()                                  # 파일 닫기

# 상위 폴더(디렉토리)에 있는 파일 열기
fr = open("..\\p5.txt", "r")                # 상위 디렉토리 파일 (C:\\Curr\\p5.txt) 열기
fr.close()                                  # 파일 닫기
fr = open("..\\Next\\p6.txt","r")           # 상위 디렉토리 파일(C:\\Curr\\Next\\p6.txt)열기
fr.close()                                  # 파일 닫기

fr = open("..\\p7.txt", "w")                # 상위 디렉토리 파일 (C:\\Curr\\p7.txt) 열기
fr.write("This is test!")                   # 파일에 문자열 쓰기
fr.close()                                  # 파일 닫기
```

3) 파일 쓰기

파일에 데이터를 쓰려면 open()함수가 반환한 파일 객체의 write()함수를 이용하여 데이터를 저장합니다. 파일 쓰기를 위한 write()함수에 대해 알아보겠습니다.

write(string) 함수	
string	파일에 쓸 내용
반환값	파일에 쓴 바이트 수를 반환

코딩 예시

```
fw = open("python.txt", "w")                         # "python.txt" 파일을 쓰기 모드로 열기

str1 = "Life is too short. You need Python."          # 변수 str1에 문자열 대입
n1 = fw.write(str1)                                   # 파일에 문자열 쓰고 바이트 수 반환
print(n1)                                             # 바이트 수 출력
print(str1)                                           # 문자열 출력

str2 = "Python is an interpreted                      # 변수 str2에 문자열 대입
high-level programming language."
n2 = fw.write("\n" + str2)                            # 다음 줄에 문자열 쓰고 바이트 수 반환
print(n2)                                             # 바이트 수 출력
print(str2)                                           # 문자열 출력

fw.close()                                            # 파일 닫기
```

```
35
Life is too short. You need Python.
58
Python is an interpreted high-level programming language.
```

python.txt
Life is too short. You need Python. Python is an interpreted high-level programming language.

기존 파일에 있던 데이터를 유지하면서 새로운 데이터만 추가해야 할 경우가 있습니다. 이런 경우에는 파일 열기 모드를 "a"로 사용하면 됩니다. "a"는 "append"의 약자입니다. 아래 예제를 통하여 "python.txt"파일에 새로운 데이터를 추가해보겠습니다.

코딩 예시

```
fw = open("python.txt", "a")                    # "python.txt" 파일을 추가 모드로 열기

str3 = "It provides constructs that             # 변수 str3에 문자열 대입
enable clear programming."
fw.write("\n" + str3)                           # 다음 줄에 문자열 쓰기

str4 = "Python code tends to be shorter         # 변수 str4에 문자열 대입
than comparable codes."
fw.write("\n" + str4)                           # 다음 줄에 문자열 쓰기

str5 = "Python is a multi-paradigm              # 변수 str5에 문자열 대입
programming language."
fw.write("\n" + str5)                           # 다음 줄에 문자열 쓰기

fw.close()                                      # 파일 닫기
```

python.txt
Life is too short. You need Python. Python is an interpreted high-level programming language.

python.txt
Life is too short. You need Python. Python is an interpreted high-level programming language. It provides constructs that enable clear programming. Python code tends to be shorter than comparable codes. Python is a multi-paradigm programming language.

4) 파일 읽기

파이썬에서는 외부 파일을 읽어 들여 코드에서 사용할 수 있는 방법이 있습니다. open()함수가 반환한 파일 객체의 read()함수를 이용하는 방법입니다. 아래의 코딩 예시에서 fr.read()는 파일의 내용 전체를 문자열로 반환합니다. 파일을 읽기 위한 read()함수에 대해 알아보도록 하겠습니다.

read(size) 함수	
size	- 한 번에 읽을 수 있는 최대 문자 수 (Bytes) - 생략하는 경우: 전체 파일 내용을 한 번에 읽음
반환값	1) 텍스트 파일 : size 만큼의 파일 내용을 문자열 형태로 반환하며, 파일의 끝에 다다르면, 빈 문자열을 반환함 2) 이진 파일 : size 만큼의 파일 내용을 바이트 객체(bytes object) 형태로 반환

코딩 예시

python.txt

```
Life is too short. You need Python.
Python is an interpreted high-level programming language.
It provides constructs that enable clear programming.
Python code tends to be shorter than comparable codes.
Python is a multi-paradigm programming language.
```

```
fr = open("python.txt", "r")     # "python.txt" 파일을 읽기 모드로 열기
text = fr.read()                 # 파일 전체를 읽어 문자열에 저장
fr.close()                       # 파일 닫기

print(text)                      # 문자열 출력
```

```
Life is too short. You need Python.
Python is an interpreted high-level programming language.
It provides constructs that enable clear programming.
Python code tends to be shorter than comparable codes.
Python is a multi-paradigm programming language.
```

read()함수는 파일의 전체 내용을 한 번에 읽습니다. 그러나 read()함수의 인자로 size(크기) 값을 주면 파일의 전체 내용이 아니라 size(크기)로 지정한 바이트만 읽습니다. 아래 코딩 예시는 read(size) 함수의 size(크기) 바이트만큼의 내용만 읽습니다.

코딩 예시

python.txt
Python is an interpreted high-level programming language. It provides constructs that enable clear programming.

```
fr = open("python.txt", "r")              # "python.txt" 파일을 읽기 모드로 열기
chunk_size = 16                           # 16 바이트만큼
iter = 0                                  # 반복 횟수 초기화

while True :                              # 무한 루프
    buffer = fr.read(chunk_size)              # 16 바이트만큼 문자열 읽어옴

    if not buffer :                           # 문자열이 없으면
        break                                     # 반복문 벗어남
    print(buffer)                             # 문자열 출력
    iter += 1                                 # 반복 횟수 1 증가

fr.close()                                # 파일 닫기

print("총 횟수 :", iter)                   # 반복 횟수 출력
```

```
Python is an int
erpreted high-le
vel programming
language.
It pro
vides constructs
 that enable cle
ar programming.
총 횟수 : 7
```

시나리오

시나리오 1 "SW" 과목 성적은 출석(10%), 과제(30%), 시험(60%)로 구성됩니다. 현재 이 과목을 수강하는 학생은 총 8명입니다. 학생의 이름과 출석, 과제, 시험 점수를 각각 100점 만점 기준으로 입력받아 각 항목 점수를 구성된 비율로 환산하여 총합을 구한 후, 파일에 저장합니다. 단, 점수 입력 시 공백으로 각 점수는 구분되며, 총합 계산 시 소수점 이하는 버림하시오. (파일이름은 score1.txt와 score2.txt로 하고 score1.txt에는 서식 없이, score2.txt에는 서식에 맞게 이름과 점수가 정렬되게 저장합니다.)

```
NUM_STUDENT = 8                                      # 학생 수 8명 초기화
score = [ ]                                          # 점수 리스트 초기화

for i in range(NUM_STUDENT) :                        # 학생 수 8 만큼 반복
    s = input().split(' ')                               # 공백으로 구분
    score.append(s)                                      # 점수 리스트에 추가

for i in range(NUM_STUDENT) :                        # 학생 수 8 만큼 반복
    sum = int(score[i][1])*0.1                           # 출석 점수 환산 (10점)
    sum += int(score[i][2])*0.3                          # 과제 점수 환산 (30점)
    sum += int(score[i][3])*0.6                          # 시험 점수 환산 (60점)
    score[i].append(int(sum))                            # 정수형 변환 후 리스트에 추가

fw1 = open("score1.txt", "w")                        # 서식 없는 단순 점수 저장 파일
fw2 = open("score2.txt", "w")                        # 서식에 맞게 정렬된 파일

for i in range(NUM_STUDENT) :                        # 학생 수 8 만큼 반복하여
    fw1.write("%s %s %s %s %s\n"                         # 점수 문자열 저장
        % (score[i][0],
           str(score[i][1]), str(score[i][2]),
           str(score[i][3]), str(score[i][4])))

    fw2.write("%-10s %3s %3s %3s %3s\n"                  # 크기에 맞게 점수 문자열 저장
        % (score[i][0],
           str(score[i][1]), str(score[i][2]),
           str(score[i][3]), str(score[i][4])))

fw1.close()                                          # score1.txt 파일 닫기
fw2.close()                                          # score2.txt 파일 닫기
```

시나리오 2 "SW" 과목 성적은 출석(10%), 과제(30%), 시험(60%)로 구성됩니다. 현재 이 과목을 수강하는 학생은 총 10명입니다. 앞서 시나리오 #1에서 파일 작업 시, 누락된 2명을 발견하여 시나리오1에서 만든 score2.txt 파일에 누락된 2명의 학생 정보를 추가하고자 합니다. 누락된 2명의 학생 정보는 다음과 같습니다.

이름	출석	과제	시험
Moon	90	61	85
Trudeau	95	75	71

```
NUM_STUDENT_ADD = 2                              # 추가 학생 수 2명 초기화

score = [ ]                                      # 점수 리스트 초기화
for i in range(NUM_STUDENT_ADD) :                # 추가 학생 수 2 만큼 반복
    s = input().split(' ')                           # 리스트 s에 저장
    s[1] = int(s[1])                                 # 정수형으로 변환 (출석)
    s[2] = int(s[2])                                 # 정수형으로 변환 (과제)
    s[3] = int(s[3])                                 # 정수형으로 변환 (시험)

    sum = int(s[1]*0.1+s[2]*0.3+s[3]*0.6)            # 반영 비율에 따른 총점 계산
    s.append(sum)                                    # 학생 정보에 총점 추가
    score.append(s)                                  # 학생 정보 리스트에 추가

fw = open("score2.txt", "a")                     # 추가 모드 파일 열기

for i in range(NUM_STUDENT_ADD) :                # 추가 학생 수 2 만큼 반복
    fw.write("%-10s %3s %3s %3s %3s\n"               # 서식 형식에 맞게 저장
        % (score[i][0],
           str(score[i][1]), str(score[i][2]),
           str(score[i][3]), str(score[i][4])))

fw.close()                                       # 추가 모드 파일 닫기
```

실습 문제

실습 문제 1

AI 콜라보랩 내부에 세종카페를 오픈하려고 합니다. 메뉴판을 만들기 위하여 음료 종류와 가격들의 정보를 기록하여 파일에 저장하려 합니다. 사용자로부터 메뉴 개수를 입력받은 후 메뉴이름과 가격을 입력받아 파일에 저장합니다. 메뉴를 출력하기 위하여 파일에 있는 메뉴 정보를 읽어 들여 메뉴판을 출력하는 프로그램을 작성하시오. (파일이름은 menu.txt로 하시오.)

```
fw = open("menu.txt", "w")
print("<메뉴 입력>")
num = int(input("# of menus = "))
for i in range(0, num):
    menu = input("메뉴 이름 : ")
    price = input("메뉴 가격 : ")
    fw.write(menu + " " + price
    + "\n")
fw.close()

print()
print("<메뉴판>")
fr = open("menu.txt", "r")
menu_all = fr.read()
fr.close()
print(menu_all)
```

```
<메뉴 입력>
# of menus = 4
메뉴 이름 : Chocolate Latte
메뉴 가격 : 5200
메뉴 이름 : Strawberry Smoothie
메뉴 가격 : 5800
메뉴 이름 : Mango Yogurt
메뉴 가격 : 4800
메뉴 이름 : Orange Juice
메뉴 가격 : 3800

<메뉴판>
Chocolate Latte 5200
Strawberry Smoothie 5800
Mango Yogurt 4800
Orange Juice 3800
```

menu.txt
Chocolate Latte 5200 Strawberry Smoothie 5800 Mango Yogurt 4800 Orange Juice 3800

실습 문제 2

실습문제 #1에서 만든 세종카페 메뉴판에 고객들이 요청한 몇 개의 메뉴를 더 추가하려고 합니다. 사용자로부터 추가할 메뉴 개수를 입력받습니다. 입력받은 개수만큼 메뉴이름과 가격을 입력받아 기존의 메뉴판 파일에 추가적으로 저장합니다. 메뉴를 출력하기 위하여 파일에 있는 메뉴 정보를 읽어 들여 메뉴판을 출력하는 프로그램을 작성하시오. (파일이름은 menu.txt로 하시오.)

```
fa = open("menu.txt", "a")

print("<메뉴 추가>")

num=int(input("# of menus = "))
for i in range(0, num):
    menu = input("메뉴 이름 : ")
    price = input("메뉴 가격 : ")
    fa.write(menu + " " + price
    + "\n")
fa.close()

print()
print("<메뉴판>")
fr = open("menu.txt", "r")
Menu = fr.read()
fr.close()
print(Menu)
```

```
<메뉴 추가>
# of menus = 2
메뉴 이름 : Watermelon Slushie
메뉴 가격 : 4200
메뉴 이름 : kiwi Smoothie
메뉴 가격 : 4500

<메뉴판>
Chocolate Latte 5200
Strawberry Smoothie 5800
Mango Yogurt 4800
Orange Juice 3800
Watermelon Slushie 4200
kiwi Smoothie 4500
```

menu.txt

```
Chocolate Latte 5200
Strawberry Smoothie 5800
Mango Yogurt 4800
Orange Juice 3800
Watermelon Slushie 4200
kiwi Smoothie 4500
```

7.2 파일 접근 방식

1) 파일에서 전체 내용 읽기

텍스트 파일에 저장된 데이터를 읽거나 쓸 때에는 순차적으로 데이터에 접근합니다. 파일에서 전체 내용을 읽는 함수는 파일 객체의 read()함수입니다.

다음과 같이 python.txt 파일이 존재한다고 가정합니다.

python.txt
Life is too short. You need Python. Python is an interpreted high-level programming language. It provides constructs that enable clear programming. Python code tends to be shorter than comparable codes. Python is a multi-paradigm programming language.

앞서 살펴본 바와 같이 read()함수는 파일에서 전체 내용을 읽어서 문자열을 반환합니다. 만약 지정된 크기의 문자만 읽으려면 size(크기) 값을 지정하면 지정한 바이트 크기만큼만 읽습니다.

코딩 예시

```
fr = open("python.txt", "r")          # "python.txt" 파일을 읽기 모드로 열기

str_all = fr.read()                   # 전체 파일을 읽어서 문자열에 저장
print(str_all)                        # 문자열 출력

fr.close()                            # 파일 닫기
```

```
Life is too short. You need Python.
Python is an interpreted high-level programming language.
It provides constructs that enable clear programming.
Python code tends to be shorter than comparable codes.
Python is a multi-paradigm programming language.
```

2) 파일에서 모든 줄(line)을 읽기

readlines()함수는 파일의 모든 줄(line)을 읽어서 행으로 분할하고, 한 행(줄)씩 문자열로 만들어 리스트를 반환하는 함수입니다. size(크기) 값을 지정하면, 바이트 크기만큼만 읽습니다.

코딩 예시

```
fr = open("python.txt", "r")            # "python.txt" 파일을 읽기 모드로 열기

lines = fr.readlines()                  # 전체 라인을 읽음

i = 1                                   # 변수 초기화 (1번째 줄)
for str_line in lines :                 # 라인 수만큼 반복하여
    print(str(i)+"번째 줄 :", str_line)   # 한 라인씩 문자열 출력
    i += 1                              # 다음 문자열

fr.close()                              # 파일 닫기
```

```
1번째 줄 : Life is too short. You need Python.
2번째 줄 : Python is an interpreted high-level programming language.
3번째 줄 : It provides constructs that enable clear programming.
4번째 줄 : Python code tends to be shorter than comparable codes.
5번째 줄 : Python is a multi-paradigm programming language.
```

실행 예시

i	str_line
1	Life is too short. You need Python.
2	Python is an interpreted high-level programming language.
3	It provides constructs that enable clear programming.
4	Python code tends to be shorter than comparable codes.
5	Python is a multi-paradigm programming language.

3) 줄 단위로 읽기

readline()함수는 파일의 처음부터 한 줄(line)씩 읽기 때문에 처음에는 파일의 첫 번째 줄(line)을 읽어 반환합니다. 처음부터 한 줄(line)씩 읽다가 더 이상 읽을 줄(line)이 없을 경우 None을 반환합니다.

코딩 예시

```
fr = open("python.txt", "r")     # "python.txt" 파일을 읽기 모드로 열기

str_line = fr.readline()         # 첫 번째 라인을 읽어서 문자열에 저장
print(str_line)                  # 문자열 출력

str_line = fr.readline()         # 두 번째 라인을 읽어서 문자열에 저장
print(str_line)                  # 문자열 출력

str_line = fr.readline()         # 세 번째 라인을 읽어서 문자열에 저장
print(str_line)                  # 문자열 출력

str_line = fr.readline()         # 네 번째 라인을 읽어서 문자열에 저장
print(str_line)                  # 문자열 출력

str_line = fr.readline()         # 다섯 번째 라인을 읽어서 문자열에 저장
print(str_line)                  # 문자열 출력

fr.close()                       # 파일 닫기
```

```
Life is too short. You need Python.
Python is an interpreted high-level programming language.
It provides constructs that enable clear programming.
Python code tends to be shorter than comparable codes.
Python is a multi-paradigm programming language.
```

while 문에서 fr.readline()을 이용하면 파일의 전체 내용을 계속해서 한 줄씩 읽을 수 있습니다. 더 이상 읽을 줄(line)이 없으면 break 명령어를 수행합니다.

코딩 예시

```
fr = open("python.txt", "r")              # "python.txt" 파일을 읽기 모드로 열기

i = 1                                     # 변수 초기화 (1번째 줄)
while True :                              # 무한 루프
    str_line = fr.readline()                # 1 라인 읽어서 문자열 저장
    if not str_line :                       # 문자열이 더 이상 없으면
        break                                 # 반복문을 벗어남
    print(str(i)+"번째 줄 :", str_line)     # 문자열 출력
    i += 1                                  # 다음 문자열

fr.close()                                # 파일 닫기
```

```
1번째 줄 : Life is too short. You need Python.
2번째 줄 : Python is an interpreted high-level programming language.
3번째 줄 : It provides constructs that enable clear programming.
4번째 줄 : Python code tends to be shorter than comparable codes.
5번째 줄 : Python is a multi-paradigm programming language.
```

실행 예시

i	str_line
1	Life is too short. You need Python.
2	Python is an interpreted high-level programming language.
3	It provides constructs that enable clear programming.
4	Python code tends to be shorter than comparable codes.
5	Python is a multi-paradigm programming language.
6	False

4) 파일에 임의 접근하여 현재 입출력 위치 반환

이진 파일은 바이트 단위의 연속된 데이터 집합인 블록 단위로 데이터를 저장하고 읽습니다. (1 바이트는 영문 혹은 숫자를 나타내는 단위입니다.) 이진 파일에 저장된 데이터를 읽거나 쓸 때 순차적으로 파일 데이터에 접근할 수 있을 뿐만 아니라, 일정한 크기의 데이터를 한 번에 읽거나 쓸 수 있기 때문에 파일의 어느 위치든지 곧바로 이동하여 읽고 쓸 수도 있습니다.

이와 같이 파일의 어느 위치든지 곧바로 이동하여 읽고 쓸 수 있는 방식을 임의 접근 방식이라고 하며, 이를 위해 파이썬에서는 tell()과 seek()함수를 제공합니다.

tell()함수는 파일 내 현재 입출력 위치를 반환하며 파일의 시작 위치로부터 몇 바이트 떨어져 있는지 알려줍니다.

코딩 예시

```
# 이진 파일 저장
bfw = open("binary.dat", "wb")     # "binary.dat" 파일 쓰기/이진 모드 열기
bfw.write(b'0123456789')           # 이진 데이터 b'0123456789' 파일 쓰기
bfw.close()                        # 파일 닫기

# 이진 파일 읽기
bfr = open("binary.dat", "rb")     # "binary.dat" 파일 읽기/이진 모드 열기
str = bfr.read(3)                  # 3바이트 읽기
print(str)                         # 문자열 출력
print(bfr.tell())                  # 이진 파일에서 현재 위치 출력
bfr.close()                        # 파일 닫기
```

```
b'012'
3
```

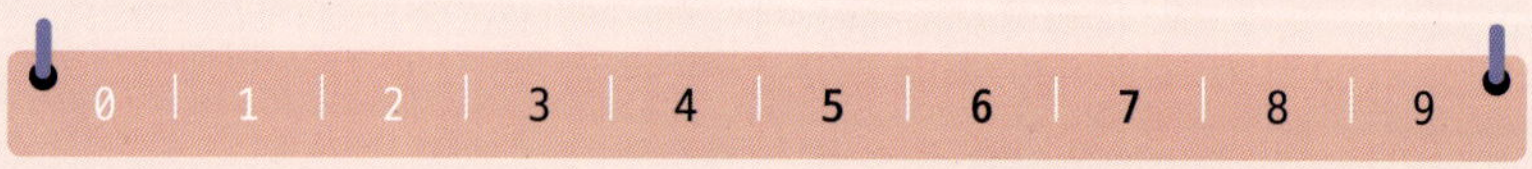

5) 입출력 위치 변경

seek()함수는 입출력 위치를 변경하기 위해 사용하는 함수로 반환값은 없습니다. 즉, 이 함수는 다음 차례에 읽기 및 쓰기를 시작할 위치로 whence로부터 offset 만큼 떨어진 위치를 설정합니다.

seek(offset, whence) 함수

```
# offset : 기준점으로부터 변경할 위치까지의 변위차
# whence
    - 생략하는 경우 (혹은 0): 파일의 처음부터 (기본값)
    - 1: 파일의 현재 입출력 위치로부터
    - 2: 파일의 끝에서부터
```

```
f = open("bifile.dat", "rb")
    - f.seek(-1, 2)
    - f.seek(5)
    - f.seek(3, 1)
```

코딩 예시

```
# 이진 파일 저장
bfw = open("binary.dat", "wb")      # 'binary.dat' 파일 쓰기/이진 모드 열기
bfw.write(b'0123456789')            # 이진 데이터 b'0123456789' 파일 쓰기
bfw.close()                         # 파일 닫기

# 이진 파일 읽기
bfr = open("binary.dat", "rb")      # 'binary.dat' 파일 읽기/이진 모드 열기
bfr.seek(5)                         # 위치 5로 이동 (5바이트 이동)
print(bfr.read(3))                  # 3바이트 읽어서 출력
bfr.close()                         # 파일 닫기
```

```
b'567'
```

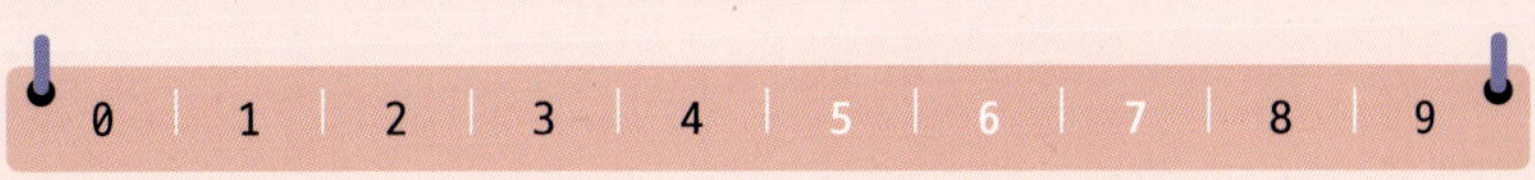

실습 문제

실습 문제 1

사용자로부터 하나의 문자열을 입력받아 파일에 저장합니다. 그 이후에 사용자로부터 임의의 정수 n값을 입력받아 파일의 시작 위치로부터 n 바이트 떨어진 위치에 있는 문자를 출력하는 프로그램을 작성하시오. (파일이름은 python.txt로 하시오.)

```
m = input("문자열 입력 : ")

fw = open("python.txt", "w")
fw.write(m)
fw.close()

n = int(input("n 입력 : "))

fr = open("python.txt", "r")
fr.seek(n)
print(n, " bytes 떨어진 위치에 있는 문자 :", fr.read(1))
fr.close()
```

```
문자열 입력 : Python is an interpreted high-level programming language.
It provides constructs that enable clear programming.
n 입력 : 23
23 bytes 떨어진 위치에 있는 문자 : d
```

python.txt
Python is an interpreted high-level programming language. It provides constructs that enable clear programming.

실습 문제 2

사용자로부터 하나의 문자열을 입력받아 파일에 저장합니다. 사용자로부터 임의의 정수 m과 n을 입력받고 파일의 시작 위치로부터 m 바이트 떨어진 위치로 이동해서 n바이트만큼의 문자열을 읽어 들여서, n 바이트만큼 읽어 들인 문자열과 파일의 현재 위치를 출력하는 프로그램을 작성하시오. 단, 빈공간도 1 byte를 차지합니다. (파일이름은 python.txt로 하시오.)

```
s = input("문자열 입력 : ")
fw = open("python.txt", "w")
fw.write(s)
fw.close()

m = int(input("M 입력 : "))
n = int(input("N 입력 : "))
fr = open("python.txt", "r")
fr.seek(m)
print("시작위치로부터", m, "bytes 떨어진 위치에서", n, "bytes 만큼 읽은 문자 :",
fr.read(n))
print("파일의 현재 위치 :", fr.tell())
fr.close()
```

```
문자열 입력 : Python is an interpreted high-level programming language.
It provides constructs that enable clear programming.
M 입력 : 38
N 입력 : 11
시작위치로부터 38 bytes 떨어진 위치에서 11 bytes 만큼 읽은 문자 : ogramming l
파일의 현재 위치 : 49
```

python.txt
Python is an interpreted high-level programming language. It provides constructs that enable clear programming.

한 줄 요약

1 (메모리)는 휘발성(volatile)이므로 컴퓨터 전원이 꺼지면 내용이 지워집니다.

2 프로그램의 실행 여부와 상관없이 데이터를 저장하기 위하여 (파일)을 이용합니다.

3 (파일)은 프로그램의 입력과 출력으로 모두 사용될 수 있습니다.

4 파일의 종류에는 텍스트 파일과 (이진) 파일이 있습니다.

5 파일 열기에서 아무런 표시가 없을 시 (현재) 폴더에서 파일을 찾습니다.

6 파일 열기에서 읽기 모드는 'r', 쓰기 모드는 'w', 추가 모드는 ('a')입니다.

7 파일의 특정 위치로 바로 이동할 수 있는 방식을 (임의 접근) 방식이라고 합니다.

8 파일 내 위치를 나타내는 단위로 (바이트)를 사용합니다.

9 파일 사용을 위한 open()함수의 파일 열기 모드를 정리하면 다음 표와 같습니다.

모드	설명	상세 설명
"r"	읽기 모드	파일을 읽기만 할 때 사용
"w"	쓰기 모드	파일에 내용을 쓸 때 사용
"a"	추가 모드	파일의 마지막에 새로운 내용을 추가할 때 사용
"r+"	읽기/쓰기 모드	파일을 읽고 쓸 때 사용

CHAPTER 8

라이브러리 활용

학습 목표

라이브러리는 크게 표준 라이브러리와 외부 라이브러리로 나눌 수 있습니다. 표준 라이브러리는 파이썬 언어에서 제공되는 개발에 필요한 필수 기능을 포함하고 있습니다. 외부 라이브러리는 전문 개발자들이 제공하는 특수 용도에 적합한 기능을 가지고 있습니다.
이번 장에서는 라이브러리를 활용하는 예시들을 살펴봄으로써 외부 라이브러리에 대해 자세히 알아보도록 하겠습니다.

학습 목차

CHAPTER

8 라이브러리 활용

라이브러리는 도서관으로 비유할 수 있습니다. 우리가 도서관에서 책을 빌려 보듯이 일반 개발자가 다른 개발자가 작성한 유용한 기능에 대한 코드, 즉 라이브러리에 있는 함수 혹은 모듈들을 재사용할 수 있습니다. 누구나 책을 저술한 후에 도서관에 책을 기증하듯이 일반 개발자도 본인이 만든 유용한 기능을 라이브러리로 만들어 배포할 수 있습니다. 여러 프로그램에서 공통으로 빈번하게 사용되는 기능을 묶어서 라이브러리화함으로써 코드 재활용이 가능합니다.

제 89회 아카데미 시상식에서 작품상, 여우조연상, 각색상 3개 부문에 노미네이트된 〈히든 피겨스〉 (데오도르 멜피 감독, 2016년)는 1960년대 미국과 러시아의 우주 개발 경쟁에서 미국의 승리를 이끌었던 NASA 프로젝트의 숨겨진 천재들의 실화를 다룬 영화입니다. 영화에서 주인공 도로시 본(배역:옥타비아 스펜서)은 NASA에서 계산원으로 일하며 1년 넘게 공석인 주임의 역할까지 수행하는 실질적으로 계산원들의 리더 격이지만 흑인이라는 이유로 번번이 승진의 기회에서 제외됩니다. 그런 그녀와 동료 계산원들에게 위기가 찾아오는데 바로 IBM이 만든 컴퓨터 시스템이 NASA의 전산 기술 업무에 도입되는 것입니다. IBM의 도입으로 인해 계산원들의 업무는 컴퓨터가 대신 맡게 되므로 모두들 일자리를 잃게 되리라는 것은 불을 보듯 뻔했습니다. 이

소식을 접한 도로시 본은 기술 업무에 널리 사용될 컴퓨터에 대해 미래를 대비하고자 컴퓨터 언어인 포트란에 관한 책을 보려고 두 아들과 함께 도서관을 방문합니다. 하지만 흑인 전용 구역에는 그런 최신 정보를 담은 책이 없고 백인 전용 구역에서 책을 찾은 도로시 본은 두 아들과 함께 집으로 향하는 버스에 오릅니다. 그러고 나서는 그녀가 찾던 컴퓨터 언어, 포트란에 관한 책을 가방에서 한권 꺼내듭니다. 도서관은 주민의 세금으로 운영되며 엄마는 세금을 내기 때문에 책을 가져온 것은 정당한 것이라고 아들에게 말을 합니다.

출처 : 네이버 영화, 히든 피겨스, https://movie.naver.com/movie/bi/mi/basic.nhn?code=147092

어쨌든 전자 컴퓨터의 시대를 미리 예측한 그녀는 결국 NASA에서 새로 도입한 IBM 컴퓨터의 프로그래밍을 마스터했을 뿐 아니라 동료 흑인 여성들도 컴퓨터 프로그래밍을 익힐 수 있도록 이끌어주고 이것을 미리 대비하지 못한 백인 여성들까지 포함된 부서의 책임자가 됩니다. 도로시 본이 도서관에서 포트란 책을 빌려서 포트란 프로그래밍을 미리 마스터를 했기 때문에 IBM 시스템이 도입되었을 때 다른 직원들을 교육시키는 리더 역할을 해서 NASA에 크게 기여했습니다. 도로시가 도서관에서 책을 빌려서 NASA에 크게 기여했듯이 파이썬은 오픈 소스이므로 코드를 작성할 때 자주 사용되는 중요한 기능을 파이썬이 제공하는 라이브러리를 가져다 사용함으로써 더 효율적으로 코딩을 할 수 있습니다.

파이썬 프로그래밍 언어의 강점 중 하나는 네이티브(Native)와 서드파티(3rd Party)를 포함하는 다양하고 편리한 라이브러리 제공에 있습니다. 네이티브는 파이썬에서 제공하는 표준 라이브러리이며 서드파티 라이브러리는 파이썬이 아닌 외부 단체에서 제공하는 라이브러리를 말합니다.

이러한 서드파티 라이브러리 덕분에 파이썬에서도 고급 프로그래밍이 가능해집니다. 게임개발 기능이 있는 파이게임(Pygame), 영상처리 기능을 제공하는 PIL 또는 필로우(Pillow), 과학계산과 수학 연산에서 많이 사용되는 넘파이(Numpy)등이 이에 해당됩니다.

오늘날 우리는 4차 산업혁명의 인공지능 시대에 살고 있습니다. 특히, 머신러닝(machine learning)이란 사람의 개입 없이도 컴퓨터가 스스로 학습하고, 사람이 원하는 형태의 답을 찾는 인공지능 기술입니다.

파이썬 언어는 풍부한 머신러닝 라이브러리와 프레임워크를 제공합니다. 사이킷-런(Scikit-learn)부터 텐서플로우(TensorFlow), CNTK, 아파치 스파크 MLlib(Apache Spark MLlib) 등 알려진 머신러닝과 딥 러닝(Deep Learning) 프레임워크 대부분이 파이썬의 영역에 있거나 파이썬 API를 지원합니다. 파이썬이 머신러닝에 매력적인 이유는 하나의 기능이 아니라 학습과 사용이 쉬운 언어, 광범위한 머신러닝 사용 예를 다루는 서드파티(3rd Party) 라이브러리 생태계, 수행 중인 작업에 걸맞은 성능 등 패키지 전체의 특성 때문입니다.

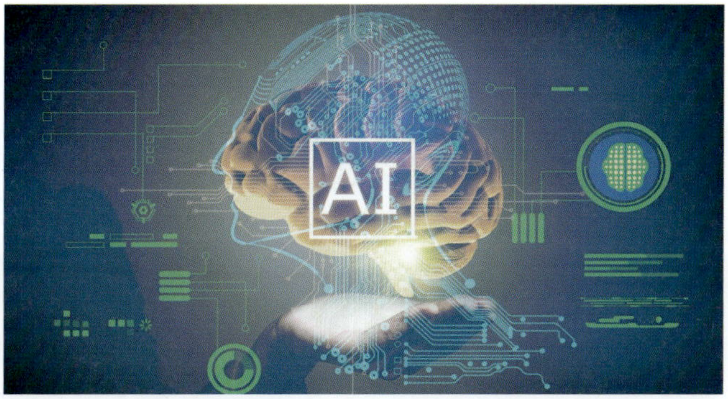

출처 : 고부가가치 산업의 현황과 경쟁력 변화, 시사뉴스&, http://www.sisanewsn.co.kr/news/articlePrint.html?idxno=1206

1) 파이썬 라이브러리

4장에서 배운 라이브러리를 정리해 보겠습니다. 라이브러리는 표준 라이브러리와 외부 라이브러리로 나눌 수 있습니다. 표준 라이브러리는 파이썬 언어에서 제공되는 개발에 필요한 필수 기능을 포함하고 있습니다. 외부 라이브러리는 전문 개발자들이 제공하는 특수 용도에 적합한 기능을 가지고 있습니다. 표준 라이브러리는 언어에서 공식으로 제공되기 때문에 설치 과정이 따로 필요 없는 빌트인(built-in) 라이브러리이고 외부 라이브러리는 별도의 설치 과정이 필요한 서드파티(3rd Party) 라이브러리입니다.

구분	표준 라이브러리	외부 라이브러리
제공 주체	언어에서 공식적으로 제공	전문 개발자들이 제공
주요 기능	개발에 필요한 필수 기능	특수 용도에 적합한 기능
설치 과정	필요 없음	별도의 설치 과정 필요

본 장에서는 표준 라이브러리 중에서 난수를 발생시키는 random 모듈과 인터넷 접근을 가능하게 도와주는 webbrowser 모듈에 대하여 살펴보겠습니다.

또한, 외부 라이브러리 중에서 그래프 가시화 라이브러리인 matplotlib 라이브러리와 구글맵 API를 사용한 지도 가시화 라이브러리인 folium 라이브러리에 대하여 살펴보겠습니다.

본 교재에서는 단순히 라이브러리를 공부하는데 그치지 않고 실생활에 적용된 예제를 제시함으로써 파이썬에서 제공하는 다른 많은 라이브러리를 사용하는데 도움을 주고자 합니다. 다음은 Plotly 라이브러리를 적용한 가시화 예입니다.

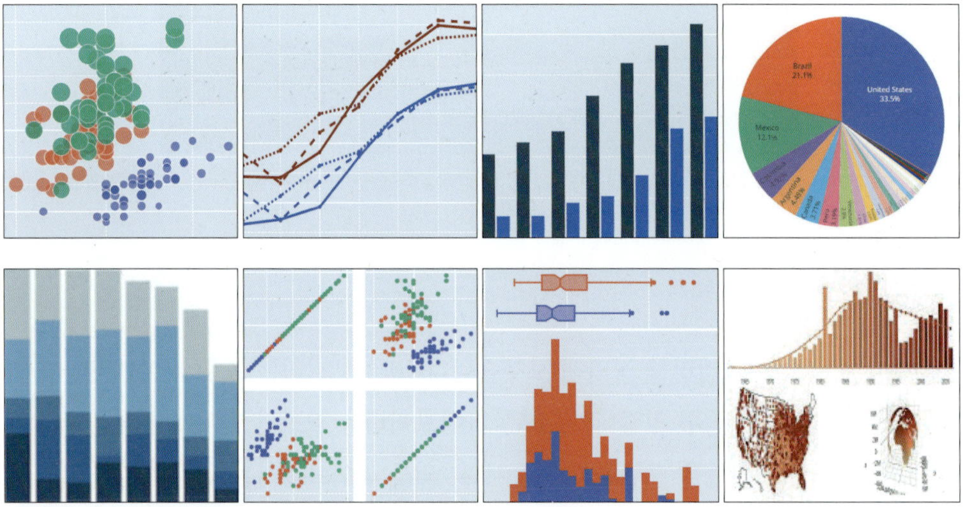

출처 : Plotly: The front end for ML and data science models, https://plotly.com/

8.1 난수 생성기

미국에서 발행되는 복권인 파워볼과 메가밀리언은 1에서 70까지의 숫자 중 랜덤(random)하게 추첨이 된 숫자 5개를 맞혀야 하며, 1에서 25까지의 숫자 중 랜덤(random)하게 추첨이 된 메가볼 숫자 1개를 맞혀야 합니다. 1등 당첨확률은 3억 2백만 분의 1로써 당첨확률이 낮다 보니 반대로 이월에 따른 누적 잭팟이 어마어마한 규모로 커지기도 합니다. 최고 잭팟으로 2018년 16억 달러 당첨금을 사우스캐롤라이나 주(州)에서 복권을 구매한 1명이 독차지하였습니다.

출처 : Mega Millions, https://www.megamillions.com/

국내에서 시행되고 있는 로또 6/45는 45개의 번호 중 랜덤하게 추첨 된 번호 6개를 맞추는 복권입니다. 이 책을 쓰고 있는 시점인 2019년 4월경 로또 854회 추첨 결과 당첨번호는 20, 25, 31, 32, 36, 43 + 3이었으며 각 등위의 당첨 방법, 확률, 당첨금은 다음과 같았습니다.

등위	수학적 기호	당첨확률	당첨금 / 1게임
1등	6개 번호 일치	1 / 8,145,060	3,421,706,750원
2등	5개+보너스 번호 일치	1 / 1,357,510	77,766,063원
3등	5개 번호 일치	1 / 35,724	1,834,696원
4등	4개 번호 일치	1 / 733	50,000원
5등	3개 번호 일치	1 / 45	5,000원

이번 절에서는 로또를 구매하고 추첨한 후 당첨 결과를 코드로 작성하는 방법에 대하여 살펴보겠습니다. 먼저 로또를 구매하는 과정은 자동 구매일 경우, 컴퓨터가 자동으로 1~45번 중 중복되지 않는 번호 6개를 랜덤(random)하게 선택하여 사용자에게 제공합니다. 수동 구매일 경우, 구매자가 수동으로 1~45번 중 중복되지 않는 번호 6개를 선택하여 표시(mark)하는 것입니다. 추첨은 1~45번 공들 중 하나씩 공 6개와 보너스 번호를 랜덤(random)으로 추첨하는 것입니다. 추첨 후 위 등위에 따라 시상이 이루어집니다.

1) random 모듈

본격적으로 로또 코드를 작성하기 전 랜덤(random)하게 수를 처리하기 위한 파이썬 외장함수 random 모듈에 대하여 공부해 보도록 하겠습니다. random 모듈은 난수(random number)를 발생시키는 파이썬 외장함수로 주요 고유함수는 다음과 같습니다.

함수	설명	코딩 예시	결과 예시
randint(a, b)	a부터 b 사이의 정수 발생	randint(1, 6)	3
random()	0.0부터 1.0 보다 작은 실수 발생	random()	0.3
choice(a)	리스트 a의 요소들 중 무작위 1개 선택	choice([1, 2, 3])	1
sample(a, b)	리스트 a의 요소들 중 무작위 b개 선택	sample([1, 2, 3], 2)	[3, 1]
shuffle(a)	리스트 a의 요소들을 무작위 섞음	shuffle([1, 2, 3])	[2, 3, 1]

코딩 예시

```
import random                        # random 모듈 로딩

balls = list(range(1, 46))           # 1번 ~ 45번 리스트 구성
print("balls =", balls)              # 볼 리스트 출력

random.shuffle(balls)                # 볼을 무작위로 섞음
print("balls =", balls)              # 섞은 볼 리스트 출력

c = random.choice(balls)             # 랜덤하게 공 1개 선택
balls.remove(c)                      # 리스트에서 선택 번호 삭제
print("choice =", c)                 # 선택된 볼 출력

s = random.sample(balls, 6)          # 랜덤하게 중복없이 공 6개 선택
print("sample(6) =", s)              # 선택된 볼 리스트 출력
```

```
balls = [1, 2, 3, ... , 43, 44, 45]
balls = [9, 38, 17, ... , 23, 42, 33]
choice = 38
sample(6) = [43, 33, 26, 17, 8, 22]
```

2) random 모듈 예제 – 로또 3/9

로또 3/9(가칭)는 9개의 번호 중 랜덤하게 추첨된 번호 3개를 맞추는 복권 게임으로 각 등위는 아래와 같다고 가정합니다.

등위	당첨방법	당첨확률
1등	3개 번호 일치	1 / 84
2등	2개 번호 일치	18 / 84
3등	1개 번호 일치	45 / 84

로또 3/9 번호를 자동 생성하고, 추첨 및 당첨 결과를 출력하는 코드를 살펴보겠습니다. 먼저 로또를 구매하는 방법은 수동일 경우 3번 반복하여 입력받고, 자동일 경우 9개의 숫자 중 3개를 샘플링(sampling)합니다.

```
import random

# 수동 구매
my_lotto = [0] * 3
for i in range(3) :
    my_lotto[i] = int(input("Input lotto # = "))

# 자동 구매
my_lotto = random.sample(range(1, 10), 3)
```

추첨은 9개의 번호 중 하나씩 3번 중복하지 않게 고르는 것으로 9개의 번호 중 3개를 랜덤(random)하게 샘플링(sampling)하는 것과 같습니다.

```
lotto_win = random.sample(range(1, 10), 3)
```

당첨은 내가 구매한 로또 번호와 추첨된 로또 번호 중 공통된 번호의 수로 정합니다. 본 예제에서는 공통된 번호를 구하기 위하여 집합 자료구조와 집합 연산을 이용하겠습니다.

```
A = set(my_lotto)
B = set(lotto_win)
num = len(A&B)
```

앞장에서 살펴본 로또 3/9 구매, 추첨 및 당첨 과정을 하나의 코드로 작성하면 다음과 같습니다.

코딩 예시

```
# 난수 모듈
import random                                    # random 모듈 로딩

# 구매
my_lotto = [0] * 3                               # 로또 번호 리스트 초기화
for i in range(3) :                              # 번호 개수 3만큼 반복하여
    my_lotto[i] = int(input("Input lotto # = "))    # 로또 번호 입력
my_lotto.sort()                                  # 로또 번호 정렬
print("로또 번호 :", my_lotto)                     # 로또 번호 출력

# 추첨
lotto_win = random.sample(range(1, 10), 3)       # 추첨 번호 3개를 샘플링
lotto_win.sort()                                 # 추첨 번호 정렬
print("추첨 번호 :", lotto_win)                    # 추첨 번호 출력

# 당첨
A = set(my_lotto)                                # 입력 번호를 집합 A로 변환
B = set(lotto_win)                               # 추첨 번호를 집합 B로 변환
num = len(A&B)                                   # A, B 교집합의 원소 수

if num == 0 :                                    # 교집합 원소수가 0이면
   print(my_lotto, "꽝")                            # 꽝
else :                                           # 교집합 원소수가 0이 아니면
   print(my_lotto, 4 - num , "등 당첨!")             # 당첨
```

```
input lotto # = 1
input lotto # = 3
input lotto # = 8
로또 번호 = [1, 3, 8]
추첨 번호 = [1, 5, 8]
[1, 3, 8] 2 등 당첨!
```

3) random 모듈 예제 – 로또 6/45

로또 6/45(가칭)는 45개의 번호 중 랜덤(random)하게 추첨된 번호 6개를 맞추는 복권 게임으로 각 등위는 아래와 같다고 가정합니다. 실제 로또와 유사한 코드를 작성해 보겠습니다.

등위	당첨방법	당첨확률
1등	6개 번호 일치	1 / 8,145,060
2등	5개 번호 일치	1 / 35,724
3등	4개 번호 일치	1 / 733
4등	3개 번호 일치	1 / 45

로또 6/45 예시 코드는 로또 3/9 예시 코드의 확장판입니다. 실제 로또 6/45와는 보너스 번호만 없는 것을 빼면 동일합니다. 본 예시에서는 실제 추첨 과정에 중점을 두어 랜덤(random) 모듈이 어떻게 사용되는가를 학습하도록 하겠습니다.

로또 6/45 구매 과정 및 당첨 과정은 선택 및 당첨 과정에서 볼 3개를 기준으로 하는가 볼 6개를 기준으로 하는가만 다를 뿐 동일한 코드입니다.

로또 6/45 추첨 과정은 먼저 45개의 볼을 섞은 후 공 1개를 추첨한 후, 44개의 볼을 섞은 후 또 볼 1개를 추첨하는 과정을 반복하여 볼 6개를 추첨하는 것입니다. 실제 로또 6/45에서는 보너스 번호까지 추첨합니다.

```
import random

# 추첨
balls = list(range(1, 46))                  # 1번 ~ 45번 리스트 구성
lotto_win = [0] * 6                         # 추첨 번호 초기화

for i in range(6) :                         # 추첨 볼 개수 6 만큼 반복하여
    random.shuffle(balls)                       # 볼을 섞음
    ball1 = random.choice(balls)                # 볼 1개를 추첨
    lotto_win[i] = ball1                        # 볼 1개를 추첨 번호에 넣고
    balls.remove(ball1)                         # 볼 1개를 볼 리스트에서 제거
```

코딩 예시

```
import random                                        # random 모듈 로딩

my_lotto = [0] * 6                                   # 로또 번호 리스트 초기화
for i in range(6) :                                  # 번호 개수 6 만큼 반복하여
    my_lotto[i] = int(input("Input lotto # = "))       # 로또 번호 입력
my_lotto.sort()                                      # 로또 번호 정렬
print("로또 번호 :", my_lotto)                        # 로또 번호 출력

balls = list(range(1, 45))                           # 1번 ~ 45번 리스트 구성
lotto_win = [0] * 6                                  # 추첨 번호 초기화
for i in range(6) :                                  # 추첨 볼 개수 6 만큼 반복하여
    random.shuffle(balls)                              # 볼을 섞음
    ball1 = random.choice(balls)                       # 볼 1개를 추첨
    lotto_win[i] = ball1                               # 볼 1개를 추첨 번호에 넣고
    balls.remove(ball1)                                # 볼 1개를 리스트에서 제거
lotto_win.sort()                                     # 추첨 번호 정렬
print("추첨 번호:", lotto_win)                        # 추첨 번호 출력

A = set(my_lotto)                                    # 입력 번호를 집합 A로 변환
B = set(lotto_win)                                   # 추첨 번호를 집합 B로 변환
num = len(A&B)                                       # A, B 교집합의 원소 수
if num < 3 :                                         # 교집합 원소수가 3 미만이면
    print(my_lotto, "꽝")                              # 꽝
else :                                               # 교집합 원소수가 3 초과이면
    print(my_lotto, 7 - num , "등 당첨!")               # 당첨
```

```
Input lotto number = 12
Input lotto number = 30
Input lotto number = 31
Input lotto number = 32
Input lotto number = 28
Input lotto number = 20
로또 번호 : [12, 20, 28, 30, 31, 32]
추첨 번호 : [20, 25, 31, 32, 36, 43]
[12, 20, 28, 30, 31, 32] 3등 당첨!
```

시나리오 1 직장인 트럼프는 매주 월요일에 로또 6/45를 구매하고 토요일 추첨시간까지 "1등에 당첨되면 뭐할까?" 상상하며 행복에 젖곤 합니다. 그러나 매주 로또에 투자하는 돈이 아까워서 3등 이내에 당첨되면 그만 두어야겠다고 결심하게 됩니다.

등수를 입력받고, 수업에서 배운 random 모듈을 이용하여 로또 6/45를 구현하여 입력 받은 등수 이내에 당첨되기까지 얼마나 투자해야 되는지 테스트 프로그램을 작성해 보고 결과를 확인하는 프로그램을 작성하시오. (단, 등수는 앞서 살펴본 실제 로또6/45와 같다고 전제합니다). 또한 등수를 제외한 모든 입력 과정은 random 모듈을 이용하여 작성하시오. 투자 금액은 만원 단위로 표시합니다.

```
import random                                    # random 모듈 로딩

win1 = int(input("당첨 등수(1~5) : "))           # 등수 입력

count = 0                                        # 로또 구매 횟수 초기화
while True :                                     # 등수이상이 당첨될 때가지 반복하여
    count += 1                                       # 로또 구매 횟수 1 증가
    lotto = random.sample(range(1, 46), 6)           # 로또 번호 6 개 자동 생성
    lotto.sort()                                     # 로또 번호 정렬

    lotto_win = [0] * 6                              # 추첨 번호 6개 초기화
    lotto_bonus = [0] * 7                            # 보너스 번호 포함 초기화
    balls = list(range(1, 46))                       # 1번 ~ 45번 리스트 구성
    for i in range(7) :                              # 추첨 볼 개수 7 만큼 반복하여
        random.shuffle(balls)                            # 볼을 섞음
        ball1 = random.choice(balls)                     # 볼 1개를 추첨
        if i < 6 :                                       # 보너스 번호가 아니라면
            lotto_win[i] = ball1                             # 볼을 추첨 번호에 넣음
        lotto_bonus[i] = ball1                           # 볼을 보너스에 넣고
        balls.remove(ball1)                              # 볼 1개를 리스트에서 제거
    lotto_win.sort()                                 # 추첨 번호 정렬

    A = set(lotto)                                   # 입력 번호를 집합 A로 변환
    B = set(lotto_win)                               # 추첨 번호를 집합 B로 변환
    num = len(A&B)                                   # A, B 교집합의 원소 수
    win2 = 0                                         # 당첨 등수 초기화
```

```
    if num == 6 :                                  # 번호 6개가 같다면
        win2 = 1                                       # 1등 당첨
    elif num == 5 :                                # 번호 5개가 같다면
        B = set(lotto_bonus)                           # 보너스 번호까지 추가하여
        num = len(A&B)                                 # A, B 교집합의 원소 수
        if num == 6 :                                  # 번호 6개가 같다면
            win2 = 2                                       # 2등 당첨
        else :                                         # 아니라면
            win2 = 3                                       # 3등 당첨
    elif num == 4 :                                # 번호 4개가 같다면
        win2 = 4                                       # 4등 당첨
    elif num == 3 :                                # 번호 3개가 같다면
        win2 = 5                                       # 5등 당첨

    if win2 > 0 and win2 <= win1 :                 # 당첨되고 더 좋은 등수이면
        break                                          # 시뮬레이션 중지

print("총 구매 횟수 :", count)                     # 총 로또 구매 횟수 출력
print("총 투자 금액 :", count//10, "만원")         # 총 로또 투자 금액 출력
                                                     (로또 1장당 천원)
```

```
# 실행 예1
당첨 등수(1~5) : 2
총 구매 횟수 : 390981
총 투자 금액 : 39098 만원
```

```
# 실행 예2
당첨 등수(1~5) : 3
총 구매 횟수 : 32456
총 투자 금액 : 3245 만원
```

```
# 실행 예3
당첨 등수(1~5) : 4
총 구매 횟수 : 518
총 투자 금액 : 51 만원
```

```
# 실행 예4
당첨 등수(1~5) : 5
총 구매 횟수 : 54
총 투자 금액 : 5 만원
```

실습 문제 1

사용자로부터 드라이브명과 폴더 경로를 포함한 임의의 폴더명을 입력받아서 입력받은 폴더 내 파일의 개수와 확장자가 exe인 파일을 출력하는 프로그램을 작성하시오. (단, 표준 라이브러리 외장함수 os 모듈을 사용하시오)

```
import os
folder = input("folder = ")
files = os.listdir(folder)
print(len(files))
count = 0
for i in files :
    if i.endswith("exe"):
        count += 1
        print("%3d =" % count, i)
```

```
folder = c:/test/python
```

```
16
1 = python.exe
2 = pythonw.exe
```

실습 문제 2

시스템 폴더인 system32의 위치를 드라이브명과 경로를 포함하여 출력합니다. 사용자로부터 추가적으로 출력하고 싶은 임의의 폴더를 드라이브명과 경로를 포함하여 입력받아 추가적으로 출력하는 프로그램을 작성하시오. (단, 표준 라이브러리 외장 함수 sys 모듈을 사용하시오.)

```
import sys

print("*** System Folder ***")
print(sys.path)
folder = input("folder = ")
print("*** System Folder ***")
sys.path.append(folder)
print(sys.path)
```

```
*** System Folder ***
c:\\windows\\system32
folder = c:/test/python
*** System Folder ***
c:\\windows\\system32
c:\\test\\python
```

실습 문제 3

로또 n/9 (0 〈 n 〈 9, 자연수) 프로그램을 작성한다고 가정합니다. 1등은 n개가 모두 일치할 경우입니다. n이 정해졌을 때 완전히 일치되는 1등이 당첨되는 과정을 100번 반복하여 몇 번에 당첨되는지 평균치를 시뮬레이션하는 프로그램을 작성하시오.

```
import random

for n in range(1, 9) :
    my_lotto = random.sample(range(1, 10), n)
    count = 0

    for iter in range(100) :
        while True :
            count = count + 1
            lotto_win = random.sample(range(1, 10), n)
            A = set(my_lotto)
            B = set(lotto_win)

            if len(A&B) == n :
                break
    count //= 100
    print("n = %d, Avg Count = %d" % (n, count))
```

```
# 실행 예1
n = 1, Avg Count = 9
n = 2, Avg Count = 32
n = 3, Avg Count = 93
n = 4, Avg Count = 139
n = 5, Avg Count = 130
n = 6, Avg Count = 75
n = 7, Avg Count = 39
n = 8, Avg Count = 8
```

```
# 실행 예2
n = 1, Avg Count = 8
n = 2, Avg Count = 30
n = 3, Avg Count = 82
n = 4, Avg Count = 132
n = 5, Avg Count = 125
n = 6, Avg Count = 64
n = 7, Avg Count = 29
n = 8, Avg Count = 9
```

8.2 인터넷 검색

인터넷에는 엄청나게 많은 정보가 복잡하게 산재되어 있어 자신이 원하는 정보를 찾아보기가 쉽지 않습니다. 검색 엔진은 각종 인터넷 사이트에 대한 정보를 보유하고 있는 데이터베이스를 구축하여 사용자가 필요한 정보를 찾기 위해 일일이 인터넷을 돌아다니지 않고도 원하는 정보를 찾을 수 있게 해줍니다. 인터넷 검색이란 검색 엔진이 구축된 사이트에서 키워드를 입력하여 원하는 정보를 찾는 것입니다.

네이버를 통한 키워드 검색에서 인터넷 검색 절차는 다음과 같습니다. 우리는 인터넷 검색 절차를 모방하여 프로그램으로 "키워드 검색"이나 "맵 검색"등을 수행할 예정입니다.

1. 웹 브라우저 실행 : 익스플로러, 파이어폭스, 크롬과 같은 웹 브라우저는 인터넷에 접속해 다양한 정보를 탐색할 수 있도록 도와주는 프로그램입니다. 먼저, 웹 브라우저를 실행시킵니다. 본 예제에서는 크롬을 실행시켰습니다.

2. 검색 엔진 사이트 입력 : 웹 브라우저를 실행시키면 설정된 기본 창이 뜹니다. 주소창에 www.naver.com을 입력한 후 엔터를 입력합니다.

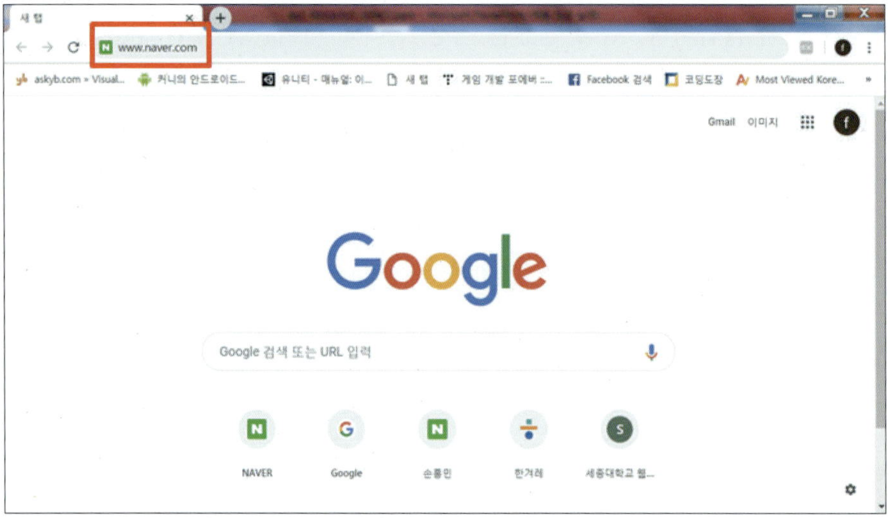

출처 : 구글, https://www.google.com

3. 검색 엔진 사이트 접속 : 아래 화면과 같이 검색 엔진이 장착된 네이버 홈페이지가 열립니다.

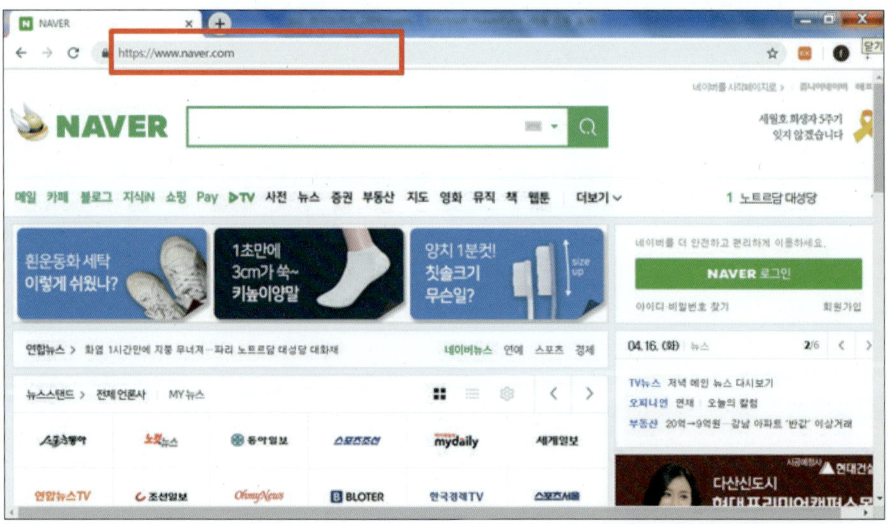

출처 : 네이버, https://www.naver.com

4. 검색 단어 입력 : 검색 입력 창에 검색할 단어를 입력하고 검색 버튼을 누릅니다. 본 예제에서는 검색 단어로 '손흥민' 을 입력하였습니다.

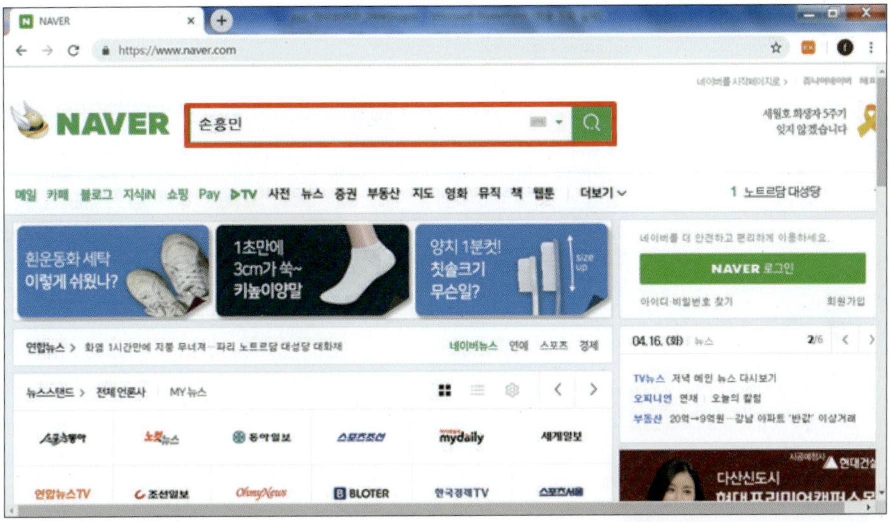

5 검색 결과 확인 : 검색 엔진은 검색 단어 '손흥민'에 대한 검색 결과를 다음과 같이 보여줍니다. 주소창 URL을 확인하면 검색어는 '손흥민'이라는 것을 알 수 있습니다.

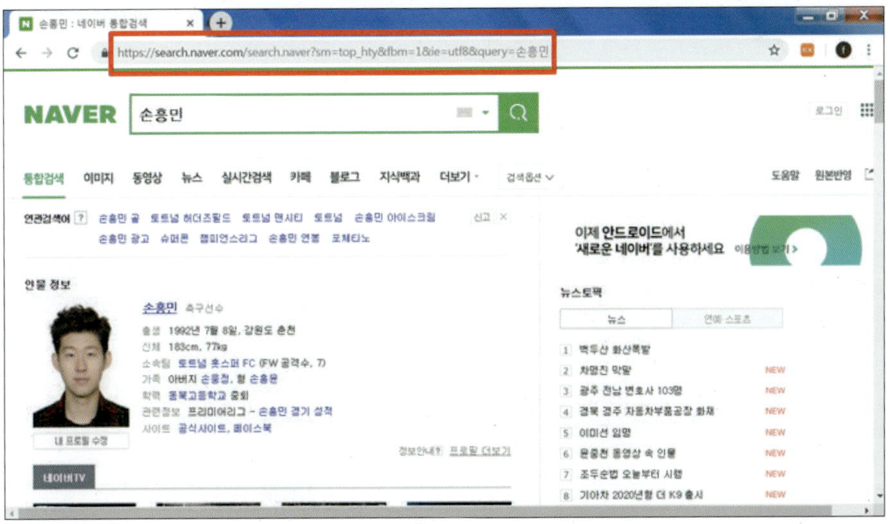

6. 검색 단어 변경 1 : 주소창 URL 검색어를 '손흥민'에서 '김연아'로 변경하고 엔터를 실행하면 다음과 같이 결과가 바뀌는 것을 확인할 수 있습니다.

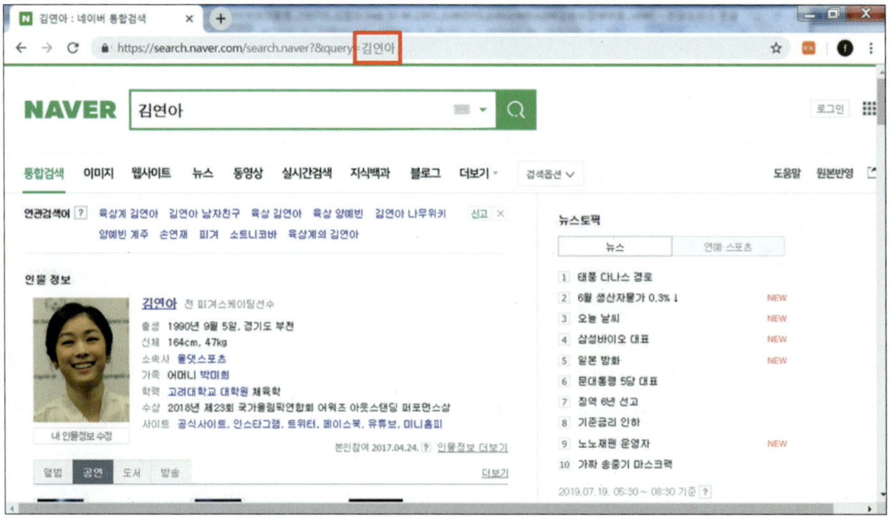

7. 검색 단어 변경 2 : 주소창 URL 검색어를 '김연아'에서 '류현진'으로 변경하고 엔터를 실행하면 다음과 같이 결과가 바뀌는 것을 확인할 수 있습니다.

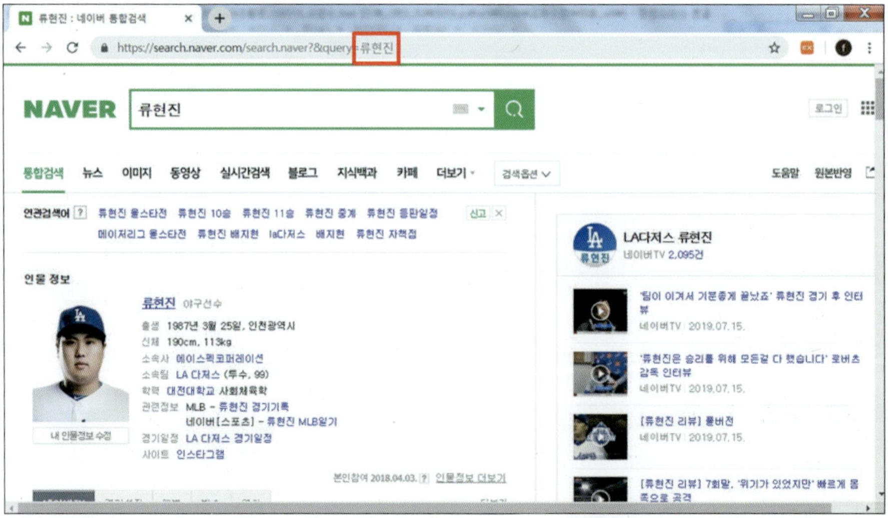

1) webbrowser 모듈

우리는 앞에서 살펴본 인터넷 검색 절차를 코드로 구현할 예정입니다. 이러한 인터넷 검색을 도와주는 라이브러리가 webbrowser입니다. webbrowser 모듈은 기본 웹 브라우저를 실행하는 외장 함수 모듈입니다. webbrowser 모듈이 제공하는 주요 함수는 다음과 같습니다.

함수	코딩 예시	설명
open	open(URL) open("http://www.naver.com")	해당 주소로 이동
open_new	open(URL) open_new("http://www.naver.com")	새로운 창을 열고 해당 주소로 이동

인터넷 검색시 주소창에 표현된 URL(Uniform Resource Locator)은 웹 리소스(파일, 이미지, 검색) 주소를 뜻하며 웹사이트 주소 또는 인터넷 사이트에 접속하기 위해서 입력해야 하는 주소를 포함한 일련의 문자를 의미합니다. URL의 예시는 다음과 같습니다.

- https://www.naver.com/
- https://search.naver.com/search.naver?&query=손흥민
- https://www.google.com/maps/@37.550,127.073

코딩 예시

```
import webbrowser                                   # webbrowser 모듈 로딩

url = "http://www.naver.com"                        # 네이버 사이트
webbrowser.open(url)                                # 해당 URL로 이동

url = "https://search.naver.com/search.naver?"      # 네이버 사이트
url += "&query=손흥민"                               # 검색어 = "손흥민"
webbrowser.open(url)                                # 단어 검색 실행
url = "https://www.google.com/maps/"                # 구글 맵 사이트
url += "@37.5515761,127.0701645"                    # 검색 위도, 경도
webbrowser.open(url)                                # 위도/경도 맵 검색 실행
```

실행 예시

네이버 키워드 검색

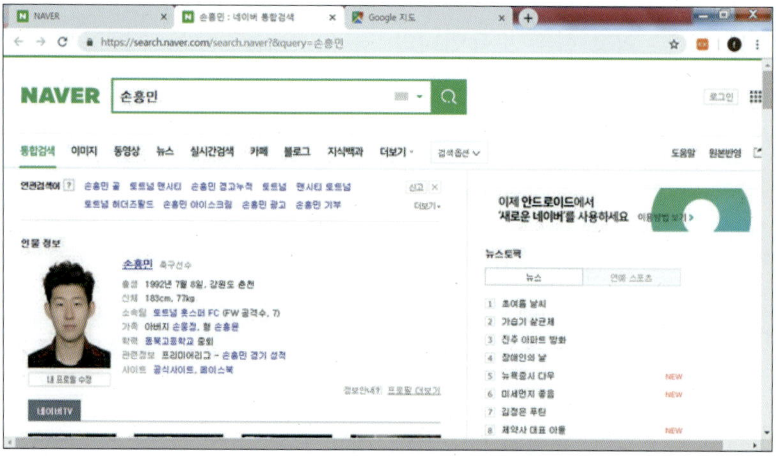

구글 맵 검색

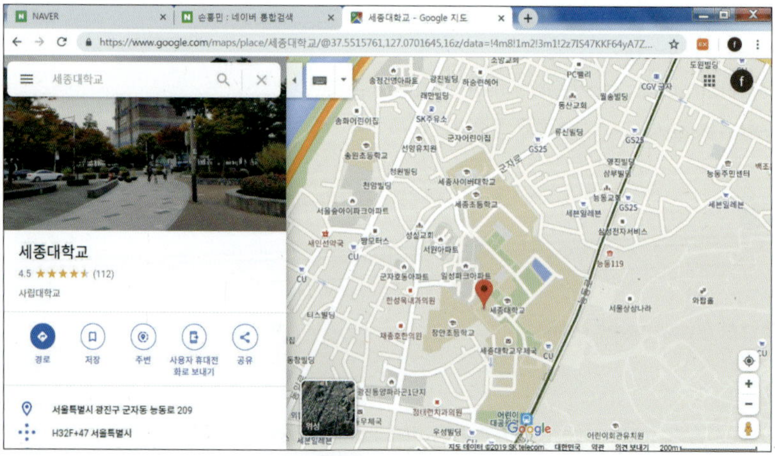

출처 : 구글 맵, https://www.google.com/maps/

2) webbrowser 모듈 예제 – 네이버 단어 검색

앞에서 네이버 검색 결과 URL은 "https://search.naver.com/search.naver?&query=검색어"이었습니다. 우리는 다른 단어 검색을 수행한 결과 앞부분은 똑같고 검색어 부분만 달라지는 것을 확인할 수 있었습니다.

```
# 참고1) 네이버 단어 검색 URL
url = "https://search.naver.com/"
url += "search.naver?&query="
url += 검색단어

# 참고2) 검색 단어 예
  류현진, 김연아, 손흥민, 저크버그, 빌게이츠
```

따라서 네이버 검색 결과 및 URL을 이용하여 네이버 사이트를 통하여 알게 된 URL을 분석함으로써 네이버를 통한 키워드를 검색하는 코드를 다음과 같이 작성할 수 있습니다.

코딩 예시

```
# 웹브라우저 모듈
import webbrowser                          # webbrowser 모듈 로딩

# 검색 단어 입력
search = input("Enter keyword : ")         # 키워드 입력

# URL 작성
url = "https://search.naver.com/"          # 네이버에서
url += "search.naver?&query="              # 네이버 검색 엔진 사용하여
url += search                              # 키워드 검색

# URL 보기
webbrowser.open(url)                       # 웹 브라우저 열어서 검색 수행
```

실행 예시

검색 단어 : 저크버그

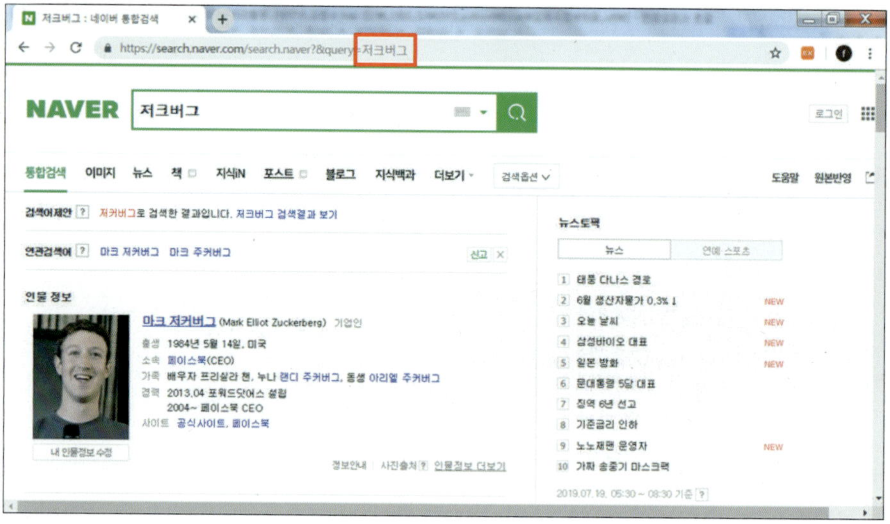

검색 단어 : 빌게이츠

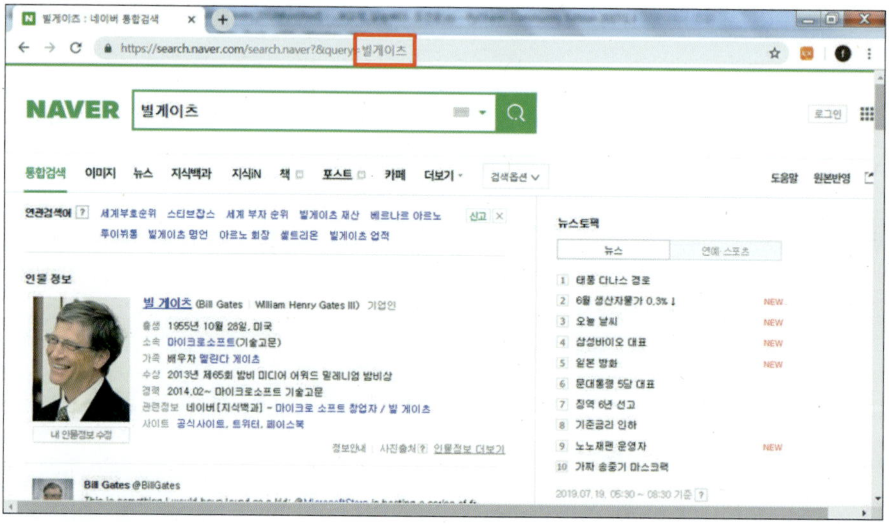

3) webbrowser 모듈 예제 – 구글 맵 검색

앞에서 구글 맵 검색 결과 URL은 똑같고 검색장소 부분만 달라지는 것을 확인할 수 있었습니다. 우리는 "어디 근처 커피숍"이런 식으로 약속 장소를 잡을 경우가 많습니다. 이러한 경우 지도에 표시하고 선택할 수 있다면 무척 편리할 것입니다.

```
# 참고1) 구글 맵 검색장소 검색 URL
url   = "https://www.google.co.kr/maps/search/"
url += 검색장소
url += "/@위도,경도"

# 참고 2) 검색 장소 예
호텔, 식당, 커피숍
```

따라서 구글 맵을 통하여 알게된 URL을 구글 맵 검색 결과 및 URL을 이용하여 분석함으로써 구글 맵을 통한 약속 장소 검색 프로그램을 다음과 같이 작성할 수 있습니다.

코딩 예시

```
# 웹브라우저 모듈
import webbrowser                                      # webbrowser 모듈 로딩

# 위치 초기화 및 키워드 입력
latitude = 37.550                                      # 위도 초기화
longitude = 127.075                                    # 경도 초기화
search = input("Enter keyword : ")                     # 키워드 입력

# URL 작성
url = "https://www.google.co.kr/maps/search/"          # 구글 맵을 이용하여
url += search                                          # 약속 장소
url += "/@" + str(latitude) + "," + str(longitude)     # 위도/경도 주위 검색

# URL 보기
webbrowser.open(url)                                   # 웹 브라우저 열어서 검색 수행
```

실행 예시

검색 대상 : 호텔

검색 대상 : 음식점

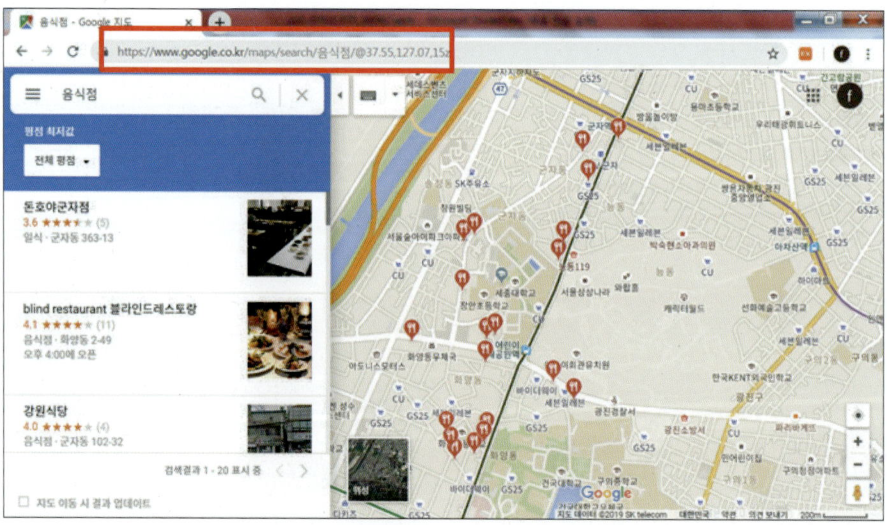

시나리오 1 트럼프는 웹사이트에서 특정 단어 또는 문장에 대하여 검색할 수 있습니다. 또한, 검색 단어에 해당되는 이미지, 동영상, 뉴스 등도 검색할 수 있습니다. 트럼프는 수업에서 배운 webbrowser 모듈을 이용하여 웹사이트에 방문하여 검색하지 않고 웹사이트(예: 구글 사이트) URL을 참고하여 검색 단어에 해당되는 이미지, 동영상, 뉴스 등을 검색하는 프로그램을 작성하려고 합니다. 여러분도 트럼프와 같이 프로그램을 작성해 보고 결과를 확인해 보세요.

```
import webbrowser                                   # webbrowser 모듈 로딩

keyword = input("Input keyword : ")                 # 키워드 입력
print("0 : 전체")                                    # 0 : 전체
print("1 : 이미지")                                  # 1 : 이미지
print("2 : 동영상")                                  # 2 : 동영상
print("3 : 뉴스")                                    # 3 : 뉴스
category = int(input("Input Category : "))          # 카테고리 입력

url = "https://www.google.com/search?q="            # 구글 검색 엔진 URL을 사용하여
url += keyword                                      # 검색 키워드 추가
if category == 1 :                                  # 이미지를 보고 싶으면
    url += "&tbm=isch"                                #  이미지 URL 추가
elif category == 2 :                                # 동영상을 보고 싶으면
    url += "&tbm=vid"                                 #  동영상 URL 추가
elif category == 3 :                                # 뉴스를 보고 싶으면
    url += "&tbm=nws"                                 #  뉴스 URL 추가

webbrowser.open(url)                                # 웹 브라우저 열어서 검색 수행
```

실행 예시

검색 단어 : 파이썬, 카테고리 : 이미지

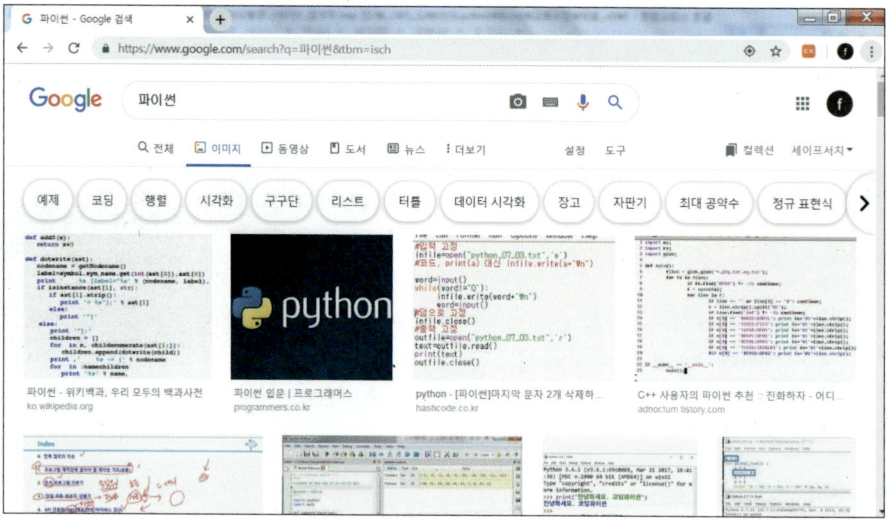

검색 단어 : 파이썬, 카테고리 : 동영상

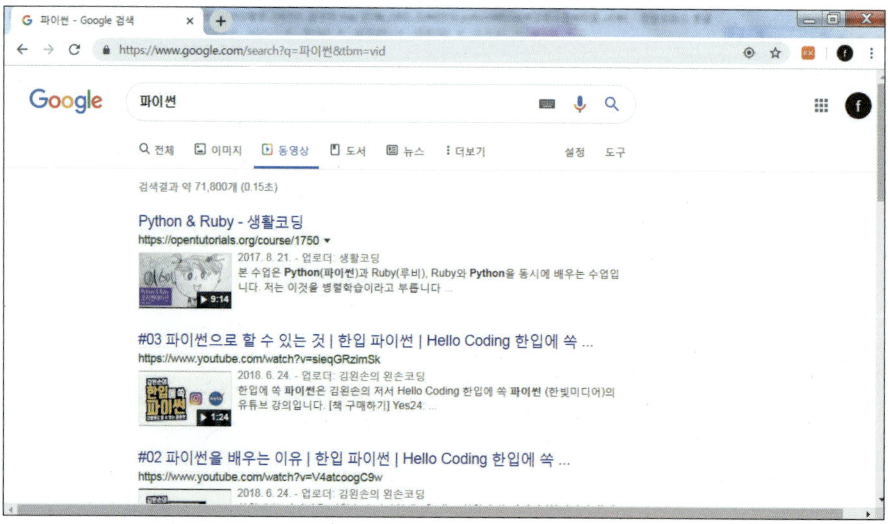

실습 문제 1

표준 라이브러리 외장 함수 time과 date 모듈을 사용하여 년도, 달, 일, 시, 분, 초, 요일을 출력하는 프로그램을 작성하시오.

```
import time
now = time.localtime(time.time())
print("%d년%d월%d일" % (now.tm_year, now.tm_mon, now.tm_mday))
week = ( "월", "화", "수", "목", "금", "토", "일" )
print("%s요일" % (week[now.tm_wday]))
print("%d시%d분%d초" % (now.tm_hour, now.tm_min, now.tm_sec))
```

```
2019년10월3일
목요일
14시20분25초
```

실습 문제 2

사용자로부터 임의의 년도와 달을 입력받은 후 그에 해당하는 달력을 출력하는 프로그램을 작성하시오. (단, calendar 모듈을 사용하시오.)

```
import calendar

year = int(input("Year : "))
month = int(input("Month : "))

print()
calendar.prmonth(year, month)
```

```
Year : 2020
Month : 2

   February 2020
Mo Tu We Th Fr Sa Su
                1  2
 3  4  5  6  7  8  9
10 11 12 13 14 15 16
17 18 19 20 21 22 23
24 25 26 27 28 29
```

실습 문제 3

사용자로부터 임의의 검색할 영어 단어를 입력받은 후 그에 해당되는 검색 결과가 출력되도록 프로그램을 작성하시오. (단, 네이버 검색엔진에서 네이버 영어사전을 이용하시오.)

```
# 웹브라우저 모듈
import webbrowser

# 검색 단어 입력
search = input("Enter keyword : ")

# URL 작성
url = "https://endic.naver.com/"
url += "search.nhn?sLn=kr&query="
url += search

# URL 보기
webbrowser.open(url)
```

8.3 그래프 가시화

1) matplotlib 모듈

데이터는 용도에 따라 표 또는 그래프로 나타낼 수 있습니다. 데이터를 표로 작성하면 한눈에 파악할 수 있고 관리하기가 편리합니다. 데이터의 변화에 따른 의미를 파악하고자 할 때는 그래프가 더 편리합니다.

예를 들어, 2018년 월별 평균 기온을 살펴보겠습니다. 여름인 7월과 8월에 기온인 높고 겨울인 1월과 2월에 기온이 낮음을 쉽게 알 수 있습니다. 그러나 표만 가지고는 데이터의 변화에 따른 의미를 파악하기는 어렵습니다.

〈 2018월 평균 기온 〉

월	1	2	3	4	5	6	7	8	9	10	11	12
온도	0.5	2.0	6.7	12.7	18.6	21.7	24.4	25.2	20.5	15.0	10.0	3.5

사용자에게 데이터의 변화에 따른 의미를 잘 파악할 수 있도록 그래프 가시화 프로그램을 작성하여 보도록 하겠습니다.

외부 라이브러리 중 matplotlib 패키지는 파이썬에서 자료를 차트(chart)나 플롯(plot)으로 시각화(visualization)하는 패키지입니다. matplotlib 패키지 중 pyplot 모듈의 주요 내장함수는 다음과 같습니다.

함수	코딩 예시	설명

bar	bar(x_axis_data,
	    y_axis_data,
	    width=0.4,
	    color="red",
	    label="temp 2018")
		x축 데이터
		y축 데이터
		그래프 굵기
		그래프 색상
		라벨 (설명)

xlabel ylabel title	xlabel("x축 타이틀") ylabel("y축 타이틀") title("전체 타이틀")	x축 타이틀 y축 타이틀 전체 타이틀
legend	legend(loc="upper right")	라벨 보기, loc: 위치
show	show()	그래프 보기

표 예시

월	1	2	3	4	5	6	7	8	9	10	11	12
온도	0.5	2.0	6.7	12.7	18.6	21.7	24.4	25.2	20.5	15.0	10.0	3.5

그래프 예시

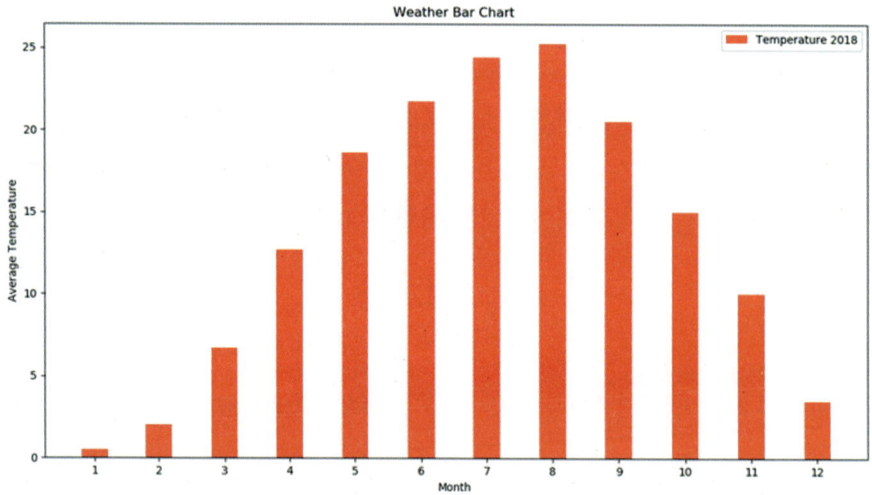

코딩 예시

```
from matplotlib import pyplot                         # 그래프 가시화 모듈 로딩
x_name=("1", "2", "3", "4", "5", "6",                 # X축 데이터(월)
        "7", "8", "9", "10", "11", "12")
temp2018 = [ 0.5,  2.0,  6.7, 12.7, 18.6, 21.7,       # Y축 데이터(월별 평균 기온)
            24.4, 25.2, 20.5, 15.0, 10.0,  3.5 ]

# 그래프 그리기
pyplot.bar(x_name, temp2018,                          # 막대그래프 X축/Y축 데이터
        width=0.4, color="red", label="temp 2018")    # 그래프 굵기, 색상, 라벨
pyplot.xlabel("Month")                                # X축 타이틀
pyplot.ylabel("Average Temperature")                  # Y축 타이틀
pyplot.title("Weather Bar Chart")                     # 전체 타이틀
pyplot.legend(loc="upper right")                      # 라벨 (우상단) 가시화
pyplot.show()                                         # 그래프 가시화
```

2) matplotlib 모듈 예제 – 강수량 가시화

2001년~2018년 계절별 강수량은 아래와 같습니다. 스택 막대그래프를 이용하여 2001년~2018년 계절별 강수량 변화를 가시화하는 프로그램을 작성해 보도록 하겠습니다.

스택 막대그래프는 앞에서 살펴본 일반적인 막대그래프 보다 복잡하나 연도별로 각 계절별(봄, 여름, 가을, 겨울) 강수량의 총합을 한눈에 쉽게 파악할 수 있습니다. 또한, 연도별로 각 계절의 강수량의 변화뿐만 아니라 계절별 강수량도 쉽게 파악할 수 있습니다.

표 예시

년도	2001	2002	2003	2004	...	2015	2016	2017	2018
봄	267.1	231.3	263.7	302.9	...	218.2	312.8	215.7	118.6
여름	722.3	752.0	832.7	692.6	...	481.0	446.2	528.0	609.7
가을	225.4	143.1	225.4	307.6	...	267.3	381.6	277.1	172.5
겨울	120.5	142.3	95.5	98.7	...	97.6	108.1	91.9	75.6

그래프 예시

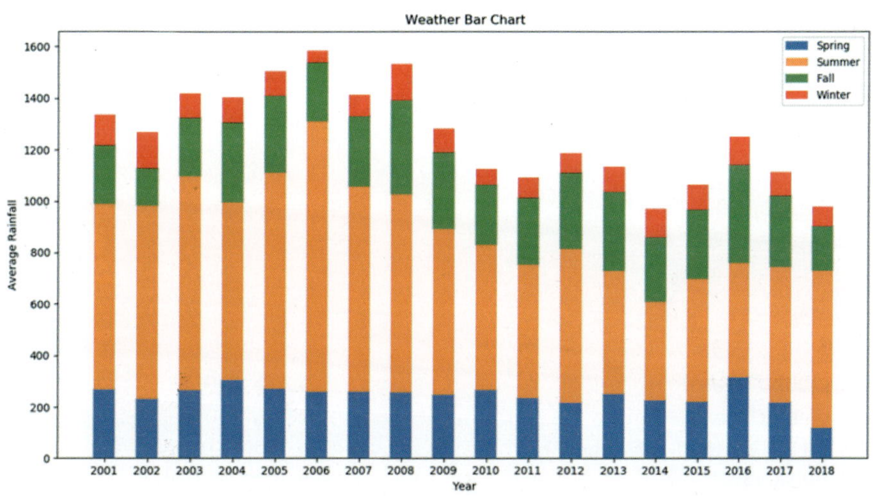

코딩 예시

```
from matplotlib import pyplot                          # 그래프 가시화 모듈 로딩
year = [ 2001, 2002, 2003, 2004, ...,                  # X축 데이터 (년도)
             2015, 2016, 2017, 2018]
rainfall = [                                           # Y축 데이터 (강수량)
        [267.1, 231.3, 263.7, 302.9, …,                # 봄 강수량
                218.2, 312.8, 215.7, 118.6],
        [722.3, 752.0, 832.7, 692.6, …,                # 여름 강수량
                481.0, 446.2, 528.0, 609.7],
        [225.4, 143.1, 225.4, 307.6, …,                # 가을 강수량
                 267.3, 381.6, 277.1, 172.5],
        [120.5, 142.3,  95.5,  98.7, …,                # 겨울 강수량
                  97.6, 108.1,  91.9, 75.6] ]
# 강수량 스택 계산
rain_stack = []                                        # 빈 리스트
for i in range(4) :                                    # 계절 수 4 만큼 반복하여
   rain_stack.append([0] * len(year))                     # 년도 수 18 만큼 초기화
for i in range(len(year)) :                            # 년도 수 18 만큼 반복하여
   rain_stack[0][i] = 0                                   # 봄 : 0
   rain_stack[1][i] = rain_stack[0][i]+rainfall[0][i]     # 여름 : 봄 강수량
   rain_stack[2][i] = rain_stack[1][i]+rainfall[1][i]     # 가을 : 봄+여름 강수량
   rain_stack[3][i] = rain_stack[2][i]+rainfall[2][i]     # 겨울 : 봄+여름+가을
                                                                   강수량
# 그래프 그리기
pyplot.bar(year, rainfall[0], width=0.5,               # 봄 그래프 도시
    color = "blue", label = "Spring",
    bottom=rain_stack[0])
pyplot.bar(year, rainfall[1], width=0.5,               # 봄 위에 여름 그래프 도시
    color = "orange", label = "Summer",
    bottom=rain_stack[1])
pyplot.bar(year, rainfall[2], width=0.5,               # 여름 위에 가을 그래프 도시
    color = "green", label = "Fall",
    bottom=rain_stack[2])
pyplot.bar(year, rainfall[3], width=0.5,               # 가을 위에 겨울 그래프 도시
    color = "red", label = "Winter",
    bottom=rain_stack[3])
# 타이틀 및 가시화
pyplot.xlabel("Year")                                  # X축 타이틀
pyplot.ylabel("Average Rainfall")                      # Y축 타이틀
pyplot.title("Weather Bar Chart")                      # 전체 타이틀
pyplot.legend()                                        # 라벨 가시화
pyplot.show()                                          # 그래프 가시화
```

3) matplotlib 모듈 예제 – 주식 차트

2019년 2월~4월 삼성전자 거래량 및 주가는 아래와 같습니다. 막대그래프 및 꺾은선 그래프를 이용하여 삼성전자의 거래량 및 주가를 가시화하는 프로그램을 작성해 보도록 하겠습니다.

기존 예시에서 그래프는 X축 데이터에 대응하는 Y축 데이터가 1개 존재하는 그래프입니다. 이번 예시는 X축은 날짜로 표현하고 Y축은 두 가지(거래량과 주가)정보를 모두 표현해야 합니다. 아래와 같이 Y축 데이터 두 가지를 동시에 표현하여 한눈에 거래량 및 주가를 동시에 파악할 수 있는 그래프입니다.

표 예시

날짜	02.01	02.07	...	04.16	04.17
거래량	13832454	15872001	...	7730881	5471582
주가	46350	46200	...	47250	47050

그래프 예시

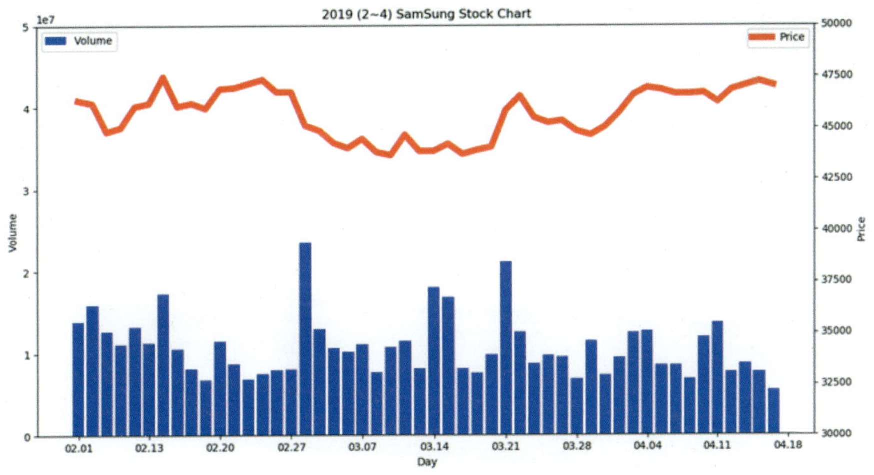

코딩 예시

```
# 가시화 모듈
from matplotlib import pyplot                          # 그래프 가시화 모듈 로딩

# X축 데이터(날짜) 및 표기 날짜
day = ["02.01", "02.07", …"04.16", "04.17"]            # X축 날짜 데이터
ticks = ["02.01", "02.13", …,"04.11", "04.18"]         # X축 표기 날짜

# Y축 데이터
volume = [13832454, 15872001, …,                       # 거래량
                    7730881, 5471582]
price = [46350, 46200, …, 47250, 47050]                # 주가

# 거래량 막대 그래프 그리기
pyplot.bar(day, volume, color="blue", label="Volume")  # 날짜, 거래량, 색상, 라벨
pyplot.xticks(ticks)                                   # X축 표기 날짜
pyplot.ylim(0, 50000000)                               # 0~500만 하한/상한 설정
pyplot.xlabel("Day")                                   # X축 타이틀
pyplot.ylabel("Volume")                                # Y축 타이틀
pyplot.legend(loc = "upper left")                      # 라벨 가시화, 위치 : 좌상단

# 주가 꺾은선 그래프 그리기
pyplot.twinx()                                         # 축 추가 생성
pyplot.plot(day, price, color="red", label="Price")    # 날짜, 주가, 색상, 라벨
pyplot.xticks(ticks)                                   # X축 표기 날짜
pyplot.ylim(30000, 50000)                              # 3만~5만 하한/상한 설정
pyplot.xlabel("Day")                                   # X축 타이틀
pyplot.ylabel("Price")                                 # Y축 타이틀
pyplot.legend(loc = "upper right")                     # 라벨 가시화, 위치 : 우상단

# 전체 타이틀 및 가시화
pyplot.title("2019 (2~4) SamSung Stock Chart")         # 전체 타이틀
pyplot.show()                                          # 그래프 가시화
```

시나리오 1 "SW" 과목 성적은 출석(10%), 과제(30%), 시험 (60%) 비율로 구성됩니다. 한 학기 동안 학생들이 획득한 출석, 과제, 시험 점수를 각각 100점 만점 기준으로 입력받아 구성된 비율대로 환산하여 총합을 계산합니다. "SW" 과목을 가르치시는 교수님은 "SW" 과목을 수강한 모든 학생들의 번호와 출석, 과제, 시험 점수를 학생 수 만큼 반복하여 입력받고, 총합 점수를 계산하고 총합 점수를 기준으로 등수에 따라 학점을 주기 전에 스택 그래프를 이용하여 성적을 가시화하려고 합니다. 교수님을 도와주는 프로그램을 작성하시오. 단, 학생 수는 18명으로 가정하고 점수 입력 과정은 random 모듈을 이용하시오.

```
import random                                    # 랜덤 모듈 로딩

NUM_STUDENT = 18                                 # 학생 수 초기화

identity = [0] * NUM_STUDENT                     # 번호 초기화
score_at = [0] * NUM_STUDENT                     # 출석 점수 초기화
score_as = [0] * NUM_STUDENT                     # 과제 점수 초기화
score_ex = [0] * NUM_STUDENT                     # 시험 초기화

score = []                                       # 점수 리스트 초기화
for i in range(NUM_STUDENT) :                    # 학생 수 18 만큼 반복하여
   score.append([0]*5)                           #    점수 리스트 초기화

for i in range(NUM_STUDENT) :                    # 학생 수 18 만큼 반복
    identity[i] = i+1                            #    학생번호
    score[i][0] = i+1                            #    학생번호
    score[i][1] = random.randint(50, 100)*0.1    #    출석 점수 랜덤 대입
    score[i][2] = random.randint(50, 100)*0.3    #    과제 점수 랜덤 대입
    score[i][3] = random.randint(50, 100)*0.6    #    시험 점수 랜덤 대입
    score[i][4] = score[i][1]+ score[i][2]+score[i][3]  #    총합 점수 계산

for i in range(NUM_STUDENT) :                    # 학생 수 18 만큼 반복
    print("%3d = %5.2f %5.2f %5.2f = %5.2f"      #    번호 및 점수 출력
        %( score[i][0],
           score[i][1], score[i][2],
           score[i][3], score[i][4]))
```

```
print()                                                  # 공백 출력
for i in range(NUM_STUDENT-1) :                          # 외부 반복문 : 17 번 반복
    for j in range(i+1, NUM_STUDENT) :                   #     # 내부 반복문
        if score[j][4] < score[i][4] :                   #         # 성적이 더 작으면
            score[i], score[j] = score[j], score[i]      #             # 두 정보를 교환
for i in range(NUM_STUDENT) :                            # 학생 수 18 만큼 반복
    score_at[i] = score[i][1]                            #     # 출석 점수 대입
    score_as[i] = score[i][2]                            #     # 과제 점수 대입
    score_ex[i] = score[i][3]                            #     # 시험 점수 대입
    print("%3d = %5.2f %5.2f %5.2f = %5.2f"              #     # 정렬 번호 및 점수 출력
        %(score[i][0],
            score[i][1], score[i][2],
            score[i][3], score[i][4]))

from matplotlib import pyplot                            # 가시화 모듈 로딩

s_stack = []                                             # 스택 초기화
for i in range(3) :                                      # 3 만큼 반복하여
   s_stack.append([0]*NUM_STUDENT)                       #     # 스택 초기화
for i in range(NUM_STUDENT) :                            # 학생 수 18 만큼 반복
   s_stack[0][i] = 0                                     #     # 출석 스택 0 대입
   s_stack[1][i] = s_stack[0][i]+score[i][3]             #     # 과제 스택 계산
   s_stack[2][i] = s_stack[1][i]+score[i][2]             #     # 시험 스택 계산
pyplot.bar(identity, score_ex, width=0.5,                # 출석 바 그래프 그리기
    color = "blue", label = "Exam",
    bottom = s_stack[0])
pyplot.bar(identity, score_as, width=0.5,                # 과제 바 그래프 그리기
    color = "red", label = "Assignment",
    bottom = s_stack[1])
pyplot.bar(identity, score_at, width=0.5,                # 시험 바 그래프 그리기
    color = "green", label = "Attendance",
    bottom = s_stack[2])
pyplot.xlabel("Identity")                                # X축 타이틀
pyplot.xticks(identity)                                  # X축 표시
pyplot.ylabel("Total Score")                             # Y축 타이틀
pyplot.title("SW Score Chart")                           # 전체 타이틀
pyplot.legend()                                          # 라벨 가시화
pyplot.show()                                            # 그래프 가시화
```

실행 예시

```
 1 =  7.20 19.80 45.00 = 72.00
 2 =  7.70 18.00 52.20 = 77.90
 3 =  9.00 25.80 35.40 = 70.20
 4 =  9.30 24.60 30.00 = 63.90
 5 =  9.90 18.90 51.00 = 79.80
 6 =  7.10 20.40 48.00 = 75.50
 7 =  5.50 24.60 43.80 = 73.90
 8 =  8.80 25.50 39.00 = 73.30
 9 =  9.00 17.70 55.80 = 82.50
10 =  7.40 15.00 48.60 = 71.00
11 =  7.00 19.80 54.00 = 80.80
12 =  7.90 27.60 47.40 = 82.90
13 =  6.40 22.80 57.00 = 86.20
14 =  7.20 21.00 60.00 = 88.20
15 =  9.50 20.10 30.00 = 59.60
16 =  6.90 27.30 57.00 = 91.20
17 =  7.40 17.40 49.20 = 74.00
18 =  8.20 21.90 46.20 = 76.30
```

```
15 =  9.50 20.10 30.00 = 59.60
 4 =  9.30 24.60 30.00 = 63.90
 3 =  9.00 25.80 35.40 = 70.20
10 =  7.40 15.00 48.60 = 71.00
 1 =  7.20 19.80 45.00 = 72.00
 8 =  8.80 25.50 39.00 = 73.30
 7 =  5.50 24.60 43.80 = 73.90
17 =  7.40 17.40 49.20 = 74.00
 6 =  7.10 20.40 48.00 = 75.50
18 =  8.20 21.90 46.20 = 76.30
 2 =  7.70 18.00 52.20 = 77.90
 5 =  9.90 18.90 51.00 = 79.80
11 =  7.00 19.80 54.00 = 80.80
 9 =  9.00 17.70 55.80 = 82.50
12 =  7.90 27.60 47.40 = 82.90
13 =  6.40 22.80 57.00 = 86.20
14 =  7.20 21.00 60.00 = 88.20
16 =  6.90 27.30 57.00 = 91.20
```

그래프 예시

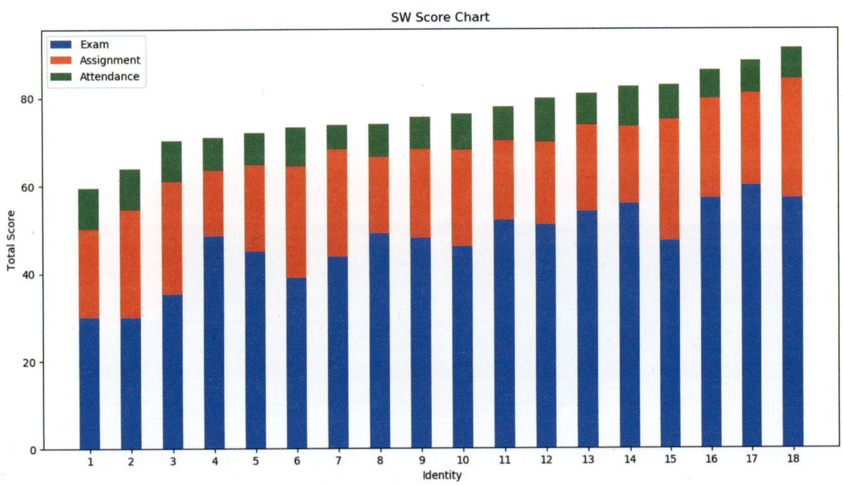

실습 문제

실습 문제 1

아래 테이블에 있는 국가와 메달 수를 참고하여 2016년도 올림픽에서 가장 많은 메달을 딴 5개 나라의 총 메달 개수를 pie 그래프로 표현하는 프로그램을 작성하시오. (단, matplotlib 패키지의 pyplot 모듈을 사용하시오.)

국가명	United States	Great Britain	China	Russia	Germany	Japan
메달 수	121	67	70	56	42	41

```
import matplotlib.pyplot as plt
country_data = ["United States", "Great Britain", "China", "Russia", "Germany"]
medal_data = [121, 67, 70, 56, 42]
colors = ["#1f77b4", "#ff7f0e", "#2ca02c", "#d62728", "#8c564b"]
explode = (0.1, 0, 0, 0, 0)
plt.pie(medal_data, labels=country_data, explode=explode, colors=colors,
    autopct="%1.1f%%", shadow=True, startangle=140)
plt.show()
```

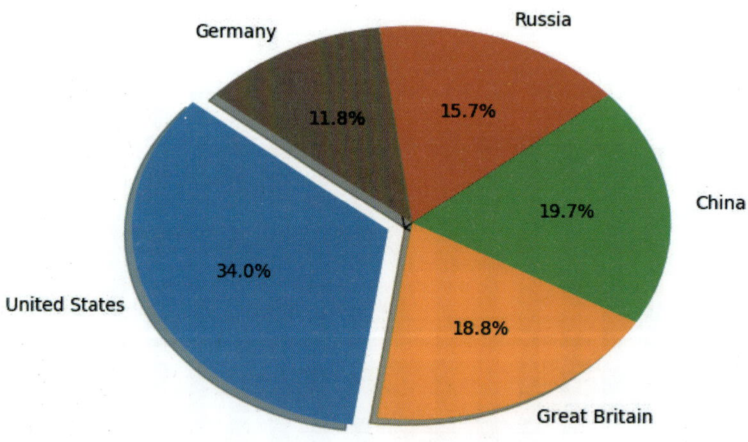

실습 문제 2

아래 테이블에 있는 나이별 성별(남, 여) 인구수를 참조하여 어떤 나라의 인구 분포를 피라미드 그래프로 표현하는 프로그램을 작성하시오. (단, pandas, numpy, matplotlib.pyplot 모듈을 사용하시오.)

나이	0 – 4	5 – 9	10 – 14	....	90 – 94	95 – 99	95 – 99
남자 인구	1915887	21000931	2494484	....	35867	10965	1238
여자 인구	1823981	1980712	2369795	....	64170	19868	2711

```
import pandas as pd
import numpy as np
import matplotlib.pyplot as plt
age = np.array( ["0 - 4", "5 - 9", "10 - 14", ..., "90 - 94", "95 - 99", "> 100"])
m = np.array( [1915887, 2100931, 2494484, ..., 35867, 10965, 1238])
f = np.array( [1823981, 1980712, 2369795, ..., 64170, 19868, 2711])
x = np.arange(age.size)
tick_lab = ["3M", "2M", "1M", "1M", "2M", "3M"]
tick_val = [-3000000, -2000000, -1000000, 1000000, 2000000, 3000000]
plt.barh(x, -m, alpha=.75, height=.75, align="center" , color="blue")
plt.barh(x, f, alpha=.75, height=.75, align="center", color="red")
plt.yticks(x, age)
plt.xticks(tick_val,
tick_lab)
plt.grid(b=False)
plt.show()
```

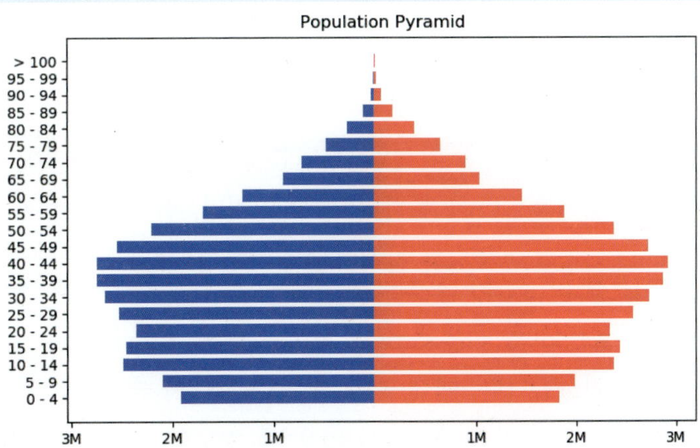

8.4 지도 서비스

지도 서비스를 응용한 대표적인 것으로 카풀 서비스가 있습니다. 카풀 서비스는 운전자와 동승자가 출발시각, 출발장소, 도착장소 등이 비슷할 경우 동승자가 운전자에게 소정의 요금을 지불하는 서비스입니다. 카풀 서비스 요금은 대중교통 요금과 택시 요금의 중간 정도에서 정해집니다.

카풀 서비스 업체는 사용자가 입력한 시간, 장소 등을 고려하여 기본요금을 안내하며 운전자와 동승자를 매칭시켜 주고, 카풀 서비스 요금에 대한 책임 및 중개 역할을 수행합니다.

1) folium 모듈

외부 라이브러리 중 folium 모듈은 지도에 정보를 표시할 수 있도록 도와주는 모듈입니다. folium 모듈에서 사용하는 지리정보(특히, 좌표) 검색은 구글맵 API를 이용합니다. folium 모듈에서 지원하는 주요 고유 함수는 다음과 같습니다.

함수	코딩 예시	설명
Map	Map(location, tiles="OpenStreetMap", zoom_start=15)	location : [위도,경도] tiles : 지도 모양 zoom_start : 확대/축소
Marker	Marker(location, popup="Sejong University", icon=folium.Icon(icon="cloud"))	location : [위도,경도] popup : 장소 설명 icon : 장소 아이콘 모양

지도를 이용하여 코드를 작성할 때는 현재 위치를 알아야 합니다. 모바일 프로그램의 경우 현재 위치를 GPS를 통하여 알 수 있지만, 편의상 특정 위치의 위도와 경도를 알고 있다고 가정하고 코드를 작성하도록 하겠습니다.

또한 지도를 이용한 코드의 경우 다양한 지도 모양 (지형도, 위성사진)이 있고 확대와 축소가 가능합니다. 예를 들어, 구글 지도에서 줌(zoom)이 7인 경우 대한민국, 13인 경우 시, 14인 경우 구, 16인 경우 동 정도의 영역을 도시합니다. 예제를 통하여

folium 모듈이 지원하는 여러 가지 지도 모양과 확대 및 축소를 설정하는 방법에 대하여 공부하도록 하겠습니다.

코딩 예시

```
import folium                                    # 지도 가시화 folium 모듈 로딩
import webbrowser                                # 웹브라우저 모듈 로딩

# 지도 및 마커 생성
pos = [37.55, 127.075]                           # 지도 중심 위도와 경도
map = folium.Map(pos,                            # 위치를 중심으로 지도 생성
           zoom_start=15)                        # 확대/축소 15

folium.Marker(                                   # 마커 생성
        pos,                                       # 마커 중심 위치
        "Sejong University",                       # 마커 풍선말
        icon=folium.Icon(icon='cloud'))            # 마커 이미지
    .add_to(map)                                 # 생성된 마커를 지도에 삽입

# 가시화
file_html = "c:\\test\m.html"                    # 파일 URL
map.save(file_html)                              # 지도를 파일에 저장
webbrowser.open(file_html)                       # 웹브라우저를 이용한 지도 가시화
```

실행 결과

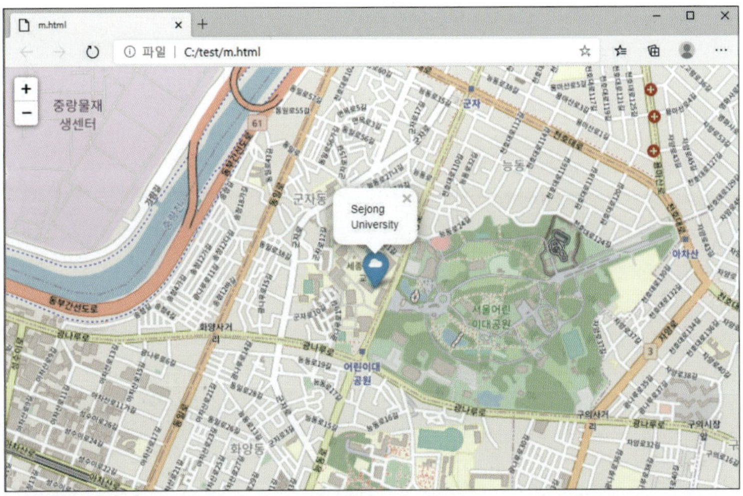

2) folium 모듈 예제 – 주요 위치 표시하기

세종이는 최근 세종대학교 교내 카풀 서비스에 운전자로 가입하였습니다. 세종대학교 인근 장소의 주요 위치가 다음과 같을 때 주요 위치를 지도에 표시하는 코드를 작성해 보도록 하겠습니다.

〈 세종대학교 인근 장소의 위도/경도 〉

번호	위치 설명	위도	경도
1	세종대학교 정문	37.54909	127.07507
2	구의 사거리	37.54511	127.08530
3	성수 사거리	37.54217	127.06399
4	성수역	37.54458	127.05605
5	아차산역	37.55226	127.08954

주요 위치를 표시하기 위하여 세종대학교 인근 장소의 위도와 경도를 중첩 리스트로 데이터화 한 후, 세종대학교 정문을 중심으로 맵(map)을 생성하도록 하겠습니다. 주요 위치를 초록색 풍선말로 만들어서 맵(map)에 삽입한 후 웹브라우저를 통하여 다음과 같이 가시화합니다.

결과 예시

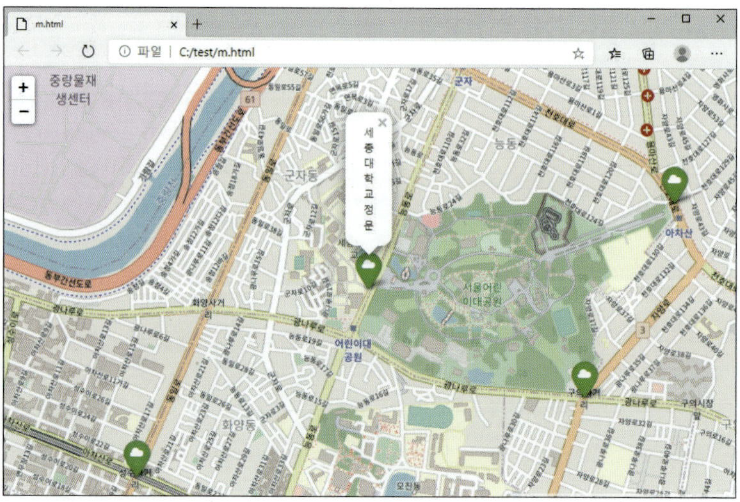

코딩 예시

```
# 사용 모듈
import folium                                   # 지도 가시화 folium 모듈 로딩
import webbrowser                               # 웹브라우저 모듈 로딩

# 주요 위치
key_pos =                                       # 주요 위치 중첩 리스트로 저장
   [ [ "세종대학교 정문", 37.54909, 127.07507],
    [ "구의사거리", 37.54511, 127.08530],
    [ "성수사거리", 37.54217, 127.06399],
    [ "성수역", 37.54458, 127.05605],
    [ "아차산역", 37.55226, 127.08954] ]

# 지도 그리기
pos = [key_pos[0][1], key_pos[0][2]]            # 지도 중심 설정

map = folium.Map(                               # 지도 생성
    location=pos,                                   # 지도 중심 (세종대학교 정문)
    zoom_start=15)                                  # 초기 확대/축소 = 15

for i in range(len(key_pos)) :                  # 주요 위치 수 5 만큼 반복하여
   pos = [key_pos[i][1], key_pos[i][2]]             # 주요 위치 지정
   popup_color = "green"                            # 마커 색상 지정
   folium.Marker(                                   # 마커 생성
        pos,                                            # 마커 위치 생성
        popup=key_pos[i][0],                            # 마커 풍선말 지정
        icon=folium.Icon(icon="cloud",                  # 마커 이미지 지정
        color=popup_color))                             # 마커 색상 지정
    .add_to(map)                                    # 생성된 마커를 지도에 삽입

# 저장 및 가시화
file_html = "c:\\test\m.html"                   # 파일 URL
map.save(file_html)                             # 지도를 파일에 저장
webbrowser.open(file_html)                      # 웹브라우저를 통한 지도 가시화
```

3) folium 모듈 예제 – 카풀 서비스

세종이는 최근 세종대학교 교내 카풀 서비스에 운전자로 가입하였습니다. 세종이는 출발 장소, 도착 장소를 입력하고 동승자를 기다리고 있습니다. 세종이가 입력한 장소를 지도에 표시하고 카풀 요금을 계산하는 프로그램을 작성하시오. 단, 요금은 위도와 경도 거리의 100,000배라고 가정하며 최소 단위는 100원입니다. (100원 미만 버림)

〈 세종대학교 인근 장소의 위도/경도 〉

번호	위치 설명	위도	경도
1	세종대학교 정문	37.54909	127.07507
2	구의 사거리	37.54511	127.08530
3	성수 사거리	37.54217	127.06399
4	성수역	37.54458	127.05605
5	아차산역	37.55226	127.08954

결과 예시

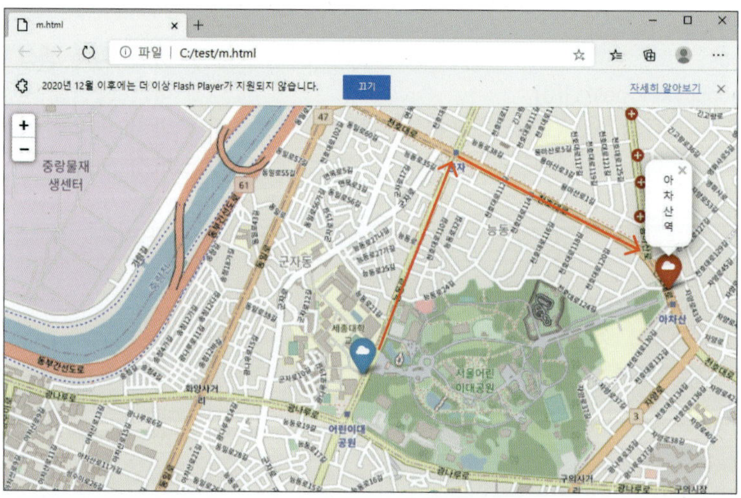

코딩 예시

```
import folium                                              # 지도 가시화 모듈 로딩
import webbrowser                                          # 웹브라우저 모듈 로딩
import math                                                # 수학 모듈 로딩
# 주요 위치 설정 및 지도 생성
key_pos = (                                                # 주요 위치 이름/위도/경도
    ( "세종대학교 정문", 37.54909, 127.07507),
    ( "구의사거리"      , 37.54511, 127.08530),
    ( "성수사거리"      , 37.54217, 127.06399),
    ( "성수역"          , 37.54458, 127.05605),
    ( "아차산역"        , 37.55226, 127.08954) )
pos = [key_pos[0][1], key_pos[0][2]]                       # 중심 (세종대학교 정문)
map = folium.Map(                                          # 지도 생성
    location=pos, zoom_start=15,                               # 위치, 줌
    tiles="OpenStreetMap")  # 위치, 줌, 모양                   # 모양
# 출발 장소, 도착 장소 입력 및 요금 계산
departure = int(input("Enter Departure : ")) - 1           # 출발 위치
arrival = int(input("Enter Arrival : ")) - 1               # 도착 위치
distance = math.sqrt(                                      # 거리 계산
    (key_pos[departure][1] - key_pos[arrival][1])**2 +
    (key_pos[departure][2] - key_pos[arrival][2])**2)
money = int(distance * 100000)//100*100                    # 요금 계산
print("카풀 요금 =", money)                                 # 요금 출력
# 출발 장소 마커 표시
pos = [key_pos[departure][1], key_pos[departure][2]]       # 출발 장소 위도/경도
folium.Marker(pos, popup=key_pos[departure][0],            # 출발 장소 마커 생성
    icon=folium.Icon(icon="cloud", color="blue"))
    .add_to(map)                                           # 마커 지도에 삽입
# 도착 장소 마커 도시
pos = [key_pos[arrival][1], key_pos[arrival][2]]           # 도착 장소 위도/경도
folium.Marker(pos, popup=key_pos[arrival][0],              # 도작 장소 마커 생성
    icon=folium.Icon(icon="cloud", color="red"))
    .add_to(map)                                           # 마커 지도에 삽입
# 가시화
file_html = "c:\\test\m.html"                              # 파일 URL
map.save(file_html)                                        # 지도 파일에 저장
webbrowser.open(file_html)                                 # 지도 가시화
```

실습 문제

실습 문제 1

세종대학교를 중심으로 맵을 표시하려고 합니다. tiles의 지도 모양 이름 4종류(OpenStreetMap, Stamen Watercolor, Stamen Terrain, Stamen Toner)를 출력하고 사용자로부터 tiles 변수값을 입력받아 해당되는 지도 모양을 출력하는 프로그램을 작성하시오. (단, folium 모듈과 webbrowser 모듈을 사용하시오.)

```
import folium
import webbrowser
pos = [37.5513965, 127.0739201]
tiles_list = [ "OpenStreetMap",  "Stamen Watercolor",
             "Stamen Terrain",  "Stamen Toner" ]
for tile in tiles_list : print(tile)
tile_str = input("tiles = ")
map = folium.Map(location=pos, zoom_start=16, tiles=tile_str)
file_html = "c:\\test\m.html"
map.save(file_html)
webbrowser.open(file_html)
```

```
# 실행 예1
OpenStreetMap
Stamen Watercolor
Stamen Terrain
Stamen Toner
tiles = OpenStreetMap
```

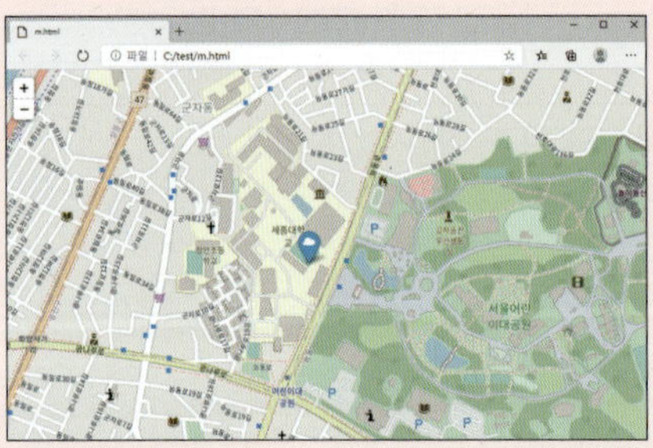

```
# 실행 예2
OpenStreetMap
Stamen Watercolor
Stamen Terrain
Stamen Toner
tiles = Stamen Watercolor
```

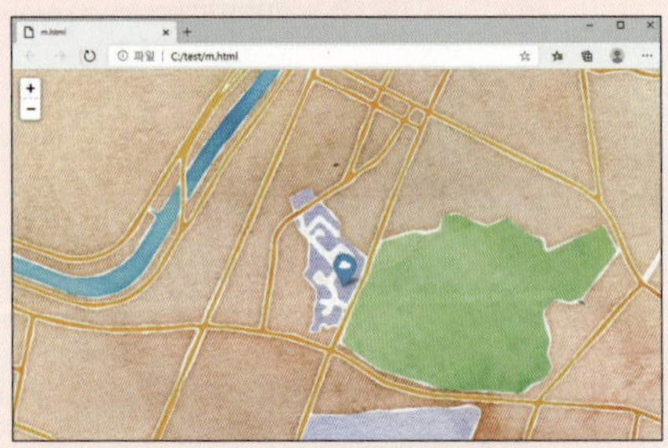

실습 문제 2

세종대학교를 중심으로 맵을 표시하려고 합니다. 사용자로부터 zoom_start 변수값을 입력받아 맵을 출력하는 프로그램을 작성하시오. (단, folium 모듈과 webbrowser 모듈을 사용하시오.)

```
import folium
import webbrowser

pos = [37.5513965, 127.0739201]

zoom = int(input("zoom_start = "))
map = folium.Map(location=pos, zoom_start=zoom, tiles="OpenStreetMap")

file_html = "c:\\test\m.html"
map.save(file_html)
webbrowser.open(file_html)
```

```
# 실행 예1
zoom_start = 3
```

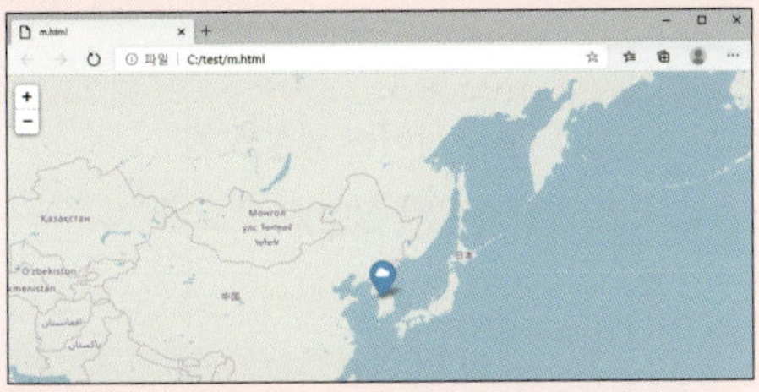

```
# 실행 예2
zoom_start = 7
```

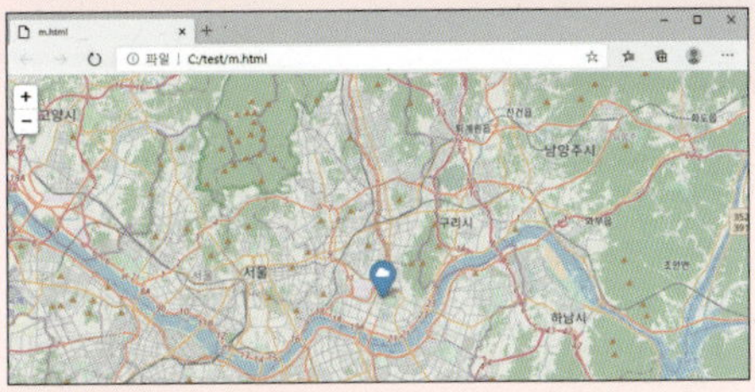

```
# 실행 예3
zoom_start = 11
```

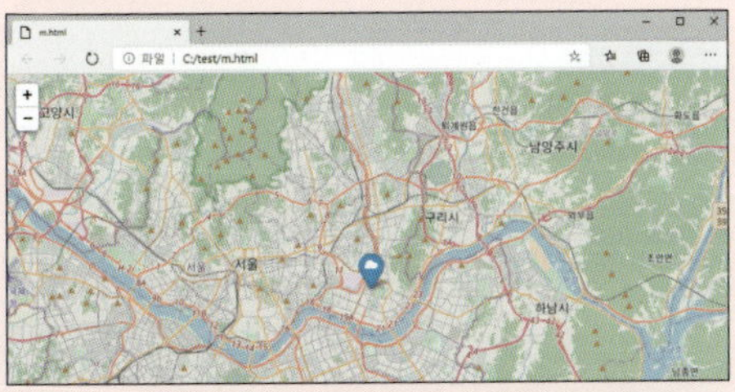

```
# 실행 예4
zoom_start = 15
```

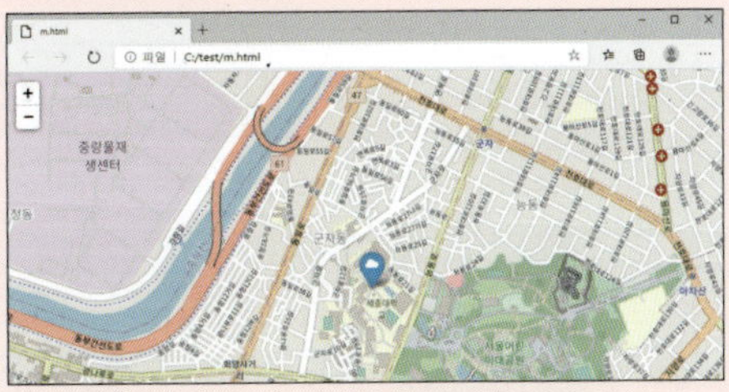

한 줄 요약

1 라이브러리는 표준 라이브러리와 (외부) 라이브러리로 나눌 수 있습니다.

2 (표준) 라이브러리는 개발에 필요한 필수 기능을 제공합니다.

3 (외부) 라이브러리는 특수 용도에 적합한 기능을 제공합니다.

4 표준 라이브러리는 내장 함수와 (외장) 함수(모듈)로 나눌 수 있습니다.

5 표준 라이브러리는 별도의 (설치) 과정이 필요 없습니다.

6 표준 라이브러리는 (파이썬 언어)에서 공식적으로 제공합니다.

7 외부 라이브러리는 (전문 개발자)들이 제공합니다.

8 인터넷 상의 웹 리소스 주소를 (URL)이라고 합니다.

9 인터넷 검색이란 (검색 엔진)이 구축된 사이트에서 정보를 찾는 것입니다.

10 데이터의 의미, 변화 등을 한눈에 파악하기 위하여 (그래프)를 많이 사용합니다.

11 본 장에서 배운 라이브러리를 요약하면 다음 표와 같습니다.

구분	명칭	주요 내용
표준 라이브러리	random	난수(random number) 발생 파이썬 외장 모듈
	webbrowser	인터넷 검색을 위한 웹 브라우저 실행 외장 모듈
외부 라이브러리	matplotlib	자료를 차트나 플롯(plot) 시각화 패키지
	folium	구글맵 API를 이용한 지도에 정보 가시화 모듈

참고 문헌

컴퓨팅 사고기반 파이썬 기초 프로그래밍, 백성욱, 오범수 지음, 생능출판사, 2017

K-MOOC 코딩과 스토리텔링,
http://www.kmooc.kr/courses/course-v1:SejonguniversityK+SJMOOC11K+2020_03SJ11_R2/course/

P.10 유튜브 동영상, CS50 2018 - Lecture3 - Memory,
https://www.youtube.com/watch?v=cC9I3XxkZXw&t=5776s

P.45 네이버 영화, 타이타닉, https://movie.naver.com/movie/bi/mi/basic.nhn?code=18847

P.97 네이버 영화, 설국열차, https://movie.naver.com/movie/bi/mi/basic.nhn?code=62328

P.98 http://blog.daum.net/cnn082/546

P.98 네이버 영화, 나스카 카레이싱 3D,
https://movie.naver.com/movie/bi/mi/photoView.nhn?code=38361

P.98 [사진]스피드스케이팅 경기가 열리는 오발 경기장, OSEN, 2018SUS 2월 5일,
https://www.chosun.com/site/data/html_dir/2018/02/05/2018020502366.html

P.98 쇼트트랙 동계올림픽 경기장, 중도일보, 2016년 11월 18일,
http://www.joongdo.co.kr/web/view.php?key=20161118000027586

P.143 네이버 영화, 이미테이션 게임,
https://movie.naver.com/movie/bi/mi/basic.nhn?code=113348

P.175 PyPI · The Python Package Index, https://pypi.org/

P.251 네이버 영화, 인턴, https://movie.naver.com/movie/bi/mi/basic.nhn?code=118917

P.285 네이버 영화, 미션 임파서블:로그네이션,
https://movie.naver.com/movie/bi/mi/basic.nhn?code=95541

P.286 [Genaro Network 분석] 분산형 스토리지 클라우드 서비스,
https://steemit.com/kr/@bigthumbsup/genaro-network

P.313 네이버 영화, 히든 피겨스,
https://movie.naver.com/movie/bi/mi/basic.nhn?code=147092

P.315 고부가가치 산업의 현황과 경쟁력 변화, 시사뉴스&,
http://www.sisanewsn.co.kr/news/articlePrint.html?idxno=1206

P.317 Plotly: The front end for ML and data science models, https://plotly.com/

P.321 Mega Millions, https://www.megamillions.com/

P.328 구글, https://www.google.com

P.328 네이버, https://www.naver.com

P.332 구글 맵, https://www.google.com/maps/

INDEX

INDEX